DIANA

Das Buch

Zwei Dinge prägten das Leben der Caroline von Wolzogen (1763–1847) : ihre schriftstellerische Tätigkeit und die Nähe zu ihrem Schwager Friedrich Schiller. Er liebte die Schwestern von Lengefeld, heiratete, weil Caroline ablehnte, Charlotte und wollte dennoch beide immer um sich haben – Charlotte für das alltäglich Praktische und Caroline für das geistig Höhere. Caroline, die in zweiter Ehe mit dem Geheimrat von Wolzogen verheiratet war, mußte erfahren, was es heißt, mit einem Genie in der Familie zu leben und an seiner Seite ihren eigenen Weg als Schriftstellerin zu finden. Ihr Roman »Agnes von Lilien« erregte großes Aufsehen. Sie wurde von Goethe geschätzt und von Wilhelm von Humboldt bewundert. Mit der Biographie über ihren Schwager schuf sie die Grundlage für Schillers Nachruhm. Was sie in dieser Biographie aus Rücksicht auf noch lebende Zeitgenossen verschweigen mußte und mit welchen Problemen sie zu kämpfen hatte, wird in diesem Buch erzählt.

Die Autorin

Renate Feyl, 1944 in Prag geboren, wuchs in Jena auf. Nach dem Abitur absolvierte sie eine Buchhändlerlehre, anschließend studierte sie Philosophie in Berlin. Seit 1970 schreibt sie freiberuflich Romane und Essays. Bekannt wurde sie durch ihr 1981 in der DDR, 1983 in der BRD erschienenes Buch *Der lautlose Aufbruch. Frauen in der Wissenschaft*. Der Roman *Die profanen Stunden des Glücks* (01/10544) wurde ebenfalls ein großer Erfolg. Als Diana Taschenbuch liegen bereits *Idylle mit Professor* (62/98), *Ausharren im Paradies* (62/115) und *Sein ist das Weib – Denken der Mann* (62/229) vor.

Renate Feyl

Das sanfte Joch der Vortrefflichkeit

Roman

DIANA VERLAG
München Zürich

Diana Taschenbuch Nr. 62/0255

4. Auflage

Taschenbucherstausgabe 06/2002
Copyright © 1999 by Verlag Kiepenheuer & Witsch, Köln
Der Diana Verlag ist ein Unternehmen der
Heyne Verlagsgruppe München
Printed in Germany 2004

Umschlagillustrationen: Artothek, Peissenberg
Umschlaggestaltung: Hauptmann und Kampa Werbeagentur, CH-Zug,
unter Verwendung der Gemälde AUGUSTE HILBER, GEB. STROBL,
AUS DER SCHÖNHEITSGALERIE KÖNIG LUDWIG I. VON BAYERN
von Joseph Karl Stieler, 1827, und DIE OED, BLICK AUF DEN HOLZ-
HAUSENPARK IN FRANKFURT/MAIN von Hans Thoma, 1883. Mit
freundlicher Genehmigung der Städtischen Galerie im Städelschen
Kunstinstitut, Frankfurt/Main.
Druck und Bindung: GGP Media, Pößneck
Gedruckt auf chlor- und säurefreiem Papier

ISBN: 3-453-21112-X

http://www.heyne.de

Endlich war ich die Last des Besitzes los. Ich atmete auf. Das Landgut hatte ich verkauft, das Haus aufgegeben und eine kleine Wohnung bezogen, die ich mir bescheiden eingerichtet hatte. Ich brauchte keine Architektenmöbel und keine terrassenförmigen Schaugestelle, die die Bücher so schön zur Geltung brachten. Auch ohne bemalte Stuckdecken und Kassettenplafonds ließ es sich ganz gut leben. Nur bei der Wahl des Ofens hatte ich weder Mühen noch Kosten gescheut und mich für einen buntglasierten Majolikaofen mit breiter Sitzbank entschieden, der nun wie eine Prachtausgabe deutscher Hauspoesie im Raum stand. Auf dem Gesimse hatte ich mein Wappen, das Wappen der Familie von Wolzogen, anbringen lassen, auch um zu zeigen, wie sehr ich diesen Wärmespender schätzte. Gewiß, es konnten sich nur wenige einen Majolikaofen leisten, aber ich war jetzt zweiundsiebzig Jahre alt und wollte für den Rest des Lebens keinen Tag lang mehr frieren müssen.

Ich hätte auch im Weimarer Schloß wohnen können. Die Großherzogin Maria Paulowna hatte mir eine elegante geräumige Wohnung mit Blick auf den Park angeboten, aber ich wollte mich von all dem Hofschnack fernhalten. Einen großen Teil meiner Zeit hatte ich auf Empfängen, Soireen, Diners, Assembléen und Redouten zubringen müssen und bei alldem nichts gewonnen als die Gewißheit, dabeigewesen zu sein. Mit meinem Umzug nach Jena hatte ich mich ein für allemal dieser lästigen Pflichten entledigt.

Jetzt besaß ich alles, was ich brauchte: Freiheit und Bequemlichkeit. Es war das Teuerste, was es gab. Mehr Luxus konnte man nicht haben. Es waren die idealen Bedingungen, um in Ruhe an meinem neuen Roman, meiner *Cordelia* zu arbeiten. Brockhaus, mein Verleger, wartete schon darauf. Die Handlung stand fest, das Ende sah ich bereits klar vor mir, und ich wäre mit dem Schreiben auch gut vorangekommen, wenn mich nicht immer wieder lästige Briefe und Besucher gestört hätten. Und das nur, weil ich eine Biographie über meinen Schwager geschrieben hatte. Vor fünf Jahren war sie bei Cotta erschienen, und nie hätte ich mir träumen lassen, daß *Schillers Leben* einmal ein so großer Erfolg werden könnte. Es schien, als wollte das Echo auf dieses Buch kein Ende nehmen. Noch immer gab es lobende Rezensionen, die Verkaufszahlen stiegen beständig, die Leserpost türmte sich auf meinem Schreibtisch, und allweil besuchten mich irgendwelche gelehrten Amtsträger: Männer mit wohlklingenden Titeln und transzendentalgrauem Haar, Professoren verschiedener Fakultäten, saßen auf meiner schönen Ofenbank, wollten noch mehr über den Dichter erfahren und stahlen mir die Zeit mit ihren langweiligen Fragen.

Manche kamen auch nur, um mir zu sagen, daß noch keiner so anschaulich über das Leben Schillers geschrieben hatte und daß mit meiner Biographie nun die längst fällige Schillerforschung ihren Anfang nehmen konnte. Vieles klang recht schmeichelhaft, und ich freute mich natürlich, mit meinem Buch die gelehrten Herren Theoretiker aus ihrem wohldotierten akademischen Schlummer geweckt zu haben. Doch wirklich wichtig war mir, daß meine Schillerbiographie die Zustimmung all derer gefunden hatte, die ihn noch persönlich gekannt hatten.

Mein guter Freund Goethe, von dem ich wußte, daß er mit allem Vergangenen nur ungern Berührung nahm, hatte sich noch kurz vor seinem Tode von Meyer aus meiner Biographie vorlesen lassen. Auch Wilhelm von Humboldt, der Mann meiner Freundin Li, war begeistert, daß ich Schiller ein so würdiges Denkmal gesetzt hatte. Solche Bestätigungen taten mir gut, hatte ich doch jahrelang an *Schillers Leben* gearbeitet; mit größter innerer Anspannung und langen Pausen, aber mit dem festen Vorsatz, die Arbeit zu Ende zu bringen, denn ich meinte, dies meinem Schwager schuldig zu sein. Schließlich kannte ich ihn wie niemand sonst, und wer, wenn nicht ich, hätte aus unserer Familie über sein Leben berichten sollen?

Jüngst erst hatte ich in einer Zeitung gelesen, daß *Schillers Leben* nicht nur zu einer Art Hausbuch geworden war, sondern daß durch die Biographie seiner Schwägerin ein Anlaß gegeben wurde, sich dreißig Jahre nach seinem Tod erneut mit seinen Werken zu beschäftigen.

Einerseits war es traurig, daß erst ein Buch erscheinen mußte, um wieder an ihn zu erinnern. Andererseits konnte es um den Geist der Zeit nicht ganz so kläglich bestellt sein, wenn eine Biographie so anhaltend im Gespräch blieb und alle Welt nun wieder Gedichte von Schiller las. Für gute Poesie war es nie zu spät. So gesehen konnte ich mit der Wirkung zufrieden sein. Denn meist geschah mit den Büchern doch das Umgekehrte: Sie erschienen, funkelten mehr oder weniger hell am literarischen Himmel und waren dann so gründlich vergessen, als seien sie nie geschrieben worden. Auf diese Weise etwas für Schillers Nachruhm getan zu haben, war mir eine besondere Genugtuung, kam dies doch letztlich seinen Kindern, meinen Neffen und Nichten, zugute.

Nur eines ärgerte mich im stillen immer mehr: Daß man meine literarische Kompetenz auf die Tatsache gründete, daß ich Schillers Schwägerin war. Man tat so, als sei darum mein Urteil doppelt glaubwürdig, und jedes meiner Worte verdiene allein deswegen doppelt ernstgenommen zu werden. Schon den Gedanken, daß ich alles, was ich war, allein durch ihn geworden sein sollte, fand ich so kränkend, daß er mir keine Ruhe mehr ließ. Humboldt hatte mir zwar bei seinem letzten Besuch gesagt, ich sollte diesen Stimmen keine Beachtung schenken, denn wer so etwas behauptete, hatte weder einen Roman noch eine Erzählung der Caroline von Wolzogen gelesen. Er wußte nicht, daß sie die Verfasserin der *Agnes von Lilien* war, sonst hätte er erkennen müssen, daß *Schillers Leben* nur darum ein so großer Erfolg werden konnte, weil hier eine Dichterin sich einem Dichter näherte – eine Frau, die seinen Geist nur darum so lebendig darstellen konnte, weil sie ihn selber so tief erfaßte. So etwas aus Humboldts Munde zu vernehmen, war zwar tröstlich, zumal er von Jugend an zu meinem Kreis gehört hatte und es besser als jeder andere wußte, aber es milderte meinen Unmut nicht. Nirgendwo ein Hinweis auf die Komposition meines Werkes, auf die ganz eigene Art der Darstellung, auf meine Sprache, meine Sichtweise, auf meine Form der Annäherung – nichts, gar nichts. Als ob sich so ein umfangreiches Lebensbild von selber schrieb, und das nur, weil Schillers Schwägerin es verfaßt hatte. Ich war die letzte, die sich diesen angeblich so ehrenvollen Verwandtschaftsstatus als persönliches Verdienst, ja womöglich gar als ein Privileg angerechnet hätte. Im Gegenteil, die Nähe eines solchen Mannes hätte aus mir nie eine Schriftstellerin machen können. Schließlich konnte sich nur das entfalten, was in einem selber angelegt war. Und wo nichts war, kam nichts zum Vorschein.

Mich regten die Philister und all diese omnigescheiten Piesepampels auf, die herumposaunten, daß die höchste Bestimmung meines Lebens darin bestand, Schwägerin eines Genies zu sein. Dem Abgott so nahe. Von seiner Sonne beschienen. Derlei Zuordnungen konnten nur denen einfallen, die stets nach dem passenden Schlagwort suchten, um sich auf diese Weise in den Ruf eines profunden Kenners der Literatur zu bringen. Aber diese Rezensenten und Zeitungsschreiber wußten nichts, und was sie der Öffentlichkeit darboten, blieb doch immer nur ein Hanswurstgefecht. Ihre Ahnungslosigkeit hätte mich amüsieren können, doch ich wollte nicht zusehen, wie der Name *Caroline von Wolzogen* nach und nach durch den Titel *Schillers Schwägerin* ersetzt wurde und meine Leser ein völlig falsches Bild von mir bekamen.

Andererseits fragte ich mich aber auch, ob ich nicht selber meinen Teil dazu beigetragen hatte. Ganz bewußt hatte ich mich in *Schillers Leben* zurückgenommen, so als hätte ich nie eine eigene Rolle in seinem Leben gespielt. Als wäre ich nie meinen eigenen Weg an seiner Seite gegangen, als hätte ich nie einen eigenen Willen gehabt. Jetzt begriff ich, daß diese falsche Bescheidenheit sich gegen mich kehrte. Schließlich hatte ich keinen geringen Einfluß auf sein Leben gehabt und hätte schon darum in der Biographie ganz anders in Erscheinung treten müssen. Aber ich wollte Rücksicht nehmen. Nein, ich mußte Rücksicht nehmen. Rücksicht auf seine Familie und seine Freunde, die auch meine Familie und meine Freunde waren.

Jetzt, da keiner mehr lebte – meine Schwester, meine Mutter, mein Mann, mein Sohn, meine Freundin – sie alle waren schon gestorben – jetzt war es an der Zeit, dieses falsche Bild von mir zu korrigieren. Schob ich es noch länger hinaus, fand ich nicht die innere Ruhe, die ich für die Arbeit an meiner *Cordelia* so dringend brauchte. Ich mußte einfach einmal sagen, was verschwiegen worden war und was es hieß, mit einem Genie in der Familie leben zu müssen.

* * *

Es war immer dasselbe: das trübe Wetter und die kleine Residenzstadt schlugen gehörig aufs Gemüt. Es gab Tage, da lohnte nicht mal der Blick aus dem Fenster. Alles war so grau verhangen, daß bereits am frühen Morgen der letzte Rest eines freundlichen Gedankens schwand und die Lust zu nichts zum bestimmenden Gefühl wurde. Da kam auch das Leben in den Gassen wie von selbst zum Erliegen, und die Langeweile gähnte aus allen Mauerritzen. An solchen Tagen wurde mir bewußt, was es hieß, in einer Kleinstadt zu leben: von immer den gleichen Gesichtern und immer den gleichen Gesprächen umgeben zu sein, deren einziger Sinn darin bestand, daß alles schon gesagt war, noch bevor man zu sprechen begann. Sich diesen Gesichtern zu entziehen, mißglückte regelmäßig, denn obwohl man ihnen ausweichen wollte, sah man sich an der nächsten Straßenecke wieder. Jeder begegnete jedem, jeder sah alles, und jeder wußte vom anderen. Gerüchte verbreiteten sich schneller als das Fleckfieber, und üble Nachreden hafteten zäh im Gedächtnis der Mitbürger. Geschichten und Vorgeschichte wurden über Generationen mitgeschleppt und meistens demjenigen aufgebürdet, der gar nicht mehr wußte, was er damit zu tun hatte. Die Vorstellung, bis zum Lebensende von Menschen umgeben zu sein, die einen von klein auf kannten und ständig mit den Augen von Onkeln und Tanten betrachteten, hatte etwas Bedrückendes. Schien es doch so, als sei man eingekreist vom Unabänderlichen, was nicht nur das Gefühl der Enge verdoppelte, sondern den Eindruck erweckte, permanent auf der Stelle zu treten und zu keiner Veränderung fähig zu sein. Meine größte Sorge bestand allerdings darin, daß die Kleinstadt allmählich zu einem geistigen Zustand wurde und ehe man sich versah das eigene Denken etwas Provinzielles und Beschränktes bekam. Bei trübem Wetter, so wie heute, war nicht einmal ein Kirchgänger unterwegs. Es hielt auch kein Wagen, und selbst der Postbote verschwand ungesehen im Nebelgrau. An solchen Tagen kam es mir vor, als würde ich hinter der Welt leben, irgendwo im letzten Winkel des Universums, so daß auch mein großes, elegant eingerichtetes Haus, mein eheliches Kastell, wie ein leerer Käfig erschien. Obwohl Rudolstadt eine Landeshauptstadt war mit Fürstenresidenz und Regierungssitz, mit Kammer, Steuerkollegium, Konsistorium und Superintendur, mit Schloß, Burg und Vogelschießen – es änderte nichts an der biederen Langeweile, die hier herrschte. Auch die Festlichkeiten am Hofe, an denen ich regelmäßig teilnahm, boten wenig Abwechslung. Ob Hoheit, Hochwohlgeboren, Hochedelgeboren, oder nur Wohlgeboren und nur Hochgeboren – die meisten kamen mir wie verdorrte Ofensitzer vor, von denen alles, außer Neues, zu erwarten war.

So nahm ich denn wieder einmal meinen Hund Grigri an die Leine und ging zu meiner Schwester. Lotte wohnte im Haus der Mutter gleich nebenan, und es verging fast kein Tag, an dem wir uns nicht sahen. Seit dem Tod unseres Vaters verbrachte die werte Frau Mama die meiste Zeit des Tages am Hofe, so daß Lotte viel allein war und ich die Pflicht fühlte, mich um meine kleine Schwester zu kümmern. Lotte war einundzwanzig Jahre alt, brav und recht hübsch und galt als das Musterbild einer wohlerzogenen Baronesse. Man hätte auch sagen können, daß sie lieb und ein wenig verhuscht war – still, zurückhaltend und immer froh, wenn ein anderer für sie das Wort ergriff. Vor Autoritäten schien sie einen angeborenen Respekt zu haben, denn sie bewunderte jeden, der ein höheres Amt bekleidete oder den ein klingender Titel schmückte. Darum maß sie auch allen Ereignissen am Hofe eine große Bedeutung bei und war der erklärte Liebling der Mama. Besonders gern nahm Lotte den Rat von Älteren an, weshalb auch Frau von Stein, ihre Patentante, nichts auf ihr geliebtes Lottchen kommen ließ und beide sich häufig besuchten.

Obwohl meine kleine Schwester bisher kaum einen Ball oder sonst ein Hoffest versäumt hatte, war ein Verehrer, geschweige denn Bewerber, noch immer nicht in Sicht, was eine gewisse Unruhe bei ihr auslöste und sie fast noch scheuer machte. Sie meinte, den Männern nicht zu gefallen, und fürchtete sich mittlerweile, darauf angesprochen zu werden. Natürlich tat sie, als würde sie diese Frage nichts angehen, da sie sich ausschließlich mit schönen und erhabenen Dingen beschäftigte. Mit mir jedoch sprach sie viel darüber, und wir machten uns gemeinsam Gedanken, wen sie heiraten könnte. Für sie war ich besonders glaubwürdig. Schließlich war ich drei Jahre älter, immerhin schon verheiratet, wenn auch nicht rauschend glücklich, so doch wenigstens wohlhabend und noch dazu mit einem Legationsrat, was Eindruck auf sie machte. Ich führte ein eigenes Haus, gab Gesellschaften und hatte Zeit genug, meinen Tag mit schöngeistigen Dingen zu verbringen. Außerdem hatte ich schon in der *Pomona* etliche Geschichten veröffentlicht, die Anklang fanden und mich in den Augen der Schwester zu einer hoffnungsvollen Autorin machten. Ich bezog drei Literaturzeitschriften im Abonnement, war in derlei Gefilden stets auf dem laufenden, kannte mich aus in Kunst und Philosophie, und darum ließ Lotte sich in diesen Dingen ganz von meinem Urteil leiten. Immer hörte sie mir gelehrig zu, und ich war froh, jemanden zu haben, mit dem ich darüber sprechen konnte. Für Lotte war ich nun mal die große und erfolgreiche Schwester, und das ließ ich mir gerne gefallen.

Diesmal brachte ich ihr die neuste Ausgabe des *Teutschen Merkur* mit. Zu wissen, was in der musischen Welt vor sich ging, gehörte für Frauen unseres Standes nicht nur zum guten gebildeten Ton, sondern das waren wir unserer Herkunft einfach schuldig. Ihre Katze Toutou, eine aschgraue weichhaarige Kartäuserkatze, wartete schon sehnsüchtig auf Grigri, meinen Dachshund, und nach einer fauchenden und bellenden Begrüßung tobten sie wie immer gemeinsam durch Haus und Garten. Lotte hatte schon die Staffelei aufgestellt, denn wir wollten uns im Porträtzeichnen üben, was bei diesem trüben Dezemberwetter ein guter Zeitvertreib war. Für heute hatten wir uns die Schraffiertechnik vorgenommen. Wischkreide und Wischer lagen schon bereit. Gerade als ich auf dem schönen neuen Mahagoniholzstuhl Platz nahm und mich als Modell in Positur setzte, meldete der Diener die Ankunft des Herrn von Wolzogen.

Die Freude hätte nicht größer sein können. Kaum daß wir unserem Cousin entgegeneilen wollten, stand er schon vor uns, und es schien, als wäre mit ihm ein Hauch von großer Welt in die Stube gekommen. Strahlend und gewandt, elegant in der Kleidung, elegant im Ausdruck, witzig und beweglich – typisch unser Wilhelm. Er hatte zwar das Baufach studiert, interessierte sich aber für so ziemlich alles, und da er in der Gunst des Herzogs von Württemberg stand, war mir um seine Zukunft nicht bange. Er machte sich einen Jux daraus, uns englisch zu begrüßen, dachte, er könnte seine Cousinen aus der Provinz damit in Verlegenheit bringen, aber da ich Shakespeare im Original las, nahm ich den Faden auf, und wir führten Lord William fröhlich in den Salon.

Wilhelm war nicht allein gekommen. Draußen wartete ein Freund, und er fragte, ob wir ihn empfangen würden. Jede Abwechslung und jedes neue Gesicht war willkommen. Wilhelm hielt es für nötig, uns darauf vorzubereiten, daß es sich um einen Dichter handle. Er war zwar nicht von Stand, bloß der Sohn eines einfachen Leutnants, kam also aus ganz kleinen, niederen Verhältnissen, aber er war grundgescheit und zudem amüsant und unterhaltsam. Er hatte bereits vier Theaterstücke geschrieben, war aus Württemberg geflohen und befand sich auf der Durchreise nach Weimar. Derzeit nannte er sich Dr. Ritter, doch in Wirklichkeit hieß er Friedrich Schiller. Wir sollten aber nicht darüber reden.

Das war eine tolle Überraschung. Natürlich wußte ich, wer er war, und dachte gleich an die *Räuber*, die ich gelesen hatte. Was waren da für Sätze gesagt! »Mich ekelt vor diesem tintenklecksenden Säculum.« »Mein Geist dürstet nach Taten, mein Atem nach Freiheit.« »Das Gesetz hat noch keinen großen Mann gebildet, aber die Freiheit brütet Kolosse und Extremitäten aus.« Das hatte bislang noch keiner auf der Bühne zu sagen gewagt. Das klang nach Aufruhr und Ungehorsam. Da brach mal einer die Enge auf; ein Poet, dem alles Bestehende zu dumpf,

zu klein, zu jämmerlich war. Ein Mann mit Empörer-
geist – wie sollte man den nicht kennen! Und jetzt stand
er auch noch an der Tür. Es war aufregend, einmal einen
echten Rebellen im Salon empfangen zu können. Noch
dazu im Hause meiner Mutter. Im unbescholtenen, tu-
gendhaften und angesehenen Hause von Lengefeld. Das
war hier noch nicht vorgekommen.

Innerlich stellte ich mich auf einen wilden, ungebärdigen
Mann ein, der in Kurierstiefeln und mit Hetzpeitsche erschien. Einen kraftstrotzenden Aufwiegler mit Helden-
statur. Auch machte ich mich auf ein rohes, respektloses
Betragen gefaßt, vor allem auf Spitzen gegen die satte,
privilegierte Adelsbrut, und sah mich schon in Auseinandersetzungen geraten und genötigt, ihm ordentlich Paroli
zu bieten. Doch dann, als er Augenblicke später den
Salon betrat, war ich fast ein bißchen enttäuscht. Blaß
und hohlwangig stand der Räuberdichter vor mir. Er
machte einen bescheidenen, ja fast schüchternen Eindruck. Das Haar kurz, der Kragen offen, die Kleidung
schlicht. Die ärmlichen Stahlknöpfe an seinem maus-
grauen Rock verrieten, wer er war: ein stolzer Habe-
nichts. Wolzogen stellte ihn uns in seiner gewandten Art
vor: »Meine Cousinen«, sagte er. »Frau Vizekanzler von
Beulwitz und ihre Schwester, Lotte von Lengefeld.« Wir
lächelten ihm zu, und da ich bemerkte, daß der Dichter
fröstelte, sagte ich: »Ihre Reise war sicherlich anstren-
gend. Jetzt trinken wir erst mal einen heißen Rum-Kaffee.« Ich läutete dem Diener und bat den Tisch zu decken.
Nicht mit irgendeinem alltäglichen Geschirr, sondern mit
dem silbernen Kaffeeservice der Frau Mama. Schließlich
sollte er sehen, für uns war auch ein verfolgter Mann
ein ehrenwerter Gast. Mir fiel auf, daß er sich nicht neu-

gierig umschaute und keine Inspektoraugen bekam, wie so mancher, der in diesem Raum gestanden hatte. Vielmehr erweckte es den Anschein, als sei es ganz selbstverständlich für ihn, in adligen Häusern empfangen zu werden. Er sagte nichts, fragte nichts und lächelte nur. Daß ein Mann, der dem Publikum aufrührerische Sätze entgegenschmetterte, ein so artiges Betragen haben konnte, hätte ich mir nie träumen lassen.

Als die Kaffeetafel gedeckt war und für eine behagliche, fast festliche Atmosphäre sorgte, schien Schiller sichtlich beeindruckt. Teller mit Hirschhornkuchen und Fettkrapfen, Rosinenwecken und vierteilig geflochtenen Nikolauszöpfen – alles sah üppig und stimmungsvoll aus. Wir nahmen den Rebellen in die Mitte, forderten ihn auf, zuzulangen, und da er sich nicht recht traute, sagte Wilhelm, daß nirgendwo so guter Kuchen gebacken werde wie in Thüringen, und belud ihm fröhlich den Teller. Jetzt bedauerte ich es, daß ich damals mein Exemplar der *Räuber* an den Kronprinzen verschenkt hatte, weil ihm die Titelvignette so gut gefiel – der Löwe mit erhobener Pranke und darunter der Schlachtruf »In tirannos«. Jetzt wäre es eine schöne Geste gewesen, das Buch aus dem Schrank holen zu können und den Autor um eine Widmung zu bitten. Das eigene Buch zu signieren, tat schließlich jedem Dichter gut. Um ihm etwas die Scheu zu nehmen, aber auch um zu zeigen, daß wir in Sachen Literatur und schöner Kunst auf dem laufenden waren, sprach ich ihn auf die Rezension des *Don Carlos* an, die ich gerade im *Merkur* gelesen hatte, und sagte: »Sie können sich etwas einbilden auf das Urteil Wielands, denn nicht mit jedem meint es der alte Kritikus so gut.«

Er gab mir recht, und ich spürte, daß ein gleichgestimmter Ton getroffen war, der die Unterhaltung in Bewegung brachte. Sein Frösteln ließ nach. Der Rum-Kaffee tat seine Wirkung. Natürlich wollte ich nicht neugierig sein, aber warum ein so bekannter Bühnendichter aus dem schönen Schwabenlande fliehen mußte, interessierte mich nun doch. Es war erstaunlich, wie gelassen er darüber sprach. In den *Räubern* hatte er Graubünden als das Athen der Gauner bezeichnet. Einige Lokalpatrioten hatten daran Anstoß genommen, sich bei Herzog Karl-Eugen beschwert, und der hatte ihm daraufhin bei Strafe der Festungshaft jede weitere schriftstellerische Arbeit verboten. Fast amüsiert fügte Schiller hinzu: »Der muß erst noch geboren werden, der mir das Schreiben verbieten kann.«

Mochte er auch aus ganz kleinen Verhältnissen kommen – ein Mangel an Selbstbewußtsein ließ sich jedenfalls nicht feststellen. Ich sah, wie Lotte hingerissen jede Geste von ihm verfolgte, und auch mir gefiel der hagere Rebell mit jedem Satz, den er sprach, immer mehr. Als Wilhelm dann noch erzählte, daß seine Mutter auf dem Gut in Bauerbach Schiller für längere Zeit versteckt hatte, wurde es geradezu aufregend. Plötzlich wurden alle an unserer Tafel zu seinen Komplizen, der Salon zum Verschwörernest, und über allem schwebte der prickelnde Hauch des Verbotenen. Unser Gespräch wurde immer spannender. Heute wußte er noch nicht, was morgen auf ihn zukommen würde. Alles war möglich. Ob für Zeitschriften, für einen Verleger oder für die Bühne – Hauptsache, er konnte schreiben, konnte dem Pegasus die Sporen geben und dem Unverstand heimleuchten.

Wir hörten ihm fasziniert zu. Wilhelm hatte recht: Sein Freund war kein Langweiler. Er unterhielt uns prächtig.

18

Die Zeit schien mir schon lange nicht mehr so schnell vergangen zu sein. Als es zu dämmern begann, drängte Wilhelm zum Aufbruch, denn sie wollten nicht zu spät in Weimar eintreffen. Schillers Verehrerin, Frau von Kalb, hatte ihn für den kommenden Tag zum Essen gebeten. Danach war er bei Wieland zu Gast. Hofrat Bode und Konsistorialrat Herder erwarteten ebenfalls seinen Besuch. Alle wollten die Bekanntschaft des aufsteigenden Dichters machen. Doch wirklich zu beneiden war Wilhelm. Er fuhr anschließend weiter nach Paris und kündigte mir an, daß ich demnächst Post aus der Hauptstadt des Universums bekommen werde. Das klang verheißungsvoll. Lotte gab jedem ein Päckchen Kuchen mit. Gleich, wo sie abstiegen – ein kleiner Reiseproviant konnte nicht schaden. Schiller bedankte sich für diese aufmerksame Geste und bedauerte, daß er uns so schnell verlassen mußte.

Seit dieser Begegnung dachte ich viel über meine Ehe nach, um die mich so manche Frau in der Residenz beneidete. Herr von Beulwitz stammte aus einem sehr wohlhabenden Hause, hatte mit dreiunddreißig Jahren schon das Amt des Vizekanzlers inne und stand am Hofe in hohem Ansehen. Er war eine durch und durch gutmütige Natur und großzügig in allen Geldangelegenheiten. In seiner Umgebung sollte keiner das Gefühl haben, sich Einschränkungen unterwerfen zu müssen. Beulwitz wollte von zufriedenen Menschen umgeben sein, die ihm seinen Blick auf die beste aller Welten nicht trübten. So sorgte er geradezu aufopfernd für Verwandte, Freunde und deren Freunde und half ganz selbstverständlich aus, wenn einer von ihnen in Zahlungsschwierigkeiten geriet.

Doch nicht nur ihm und seiner Familie sollte es gutgehen. Er wollte das ganze Land in Wohlstand sehen, und daher sah er es als seine vornehmste Aufgabe an, einen geordneten Finanzhaushalt zu schaffen, gemäß seiner Lieblingsmaxime: Wo die Finanzen stimmen, stimmt alles.

Sehr früh am Morgen verließ er das Haus, und von da an war jede seiner Stunden bis ins letzte eingeteilt. Vormittags gab es die Besprechungen mit den Ministern, Präsidenten und Direktoren, den Kriegs-, Domänen-, Kammer-, Kabinetts- und Amtsräten. Danach diktierte er die Berichte für den Kanzler, der sie Fürst Friedrich Karl übergab. Zwischendurch konferierte er noch mit seinen Sekretären und den Fiskal-Advokaten. Währenddessen warteten in seinen drei Vorzimmern bereits die Repräsentanten der Zünfte. Mit ihnen beriet er die neusten Entwicklungen im Kommerz-, Fabrik- und Manufakturwesen. Kurz vor Dienstschluß empfing er meist noch die Deputationen aus der Bürgerschaft, die ihre Anliegen und Beschwerden dem Vizekanzler persönlich vortragen wollten. Den ganzen Tag über schien er von einem nicht enden wollenden Gerede umgeben zu sein. Kam er abends nach Hause, wollte er nur noch eins: in Ruhe in seinem Fauteuil sitzen und nicht mehr reden müssen. Den ganzen Tag lang freute er sich auf diese Stunden, denn zu Hause war er erst, wenn er schweigend und ungestört das *Wochenblatt* lesen konnte. Dann war er ein zufriedener Mensch.

Genau hier aber lag das Problem. Mag sein, daß ich seine Verdienste für unser liebes kleines Bergland nicht hoch genug schätzte, aber sein ewiges Schweigen war mir unerträglich. Es fing schon morgens beim Frühstück an. Immer mußten die Fenster geschlossen und die Vorhänge zugezogen sein, denn der Tag sollte nicht mit jäher Helligkeit über ihn hereinbrechen, sondern im dämmrigen Licht beginnen. Das erleichterte ihm den Übergang ins Wachsein. Mich machte es wahnsinnig, morgens im Halbdunkel sitzen zu müssen, denn ich kam mir jedesmal wie hinter der Welt begraben vor. Nie betrat er einmal fröhlich den Raum. Immer schlurfte er schwerfällig und lustlos an den Frühstückstisch, aß schweigend sein Rührei, trank dazu eine Tasse Hammelbrühe und las die Zeitung. Immer sah er griesgrämig und verschlossen drein. Daß da noch die Frau am Tisch saß, die mit ihm aufgestanden war, schien er gar nicht zu bemerken.

Hatte er gegessen, erhob er sich schwerfällig, drückte mir einen steifen Kuß auf die Stirn und begab sich ins Amt. Allerdings legte er mir jedesmal reichlich Bares auf den Tisch und sagte im Gehen: »Mach dir einen schönen Tag.« Diese sparsam abgepreßten Laute erinnerten mich daran, daß ihn die Natur mit einer Stimme ausgestattet hatte, was unter diesen Umständen fast schon einer erfreulichen Entdeckung gleichkam. Freilich meinte er mit »schönem Tag« nichts anderes, als daß ich zum Schneider gehen und mir Kleider machen lassen sollte. Dabei drängten sich in meinen Schränken die eleganten Roben, und ich fragte mich, ob ich je die Gelegenheit bekommen würde, sie alle auszuführen. Außerdem war es keine Freude, die Zeit beim Tailleur, einem vornehm tuenden Fettsack zu verbringen, der mich mit Maßband und lüsternen Blicken umschlich. Da wußte ich meine Zeit besser zu nutzen. Ich las und schrieb an einer größeren Geschichte, die ein Roman werden sollte.

Kam Beulwitz abends nach Hause, wiederholte sich die morgendliche Zeremonie. Ich bekam wieder meinen steifen Kuß auf die Stirn, dann setzte er sich sichtlich ermüdet an den Tisch, trank eine Tasse Hammelbrühe, und dies mit der gleichen griesgrämig verschlossenen Miene, mit der er den Tag begonnen hatte. Obwohl ich wußte, daß er nichts weiter als seine Ruhe und sein *Wochenblatt* wollte, fragte ich dennoch, wie es im Amt gewesen war, und er entgegnete unwirsch: »Wie soll es schon gewesen sein?« Ich konnte mir nicht vorstellen, daß sich bei diesem vielbeschäftigten Mann im Laufe des Tages nichts Erwähnenswertes ereignet hatte, und sagte: »Hat es denn nichts Neues gegeben?« Und er antwortete, als müßte er einem unliebsamen Ritual folgen: »Immer dasselbe. Hier gibt es nichts Neues.« Da ich keine Lust hatte, mich seiner Einsilbigkeit zu fügen, begann ich zu erzählen, was ich tagsüber gelesen hatte. Wie immer unterbrach er mich nach den ersten Sätzen und meinte ohne aufzuschauen: »Hauptsache, es hat dich amüsiert.« Als fürchte er, noch eine weitere Silbe hinzufügen zu müssen, begab er sich in sein Kabinett. Ich aber saß Abend für Abend am Kamin, streichelte Grigri, meinen allerliebsten Dachshund, der neben mir im Fauteuil lag, und monologisierte still vor mich hin. In so einer Ehe konnte man schon recht einsam sein.

Sicherlich war auch er nicht glücklich, eine Frau zu haben, für die gerade das Wort – ob in gesprochener oder geschriebener Form – einen so großen Stellenwert besaß. Ich wußte, daß ich keine schöne Frau war und nichts an mir hatte, was die Blicke auf sich zog. Erst im Gespräch rückte ich meine Natur zurecht und entwarf mich so, wie ich sein wollte. Diese Chance nahm er mir. Aber vielleicht war ich auch nur undankbar. Er war tüchtig und angesehen. Was wollte ich mehr?

Natürlich konnte ich mit keinem offen darüber reden. Lotte kannte zwar die allgemeine Situation, aber ich wollte sie nicht mit den Details vor der Zeit ängstigen. Meine beste Freundin, Li Dacheröden, hatte im Augenblick genug mit sich selbst zu tun. Sie mußte eine schwierige Wahl zwischen zwei Männern treffen. Mit meiner Mutter darüber zu reden, war sinnlos, denn sie hätte mich nicht verstanden. Schließlich hatte sie den tapsigen Bären, den Ursus Beulwitz, als gute Partie für mich ausgesucht. Und jedesmal, wenn er ihr aus Finanznöten half, war sie aufs neue von ihm entzückt und dankte dem Himmel, daß er uns den Herrn von Beulwitz geschickt hatte. Um des lieben Friedens willen widersprach ich ihr nicht. Nachts ringelte ich mich in meinem Bett zusammen und träumte, mein wohlhabender Ehemann sei eine Gipsbüste und stünde auf dem Vertiko. Ich hätte ihm gern einen Lorbeerkranz aufgesetzt, wenn mir so seine Gesellschaft erspart geblieben wäre.

Allerdings hatte seine Teilnahmslosigkeit auch gewisse Vorzüge. Ich dachte nicht daran, den ganzen lieben langen Tag auf den Eheherrn zu warten, nur um dann von ihm mit ein paar kümmerlichen Wortkrumen abgespeist zu werden. Vielmehr richtete ich mich in meiner Selbständigkeit ein. Manchmal besuchte ich auch Hofrat Wieland oder Knebel in Weimar, oder ich fuhr mit Lotte zu Frau von Stein zum Gut Kochberg hinauf, wo wir des öfteren mit Goethe zusammentrafen. Ich nutzte jede Gelegenheit, um eine Gesellschaft zu geben und veranstaltete freitags regelmäßig Assembléen. Es kümmerte mich nicht, ob es dem Ursus recht war. Ich verschickte die Einladungen, und – das mußte ich ihm zugute halten – es freute ihn, daß ich sein Haus mit Gästen füllte.

Alles wäre wohl zu ertragen gewesen, wenn ich nicht gespürt hätte, wie mir in dieser Situation die Lust zum

Schreiben mehr und mehr abhanden kam. Ich dachte zwar viel über mein Romanvorhaben, die Geschichte der Agnes von Lilien nach, aber ich brachte nichts zu Papier. Oft träumte ich, die Worte flögen mir zu, und aller Sinn fiele von selber aufs Papier. Doch ich kam über diese schöne Vorstellung nicht hinaus. Sobald ich mich an den Schreibtisch setzte, waren meine Gedanken immer dort, wo sie nicht sein sollten. Sie führten von meiner Romanfigur fort, irrten umher, und am Ende dachte ich wieder nur über meine Ehe nach. Daß ich dieses wortlose Nebeneinander noch in zwanzig Jahren ertragen mußte, erschreckte mich so sehr, daß mir der Sinn fürs Erzählen gründlich abhanden kam. Mich zur Konzentration zu zwingen, wäre vergebliche Mühe gewesen. Schreiben hatte etwas mit Stimmung zu tun, und war die schlecht, brauchte ich gar nicht erst die Feder in die Hand zu nehmen. Schreiben durfte nichts krampfhaft Gesuchtes, nichts Gewolltes an sich haben. Die Gedanken mußten wie von selber kommen, sich andrängen und so stark sein, daß alles andere unwichtig wurde. Letztlich war doch jeder gelungene Roman ein Notizbuch der Seele. Doch meine Seele war, wenn ich an die Zukunft mit Ursus dachte, wie mit Brettern vernagelt, so daß mir kein Stückchen Prosa gelingen wollte.

Aus dieser Stimmung riß mich ein Brief. Er kam mit Estafette, was auf Gewichtiges und Dringliches schließen ließ und stets die Nachbarn ans Fenster trieb. Ich brauchte nicht auf den Absender zu schauen, um zu wissen, daß der Rebell geschrieben hatte. Er bat mich und das verehrte Fräulein Schwester, ein Quartier für ihn zu besorgen, denn er wollte in dieser schönen Gegend einen

Arbeitssommer verbringen. Ich beriet mit Lotte, was wohl für ihn in Frage kam. Es war gar nicht so einfach, etwas Geeignetes zu finden. Das Quartier durfte nur wenig kosten, mußte an einem ruhigen Ort liegen, und wenn man wie er den ganzen Tag am Schreibtisch saß, sollte es auch möglichst eine schöne Aussicht haben. Lotte meinte allerdings, noch wichtiger als all das sei der Mittagstisch. Schließlich brauchte ein Dichter, der so anstrengende Kopfarbeit leistete, seine regelmäßigen Mahlzeiten. Täglich im Gasthof zu essen, war viel zu teuer und zudem auch zeitaufwendig. Mir fiel Kantor Unbehaun in Volkstedt ein, der Gästezimmer nebst Mittagstisch anbot.

Noch am selben Tag machten wir uns auf den Weg, um mit ihm über das Quartier zu verhandeln. Stube und Kammer waren eng, aber sauber, hatten Morgen- und Abendsonne, die Aussicht auf die Saale war ganz passabel, die Miete günstig und der Mittagstisch preiswert. Zudem war es vom Beulwitzschen Hause in einer halben Stunde Fußweg zu erreichen. Aus Dankbarkeit, daß so hohe Herrschaften bei ihm einquartieren ließen und so zur Verbreitung seines guten Rufes als Quartiergeber beitrugen, bot Kantor Unbehaun zusätzlich zu den üblichen Mahlzeiten noch etwas Besonderes an. Da er den Schankwirt des Ortes gut kannte, konnte er, dem Wunsch des Gastes entsprechend, für guten Gerstensaft sorgen: ein halbes Stübchen Stadtbier für elf Pfennige, böhmisch Hopfenbier für 13 Pfennige oder ein Doppelbier für 15 Pfennige. Der Gast der Frau Vizekanzler von Beulwitz sollte bei ihm über nichts zu klagen haben.

Ich schrieb Herrn Schiller, daß wir ein Quartier für ihn gefunden hatten, das seinen Wünschen entsprechen dürfte, und bereits mit der ersten warmen Aprilsonne traf er in unserem famosen Herzogtum Schwarzburg-Rudolstadt ein. Bevor er sein sommerliches Refugium bezog, bat er um die Gnade, ihm einen Tag zu bestimmen, wo er mich und das Fräulein Schwester besuchen durfte. Der bescheidene Ton gefiel mir, obgleich ich ihn mir ganz gerne etwas renitenter gewünscht hätte. Da wir uns um seine Unterkunft bemüht hatten, gab es keinen Grund, ihm die »Gnade eines Besuches« zu verweigern. Lotte konnte meine Frage, ob sie irgendwelche Einwände hätte, überhaupt nicht verstehen. So bestimmte ich ihm einen Tag, an dem ich ihn zu einem kurzen Antrittsbesuch in mein Haus bat.

Natürlich waren wir brennend neugierig zu sehen, wie er sich beim Kantor eingerichtet hatte. Um nicht aufdringlich zu erscheinen, ließen wir zwei Tage vergehen, aber gleich danach statteten wir Herrn Schiller einen Gegenbesuch ab. Als wir seine Stube betraten, glaubte ich meinen Augen nicht zu trauen, denn er hatte so gut wie nichts verändert. Auf dem Tisch lag lediglich ein Stapel von Rezensionsexemplaren, die der Bote gerade gebracht hatte. Keine Kiste, kein Koffer, kein Mantelsack. Nur ein kleiner Dachsranzen stand herum, in dem er wohl etwas Proviant, Papier und sein Schreibzeug verwahrte. Vielleicht war es ja Rebellenart, sich ohne alles in die Welt zu begeben. Möglicherweise reiste so ein Mann, der immer auf der Flucht war. Ich hatte so etwas jedenfalls noch nicht erlebt. Lotte fand es aufregend, daß er auf all das verzichten konnte, was anderen unentbehrlich schien. Nur gut, daß wir unsere Mama nicht überredet hatten, uns zu begleiten. Sie hätte bei diesem Anblick sicherlich nur einen einzigen Satz gesagt: »Wer nichts hat, kann auch nichts mitnehmen.« Lotte schielte in den Dachsranzen, als hoffte sie darin eine Pistole zu entdecken, spähte im Zimmer umher, als suche sie nach Verbotenem, nach irgend etwas, das Verdacht erregte, aber außer dem Bücherstapel auf dem Tisch konnte sie nichts entdecken. Mehr als mit Schiller unterhielt ich mich mit dem Kantor. Da Damenbesuch bei einem Logiergast nicht gestattet war, tat ich so, als seien wir vom Hofe geschickt, um uns nach dem Gast zu erkundigen. Das schien ihm so glaubwürdig, daß er uns beide noch zu sich einlud und mit Kaffee bewirtete.

Seit dieser Kurzvisite wechselten Briefe hin und her, und wir verabredeten uns zu Ausflügen in die Umgebung. Natürlich wäre es unschicklich gewesen, mich als verheiratete Frau allein mit einem jungen Mann zu zeigen. Die unkenden Klatschmäuler hätten es in Windeseile in alle Himmelsrichtungen verbreitet, denn die Frau des Vizekanzlers hatten sie alle im Blick. So nahm ich zu unseren Treffen Lotte mit. Sie war nicht nur mein Alibi, sondern konnte auch meisterhaft zuhören, was sich für anschließende Auswertungen stets als wichtig erwies. Sie merkte sich alles, was gesprochen wurde, und vermochte oft noch nach Wochen Passagen aus einer Unterhaltung fast wörtlich wiederzugeben. Damit stand die Arbeitsteilung bei der Betreuung unseres Sommergastes fest: Lotte lauschte, und ich nutzte die Gelegenheit, um all die Gedanken, Urteile und Ansichten, die sich in meiner dialoglosen Ehe aufgestaut hatten, auszusprechen. Jedesmal ließ ich einen Picknickkorb packen, erleichterte dabei Herrn von Beulwitz um eine Flasche Burgunder – einen der besten Tropfen, die in seinem Weinkeller lagerten – und brach dann mit Lotte auf. Schiller kam uns meist schon auf halbem Wege entgegen. Wir hatten einen geheimen Ort vereinbart, wo wir ungestört sein konnten. Grigri erspähte den einsamen Wanderer schon von weitem und lief ihm bellend entgegen. Am Saaleufer breiteten wir dann eine Decke aus, ließen uns zum Picknick nieder und redeten ganz allgemein von Gott, der Welt und dem Schnupftabak. Doch schon nach dem ersten Treffen wollte ich es genauer wissen, wollte erkunden, wie er dachte und ob er auch wirklich so belesen und gebildet war, wie ich gerne glauben wollte. Ich schwang mich hoch hinauf, schwärmte vom dreiundzwanzigsten Gesang der *Ilias*, schilderte den Genuß bei Platons *Gastmahl*, schwenkte zu den neueren Philosophen hinüber, streifte mit einer Seitenbemerkung Voltaire, den ich nicht besonders schätzte, weil er mit seinem Witz über alles hinwegglitschte, und kam endlich zu Kant, meinem verehrten Apollo Immanuel, auf den ich nichts, aber auch gar nichts kommen ließ.

Genau das war es, was ich so nötig brauchte: Satz für Satz ein Tanz der Worte, von dem ich wußte, daß ich ihn beherrschte und damit die Aufmerksamkeit auf mich zu lenken vermochte. Es war nun mal meine ganz eigene Art, mit dem Taftkleid zu rauschen, und ich spürte voller Genugtuung, mit welcher Bewunderung er mir zuhörte. Vor allem genoß ich es, einmal zeigen zu können, daß es zwei weibliche Wesen gab, die zwar hinter den Bergen wohnten, aber doch in der Welt zu Hause waren. Der heilige Homer, Plato und Kant – nichts Geringeres interessierte uns, und wann bot sich schon einmal eine solche Gelegenheit, mit seinem Wissen zu paradieren? Mehr aus Koketterie denn aus ernsthaftem Interesse fragte ich Schiller, ob er im Gegensatz zu meiner Schwester und mir zum Kern aller Erkenntnis vorgedrungen sei und uns sagen könne, wie die Urteile a priori und die Urteile a posteriori zustande kämen. Als ich hörte, daß er die neuste Ausgabe der *Kritik der reinen Vernunft* noch nicht besaß und daher auch noch nicht gelesen hatte, versprach ich ihm, diesem Mangel abzuhelfen. Schließlich hatte ich freien Zugang zur Hofbibliothek und konnte mir jederzeit Bücher ausleihen.

Vor allem aber war ich froh, daß der Bibliothekar inzwischen die Ausgaben des *Fiesco* und des *Don Carlos* besorgt hatte, denn wenn man die Arbeiten eines Dichters kannte, konnte man sich gleich viel besser mit ihm unterhalten. Außerdem war ich neugierig auf die dramatischen Arbeiten, die er seit den *Räubern* zu Papier gebracht hatte. Gelang es doch nur selten, mit einer zweiten Arbeit an den Erfolg der ersten anzuknüpfen. Was ich dann jedoch las, beeindruckte mich. Der Rebell hatte sich ins Philosophische gesteigert. Ich brauchte ihn nicht mehr für die Kantschen Gedanken zu begeistern, er hatte sie bereits in seinen Figuren umgesetzt.

Es sprach mir aus der Seele, wie er die Bestimmung des Menschen sah. Wir waren nicht geboren, um als ewig wimmernde Klopse unsere Umstände zu beklagen, sondern konnten uns über sie erheben und sie selber gestalten. Wir waren nicht die ohnmächtigen, passiven, allem ausgelieferten Wesen, sondern Akteure, die geistige Fähigkeiten besaßen und mit ihrem Denken sich selber bestimmten. Wir konnten uns hinaufarbeiten zu unseren Möglichkeiten, auch unsere kleinsten Talente entwickeln und mit dem Gebrauch der eigenen Vernunft uns die Freiheit schaffen, zu der wir geboren waren. Das war ein großer, idealer Daseinsentwurf, der mich begeisterte. Denken statt lamentieren. Sich selbst bestimmen und sich die Freiheit schaffen, zu der man geboren war. Das klang stolz und hochgestimmt. Was ich da las, war ganz in meinem Sinne, nur daß ich es nicht so ausdrücken und gestalten konnte. Ich sah die trüben Funzeln vor mir, die um Beulwitz herumscharwenzelten, die keinen eigenen Gedanken an ihre Bestimmung verschwendeten und nur ein höheres Amt, einen wohlklingenderen Titel und eine bessere Dotation anstrebten. Ich hörte die immer gleichen Gespräche über rüpelige Kutscher, impertinente Nachbarn, faule Diener, unglückliche Ehen, mißratene Söhne und unverschämte Advokaten. Und nun war jemand aufgetaucht, der einmal Töne anstimmte, die sich von dem ewig kleinen Lebensgeklimper wohltuend abhoben. Das übertraf alle Erwartungen.

Vor unserem nächsten Treffen packte ich einen Württemberger Trollinger und als Delikatesse eine Göttinger Wurst in den Picknickkorb und eilte ihm mit Lotte entgegen. Ich konnte es kaum erwarten, meine Begeisterung loszuwerden. Was mir bei Kant gefiel, hatte ich in Schillers jüngsten Arbeiten gefunden: aufsteigen zu sich selbst und begreifen, daß das Sein des Menschen sein eigenes Produkt ist. »Helden wie Marquis von Posa zu zeigen, die nicht immer alle Schuld beim anderen suchen, sondern den Mut haben, für sich selbst zu stehen«, sagte ich, »das tut not. Die meisten, die ich kenne, führen doch nur den Willen eines anderen aus, selige Fahnenträger, die nichts lieber tun, als sich zur Stimme ihres Herrn zu machen, und nur von der einen Angst geplagt sind, irgendwann ihren eigenen Verstand gebrauchen zu müssen.«

»Sie sprechen vom Pöbel«, entgegnete er. »Der Pöbel verbreitet sich überall und gibt zum Unglück den Ton an. Zu kurzsichtig, um das Ganze zu ermessen, zu kleingeistig, um Großes zu begreifen, zu boshaft, um Gutes zu wollen.« Ich stutzte einen Moment, weil er das Wort »Pöbel« so unbekümmert gebrauchte. Doch dann bemerkte ich, daß er damit eine geistige Haltung beschrieb, die quer durch alle Stände ging, und stimmte ihm zu. »Ein selbstbestimmter Mensch ist ein tüchtiger Mensch. Auf den muß man setzen«, sagte ich. »Wer Verstand hat und ihn nicht zu benutzen weiß, der mag meinetwegen zum Pöbel gehören. Auf jeden Fall muß man dagegen angehen.«

»Das ist Illusion«, meinte er. »Da mögen noch so viele Freunde der Wahrheit zusammenstehen. Da könnten Himmel und Erde verschleißen wie ein Kleid. Der Pöbel hört nie auf, Pöbel zu sein.« Ich sah das nicht ganz so pessimistisch. »Es ist Sache der Kunst, immer wieder daran zu erinnern, daß keine Notwendigkeit besteht, sich zum Wurm zu machen«, sagte ich. »Aber wer es tut, der soll sich nicht wundern, wenn er getreten wird.«

»Das versuche ich ja ständig«, entgegnete er. »Der Pöbel kann schreien, aber er kann meine Absicht nicht vereiteln. Der Mensch muß endlich dahin kommen, daß er seinen Wert fühlt. Künstler, Philosophen und Dichter können ihm dabei behilflich sein. Nur im denkenden Selbst, in der Vernunft liegen die Kräfte, die die Freiheit schaffen. Letztlich muß der Kopf das Herz bilden.« Das waren Gespräche nach meiner Art, und jüngst, als wir wieder an unserem Platz am Saaleufer saßen, sagte er ein wenig in Magistermanier, aber dennoch nebenbei und zwischen zwei Gläsern Konstanziawein: »Wenn wir nur halbwegs etwas Vernünftiges zustande bringen wollen, müssen wir uns über die plattköpfige Generation erheben und Zeitgenossen einer besseren Menschenart werden.«

Daß er geradezu gesetzmäßig von der Dummheit der Zeitgenossen ausging und statt edler Menschen überall taube Nüsse sah, imponierte mir besonders. Mir wären solche Worte in seiner Gegenwart nicht so leicht über die Lippen gegangen, denn aus dem Munde einer Baronesse hätte es zu überheblich, zu sehr nach Adelsdünkel geklungen. Doch er, ein Poet aus dem Volke, ein Mann ohne Stammbaum und Wappen, konnte es sich erlauben, so elitär zu sprechen, ohne hochmütig und verletzend zu wirken.

Titan Fridericus gefiel mir von Tag zu Tag mehr. Er hatte ja recht: Zeitgenossen einer besseren Menschenart werden. Das war doch was. Auch ich kannte dieses Gefühl, nur noch von Dummheit, Unglück, Elend und Krankheit umgeben zu sein; ein Gefühl, daß das eigene Leben nicht mehr als ein Notquartier und jede Bewegung ein Waten durch diesen Morast war. Wohin man auch blickte – alles niedrig, verkommen, schmutzig, häßlich, schlecht und schäbig. Jeder Mensch nur ein Ableger aus der Gattung Geschmeiß, Gelichter, Gesindel, Gesocks und Gezücht. Aber ich wollte mich nicht auf das Gemeine hinabdrükken lassen. Im Gegenteil, auch ich träumte davon, mich den sublimeren Dingen zuzuwenden – Dinge, die zwischen ewiger Wahrheit und vergänglicher Existenz lagen und daran erinnerten, daß die Zeit zu kostbar war, um sie mit Banalem zu verplempern. Wir hörten dieses Wort zum erstenmal und lachten, doch ich spürte, wie recht er hatte. Sich nur nicht auf das Häßliche einlassen und sich solange damit beschäftigen, bis es von einem selbst Besitz ergriff. Das war schon der erste Schritt zur Selbstzerstörung. Dazu aber war ich nicht auf der Welt. Daß er Idealen anhing, die längst verloren schienen, empfand ich nicht als altmodisch, sondern als kühn und revolutionär. Seine Sehnsucht nach Größe, die er so vehement verteidigte, schaffte noch mehr Übereinstimmung zwischen uns und ließ mich seine Nähe noch mehr genießen.

Nachts lag ich oft wach und dachte über unsere Gespräche nach. Mein Gipsbüstengemahl rückte in die Ferne. Es interessierte mich nicht mehr, daß ich abends allein am Kamin sitzen mußte und er kein Wort mit mir wechselte. Meine Gedanken waren bei Schiller. Seine Art, die Welt zu sehen, trug eine spannungsvolle Unruhe in mich und glich einem Sog, dem ich mich nicht entziehen konnte. Für nichts war ich so empfänglich wie für das Wort. Nichts sprach mich so an, nichts haftete so fest. Aus dem Wort kam eine Magie, die mich ganz in ihren Bann zog, mich in Atem hielt, mich aufwühlte, mich gelöst und frei machte, beweglich und biegsam, denn im Wort verströmte ich meine Sinnlichkeit. Er fing sie auf und forderte sie ein. Seine Freude, mir zuzuhören, weckte meinen rhetorischen Ehrgeiz, mich so zu zeigen, wie ich sein wollte, und machte aus jedem unserer Gespräche ein süßes intellektuelles Spiel. Mal war ich obenauf, mal ihm unterlegen, mal ihm ganz fern, mal heißherzig nah und immer dabei, ein metaphysisches Knäuel zu entwirren. Ich war wie aufgebrochen und spürte, wie er meine Kopflust von Tag zu Tag steigerte.

Allmählich jedoch merkte ich, er hörte mir nicht nur zu, sondern horchte in mich hinein, als würde er hier etwas finden, was auch sein Empfinden steigerte. Vielleicht war es mein Sinn für Poesie, der die nüchterne Umgebung verwandelte. Die Poesie war wie eine schöne Stimmung, die mich anwehte, auf ihre Flügel nahm und forttrug – hin zu den gedachten Bildern, die zwischen allem hervorschienen, die glänzten und schimmerten, ihre eigenen Farben, ihre eigenen Töne hatten, die Vorgefühl und Ahnung waren und eine Wirklichkeit schufen, in der es einen anderen Himmel und andere Sterne gab. Wie angelockt folgte er dieser Spur, und irgendwo im fernen Schönen berührten wir uns. Es war wunderbar, einen Mann getroffen zu haben, dem mein poetischer Sinn so viel bedeutete. Ungehindert konnte ich meine Gedanken ausbreiten und bekam auf alles, was ich sagte, ein Echo. Auch wenn er im dürftigen Überrock und mit verschrammten Kniebundschnallen neben uns im Gras saß, so imponierte er mir wie kein anderer, und ich genoß es, von ihm bewundert zu werden.

Neulich, als er zu spät kam und sich mit schnellen Schritten ungestüm unserem Picknickplatz näherte, schien er mir wie ein wildes aufgebrachtes Einhorn, das auf uns zustürzte und uns zu verschlingen drohte. Doch dann, als es mich wie die Jungfrau Maria am Ufer sitzen sah, legte es sanft seinen Kopf in meinen Schoß und folgte wie ein zahmes Haustier. Mir ging dieses Bild vom Einhorn nicht aus dem Kopf, aber ich behielt es für mich, denn er brauchte nicht zu wissen, daß er auch noch nachts in meinen Gedanken war. Schließlich war ich verheiratet und wandelte streng auf dem Pfad der Tugend. Es genügte, daß ich nach jedem unserer Treffen noch einige Gedanken in mein livre de pensées eintrug und dabei spürte, wie der Poet mich poetischer machte.

Ursprünglich hatte ich ja geglaubt, daß er es mit seinem Arbeitssommer nicht so ernst meinen würde und alles nur ein Vorwand war, um die beiden Saaleprinzessinnen wiederzusehen. Doch der Rebell arbeitete wirklich. Und nicht nur an einer, sondern an mehreren Geschichten gleichzeitig. Er sprach aber nicht über seine Vorhaben. Kam er einmal zu einer Verabredung zu spät, entschuldigte er sich lediglich, zu sehr in seine Geschäfte vertieft gewesen zu sein. Meist las er uns vor, was er die Tage vorher geschrieben hatte und was dann bald darauf im Druck erschien. Ob *Der Geisterseher* oder *Der Menschenfeind* oder die *Briefe über Don Carlos* – es war schon erstaunlich, was ihm in der kurzen Zeit alles gelang. Kein erster, kein zweiter, kein dritter Entwurf; kein Probieren, kein Umschreiben, kein Verwerfen, kein Abbrechen – alles gelungen, alles aus einem Guß. Irgendwie kam er mir unheimlich vor. Im stillen fragte ich mich, wie es ihm gelang, jeden Gedanken gleichermaßen gut zu formulieren. Bedachte ich, wie schwer mir das Schreiben fiel, wie lange ich nach einem passenden Begriff, einer Metapher suchte, dann war mir seine Produktivität noch unfaßbarer. Ich versuchte, eine Methode, eine bestimmte gedankliche Ordnung zu erkennen, suchte nach einem Arbeitsprinzip, das sich übernehmen ließ, doch umsonst. Keine Analyse stimmte. Keine Erklärung paßte. Ich stand vor einem Rätsel, bis mir klar wurde, daß wir es hier nicht nur mit einem arbeitsamen Dichter, sondern mit einem echten Talent zu tun hatten. Andere hatten das anscheinend längst bemerkt, denn er verließ immer häufiger seine Stube beim Kantor, um in Weimar zu Gast zu sein. Wieland und Herder, Bertuch und Bode baten ihn zu Tisch. Gleim wählte den Zeitpunkt seines Aufenthalts eigens so, daß er Schiller sehen konnte. Ob er im *Merkur* oder in der *Thalia* schrieb, es schien, als würde er mit jeder Veröffentlichung immer gefragter werden.

Als Lotte auf einer Redoute in Weimar war und gerade ihren Tanz beendet hatte, setzte sich Frau von Kalb zu ihr und fragte in einem leicht gereizten Ton, wie lange wir den teuren Schiller noch von ihr fernzuhalten gedächten. Es wäre doch sehr egoistisch von uns, ihn seit Monaten so in Beschlag zu nehmen, daß er nicht mehr dazu käme, ihr einen Brief zu schicken, geschweige sich bei ihr blicken zu lassen. Dabei hatte sie kürzlich während des großen Soupers bei der Herzoginmutter neben ihm gesessen, sich äußerst angeregt mit ihm unterhalten, und er hatte ihr versprochen, sie so bald wie möglich zu besuchen. Nun waren schon Wochen vergangen, und sie hörte nichts von ihm. Und gerade er war doch für seine Zuverlässigkeit bekannt! Fräulein von Lengefeld sollte ihr dieses seltsame Verhalten des Herrn Schiller einmal erklären. Lotte wußte von ihrer Patentante, daß sich die Kalb gewisse Hoffnungen auf Schiller machte. Sie hatte ihn in Bauerbach kennengelernt, dann in Mannheim besucht, ihm als Zeichen der Bewunderung einen Lorbeerkranz gesandt, und jetzt wartete sie nur, daß sie endlich geschieden wurde, um ihrem vergötterten Schiller-Homer in die Arme eilen zu können. Es fiel Lotte nicht schwer, herauszuhören, was ihr Frau von Kalb signalisieren wollte: Wir sollten Schiller gefälligst in Ruhe lassen, weil sie ältere Rechte auf ihn hatte. Dann wollte sie auch noch wissen, worüber wir mit ihm sprachen und woran er zur Zeit arbeitete. Das geringste Detail schien sie zu interessieren. Doch Lotte gab sich pikiert und meinte nur, sie könne Schiller ja selber fragen, wenn sie etwas über ihn wissen möchte. Sie sah weder einen Grund, sich zu rechtfertigen, noch Auskunft über unsere Beziehung zu ihm zu geben. Sie hoffte, die Kalb hatte begriffen, daß wir uns den Dichter von keinem streitig machen ließen. Schiller gehörte in unsere Domäne, und wir hatten ein Auge darauf, daß es

so blieb. Als die Musik aufspielte, bat Lotte etwas spitz-
züngig, dem Herrn Schwager, Kammerpräsidenten von
Kalb, beste Grüße auszurichten. Dann erst ließ sie sich
von dem nächsten Kavalier zum Tanz führen.

Die kleine Schwester verhielt sich recht geschickt und
schien überhaupt bei jeder Gelegenheit bemüht, die Ton-
art des Meisters zu treffen. Seitenlang schrieb sie seine
Gedichte ab, lernte sie auswendig und flocht oft unerwartet diesen oder jenen Vers ins Gespräch ein. Ja manchmal
antwortete sie nur mit seinen Strophen, was ihr jedesmal
eine wohlwollende Umarmung eintrug. Auch hatte sie
mit ihrem praktischen Sinn rasch herausgefunden, daß er
gerne frisches Obst aß. So brachte sie ihm mal einen Korb
Kirschen, dann wieder selbstgepflückte Himbeeren oder
die ersten Augustäpfel. Er war ihr immer so freudig dankbar, als sei ihm von der Baronesse eine große Wohltat er-
wiesen worden. Schließlich machte sie auch noch einen
Händler ausfindig, der ihn mit dem begehrten Maroccoschnupftabak versorgen konnte, und löste damit bei unserem Sommergast ein kleines Entzücken aus. Vor allem
achtete sie darauf, daß wir mit unseren Verabredungen
ihn nicht in seiner Arbeit unterbrachen. Sie beschwor ihn,
nicht aus Höflichkeit unseren Wünschen zu folgen, sondern den Zeitpunkt einer Verabredung selbst zu bestimmen und seiner Arbeit unterzuordnen. Auf keinen Fall
sollte er sich von uns stören lassen. Lotte wollte, daß wir
ihm nur in heiterer Stimmung begegneten, weil er nur
Heiteres und Angenehmes mit uns verbinden sollte. Sie
vermied, in seiner Gegenwart unerfreuliche Dinge auch
nur anzudeuten, damit seine poetische Energie nicht auf
Nebensächliches abgelenkt wurde. Alles, was sie sich am
Hofe abgeguckt hatte, brachte sie ins Spiel und kapri-

zierte sich still verliebt auf diese Feinheiten des Umgangs, die ihn nicht unbeeindruckt ließen, ja die er um so dankbarer aufnahm, weil er sich zwischen uns doppelt verstanden und doppelt geborgen fühlte.

Irgendwann kommt im Leben der Zeitpunkt, wo Kinder ihre Eltern kritisch betrachten und von da ab ein neues Verhältnis zu ihnen gewinnen, das trotz aller Kompromisse letztlich nur auf Achtung oder Mißachtung hinausläuft. So blieb nicht aus, daß auch meine Mutter dieser strengen Prüfung unterzogen wurde. Frau von Lengefeld war zwar eine kleine zierliche Person, aber dabei so energisch und resolut, daß sie niemand übersehen konnte. Da sie immer wußte, was sie wollte, und entschlossen ihre Entscheidungen traf, strahlte sie etwas sehr Bestimmendes aus. Doch dies hatte nichts Unangenehmes an sich, denn sie besaß eine umfangreiche Bildung, die diese Dominanz in natürlichen Respekt umwandelte, den ihr keiner versagte. So streng und diszipliniert sie gegen sich selber war, so forderte sie dies auch von anderen. Pflicht war ihr ein heiliges Wort. Ehrbares Ansehen und ein makelloser Ruf bedeuteten ihr alles. Sie galt in jeder Hinsicht als vorbildlich und wurde darum auch am Hofe geschätzt. Da sie in jungen Jahren verwitwet war und ihr Mann, Oberlandjägermeister von Lengefeld, kein Vermögen hinterlassen hatte, lag ihr ganzer Ehrgeiz darin, dafür zu sorgen, daß ihre Töchter trotz allem ein standesgemäßes Leben führen konnten. Beherzt griff sie zu, als ihr die Stelle einer Oberhofmeisterin angeboten wurde und sie fortan für die Erziehung der beiden Töchter des Herzogs verantwortlich war. Seitdem hatte sie eine eigene elegante Wohnung im Schloß und bezog zudem ein Gehalt, von dem sie bei sparsamster Lebensführung für die Aussteuer der Töchter noch einiges zurücklegen konnte. Manche fragten sich, warum diese kleine resolute Person kein zweites Mal heiratete, zumal sie eine aparte Erscheinung war und den Blick so manchen Mannes auf sich zog. Ob sie aus strengem sittlichen Prinzip ihrem Gemahl über den Tod hinaus die Treue halten oder ihren beiden Töchtern einen Stiefvater ersparen wollte, war nicht auszumachen. Doch daß sie es so hielt, festigte ihren ehrbaren Ruf und ließ sie in der allgemeinen Achtung noch höher steigen.

Besonders stolz war sie darauf, mich an den reichen Herrn von Beulwitz verheiratet zu haben. Der Gedanke, mich mit meiner unruhigen, quirligen Phantasie in sicheren Bahnen zu wissen, ließ sie aufatmen. Für ihre Jüngste, ihr liebes Lottchen, hatte sie den Sohn des Ministers von Ketelhodt ins Auge gefaßt. Sie war der Auffassung, daß man gerade in kleinen Städten rechtzeitig nach einem Schwiegersohn Ausschau halten mußte, da hier die guten Partien besonders rar waren. Wenn sie jetzt noch das brave anhängliche Lottchen auf den Weg gebracht und reich verheiratet hatte, war sie am Ziel. Sicherlich konnte man keiner Mutter vorwerfen, ihre Töchter gut versorgt zu wissen. Aber was nützte das ganze Geld, wenn man sich darüber hinaus in der Ehe nichts zu sagen hatte. Bis heute konnte ich ihr nicht verzeihen, mir den Ursus aufgebürdet zu haben. Mir war einfach nicht gelungen, ihr klarzumachen, daß reich und geistreich nicht das mindeste miteinander zu tun hatten und selten in einer Person zu finden waren. Meine Mutter jedoch vergötterte ihren Schwiegersohn. Mich in diese Ehe gepreßt zu haben, war auch der Grund, weshalb ich mich ihr gegenüber sehr reserviert verhielt, ja sogar Distanz zu ihr wahrte. Doch meine Achtung ihr gegenüber minderte das nicht.

Nachdem mir klar geworden war, daß Schiller mehr ein Poet und hochverständiger Mann denn ein Räuber und Rebell war, faßte ich den Mut, ihn der Frau Mama vorzustellen. Daß er nicht von Stand war, spielte in dem Moment keine so große Rolle, denn in Wielands *Teutschem Merkur* war gerade ein Auszug aus der *Geschichte des Abfalls der Niederlande* abgedruckt worden, und der *Merkur* war schließlich nicht irgendein Hausblatt, sondern wurde von allen, die sich zu den Gebildeten zählten, zur Kenntnis genommen. Die Frau Mama konnte nichts dagegen haben, den Verfasser einmal persönlich kennenzulernen.

Wir holten Schiller vom Gasthof »Zur goldenen Gabel« ab, wo er bereits auf uns wartete. Wie immer nahmen wir ihn in die Mitte und führten ihn diesmal ins Schloß. Frau Oberhofmeisterin von Lengefeld empfing den Autor mit größter Zuvorkommenheit, denn für sie war jeder, dessen Aufsätze Wieland in seiner Zeitschrift abdruckte, ein bedeutender Mann. Sie fragte ihn, wann sie einmal *Kabale und Liebe* lesen könne. »Derzeit bin ich mit Göschen wegen einer verbesserten Ausgabe im Gespräch«, sagte er, »auch um meine Verleger Schwan und Götz endlich zu einer Neuauflage zu bewegen. Aber sobald ich die Belegexemplare erhalte, werde ich Ihnen selbstverständlich persönlich ein Exemplar widmen.« Das war der rechte Ton für die Mama. Um zu zeigen, wie übertrieben bescheiden der bekannte Dichter war, erzählte Lottchen, was er uns bis heute verheimlicht hatte: Vor vier Jahren war er an den Darmstädter Hof gebeten worden, um aus *Don Carlos* zu lesen. Herzog Carl August war anwesend, und ihm gefiel der Vortrag so sehr, daß er Schiller anschließend zum Herzoglichen Rat ernannt hatte. »Seither darf er sich Fürstlich Sächsisch-Weimarischer Rat nennen, auch wenn er davon noch keinen Gebrauch gemacht hat.« Die Frau Mama lächelte recht huldvoll über Lottchens Begeisterung.

»Herzog Carl August von Weimar ist ein kunstsinniger Mann«, sagte sie. »Einen solchen Titel zu vergeben, kostet Serenissimus nichts, auch wenn es sehr ehrenvoll ist, ihn tragen zu dürfen.«

»Trotzdem war es eine schöne Geste«, meinte Lottchen, und ich fand es recht geschickt von ihr, der Mutter auf diese Weise kundzutun, daß Herzog Carl August Schiller schätzte. Das ließ ihn in ihren Augen ein ganzes Stück aufsteigen, zwar nicht auf ihre Höhe, aber immerhin.

Wahrscheinlich hatten wir einen guten Tag erwischt, denn der Besuch bei meiner Mutter war äußerst erfreulich, und auch Schiller schien von der Frau Oberhofmeisterin sehr angetan.

Gewiß war es nicht schlecht, von sich sagen zu können, daß man Minister, Präsidenten und Direktoren in der engeren Bekanntschaft hatte. Es hörte sich respektabel an und vermittelte den Anschein, als sei man selber ein Mensch von Bedeutung. Doch verkehrte man dann mit ihnen, stellte sich heraus, daß man lange suchen mußte, um darunter einen originellen Kopf zu finden. Bestenfalls ließ sich mit ihnen noch über ihr Fach reden. Darüber hinaus waren sie meist große Langweiler, hatten weder besondere Interessen noch besondere Leidenschaften, und von einer umfassenden Bildung konnte nur in Ausnahmen die Rede sein. Kam das Gespräch auf die Literatur, entschuldigten sie sich zumeist, daß das Lesen Zeit kostete, die sie nicht hatten, und daß diese Arbeit daher ihre Frauen für sie erledigten. Sicherlich konnte nicht jeder Geheimrat so ideenreich wie Goethe sein, aber es war doch erschreckend, wieviel geistige Armut sich hinter den großen Titeln verbarg. Vielleicht war es gesetzmäßig, daß auf dem Weg nach oben so viel Energie verbraucht wurde, daß man am Ende der Stufenleiter mit leerem Kopf ankam. Jedenfalls war von den Ministern, Präsidenten und Direktoren in der Regel nicht viel zu erwarten. Dörrobst, alles Dörrobst.

Wie unterhaltsam war dagegen dieser Schiller. Eine durch und durch anregende Natur. Immer befaßt mit einer philosophischen Frage, immer in Auseinandersetzungen mit einer großen Idee, immer erfüllt von einer Mission. Er hatte zwar seine Schulden bei Wolzogens Mutter noch immer nicht ganz abgetragen, wartete von Woche zu Woche auf die Überweisung eines Honorars, freute sich, wenn ein paar Taler eingetroffen waren, mit denen er über die nächsten Monate kam, und lebte so ärmlich, wie keiner meiner Bekannten auch nur einen einzigen Tag hätte verbringen wollen. Doch gerade diese Existenz hatte für mich etwas Bewundernswertes: kein Antichambrieren am Hof; kein Verlangen, sich angenehm und gefällig zu machen; kein Drang, an die Krippe des Staates zu eilen, sich ein Pöstchen zu sichern, das sanft durch das Leben trug. Kein Wort des Spottes über jene, die dienernd aufwärts strebten; keine einzige verächtliche Bemerkung, kein Neid – nichts von alledem, so als sei es einem selbständig denkenden Menschen wie ihm gar nicht zuzumuten, in der Amtsträgerwelt etwas werden zu wollen. Er stand fern von alledem, ohne Angst, ohne

Sorge, daß seine Stücke eines Tages niemand mehr sehen und seine Geschichten niemand mehr lesen wollte. Kein Gedanke daran, daß der Quell seines Geistes einmal versiegen könnte und er eines Tages leer und ausgebrannt vor einem Quartblatt saß. So viel Vertrauen in die eigenen Fähigkeiten hatte ich bei noch keinem Mann kennengelernt. Darin lag die Kühnheit an sich, und schon die Hälfte davon hätte mir genügt. Seine Art zu leben war wie ein Gegenentwurf zu allem, was ich kannte, und darum faszinierte mich dieser pauvre poëte von Tag zu Tag mehr. Allerdings spielte er mit dem Gedanken, sich um eine Professur für Geschichte in Jena zu bewerben, und fragte mich, was ich davon hielt. Freilich war ein solches Amt mit viel Arbeit verbunden, aber was er als Professor erforschte, konnte er als Dramatiker verwenden. Für eine gewisse Zeit war das sicherlich ganz hilfreich, und ich riet ihm zu. Da ich gehört hatte, daß Immanuel Kant bescheidene 236 Taler Jahresgehalt bezog, meinte ich lediglich, daß Schiller darauf achten sollte, nicht schlechter gestellt zu werden. Und Postfreiheit wie die Erfurter Professoren konnte er auch beanspruchen.

Doch jetzt war mir erst einmal daran gelegen, all den hochgestellten Herren meiner Umgebung einen Mann zu präsentieren, der keines Ranges bedurfte, um seinen Gedanken Bedeutung zu verleihen. Es war an der Zeit, Schiller in unsere erlauchten Residenzstadtkreise einzuführen. Einerseits konnte es einem so beflissenen Dichter wie ihm nichts schaden, Leute mit Einfluß und Beziehungen kennenzulernen. Geriet er doch dadurch auf eine ganz andere Ebene der Wahrnehmung. Andererseits war es auch für mich ganz schmeichelhaft, zeigen zu können, daß ich diesen namhaften Mann kannte. Die Freundschaft mit ihm sprach für Lotte und mich, denn sie war nach außen hin die Bestätigung, daß die Schwestern von Lengefeld nicht nur Bildung besaßen, sondern auch einen Sinn für Poesie hatten. War es doch ein offenes Geheimnis, daß poetische Gemüter einen Poeten wie magisch anzogen.

Ich ließ unseren Garten aufs feinste herrichten, stattete ihn mit Fackeln und Lampions aus, spannte mit Lotte zwischen den Bäumen bunte Girlanden, engagierte eine Kapelle und lud an einem schönen Augustabend zu einem Sommerfest ein, in dessen Verlauf ich Schiller mit den Honoratioren der Residenz bekanntmachte. Es kamen der Erbprinz Ludwig Friedrich, Kanzler von Ketelhodt, ein Mann mit großem Einfluß und bibliophiler Leidenschaft, natürlich auch unsere Freunde Baron von Gleichen-Rußwurm und seine Verlobte Friederike von Holleben, Frau von Stein mit ihrer Schwester Frau von Imhoff und ihrer Schwägerin Frau von Schardt und dann noch der obligatorische Schwarm von Hofbeamten. Beulwitz ließ den besten Burgunder aus dem Keller holen, der allein schon ein kleines Vermögen kostete, aber ein saurer Werra-Wein, wie ihn die Rudolstädter liebten, kam bei ihm nicht auf den Tisch. Es wurde gut gegessen und viel getrunken, und schließlich stimmte zu vorgeschrittener Stunde der Ursus das *Lied an die Freude* an, das Schiller für seinen Freund Körner zu dessen Hochzeit gedichtet hatte. Weil der Erbprinz es nach der alten Volksmelodie mitsang, stimmten auch die restlichen Gäste mit ein, und ich war glücklich, daß sich auf meinem Fest alle so prächtig unterhielten.

Tage später, als wir drei wieder unseren Picknickplatz aufsuchten, erzählte Schiller amüsiert, daß der Fürst ihn zum Mitglied der Schützengilde ernannt hatte. Das überraschte, denn ich hätte mir eine andere Ehrung für ihn gewünscht als ausgerechnet die Mitgliedschaft in der Schützengilde. Ich begriff nicht, wie Schiller sich darüber freuen konnte. Ich hätte erwartet, daß er eine solche Mitgliedschaft dankend ablehnte, auch wenn das für uns, die Familien Lengefeld und Beulwitz, recht peinlich gewesen wäre. Diese Entscheidung hätte ich aber verstanden. In der Schützengilde mußte sich ein Schöngeist zum Gespött machen. Trommeln, Marschieren, Schießen und Zechen – das alles hatte doch nichts mit ihm zu tun. Doch Schiller amüsierte sich über meine Bedenken und meinte, ich solle dem nicht so große Bedeutung beimessen. Es war ein fürstlicher Gunstbeweis, mehr nicht. »Diese Leute haben nun mal ihre eigene Vorstellung von Ehre. Und was ein anderer für groß hält, soll man nicht kleinreden oder gar verachten«, sagte er. »Gleich ob es sich um Fürsten oder Stallknechte handelt, darauf reagieren sie alle empfindlich.« So gesehen hatte er recht, und wir sprachen nicht mehr darüber.

Kurz darauf, als das jährliche Vogelschießen begann, stand er ganz überraschend und entgegen aller sonstigen Gewohnheiten an meiner Tür und schien in Bedrängnis zu sein. Der Schützendirektor hatte ihn aufgefordert, sich in Schützenuniform und mit Gewehr am Hauptsonntag im Schützenhof einzufinden, um mit der Schützenkompagnie zum Anger zu marschieren und dort am großen Wettschießen teilzunehmen. Ich hatte es kommen sehen. Auf diesen Tag freute man sich hier das ganze Jahr. Wenn im August das Vogelschießen stattfand, zog es die Schaulustigen aus der ganzen Umgebung in die Stadt. Die Schankhütten und Gasthöfe füllten sich und alle Herzen schlugen höher, denn mit der grauen Eintönigkeit war es für ein paar Tage vorbei. In der Stadt herrschte ein lärmendes Treiben mit Theateraufführungen, Konzerten, Ballettgruppen, Seiltänzern, Gauklern, Harfenmädchen und Wasserspringern; mit Lottospielen, Karussellfahrten, Punschbuden und Bratwurstständen. Aber all der Trubel war nur der Rahmen für das ganz große Ereignis – das Preisschießen. Es begann, wenn die Schützenkompagnie in Staatsuniform und mit Musik im festlichen Zug durch die Stadt marschierte. In der Mitte der Vogelkönig mit schwerem silbernen Ehrenschild geschmückt, allen voran jedoch der Schützenhauptmann, flankiert von den Schützenleutnants und Adjutanten. Dann hielt es keinen mehr im Haus. Alles strömte zum Schießplatz, um nur nicht den Höhepunkt zu versäumen. Ein Schütze nach dem anderen wurde aufgerufen, trat in den Ladestand und schoß auf den riesigen Doppeladler, der hoch oben auf der Vogelstange thronte. Bei jedem getroffenen Stück gab es einen Trommelschlag. Der Meisterschuß aber wurde mit einem Kanonendonner weithin verkündet. Wer jedoch gänzlich danebenschoß, setzte sich gnadenlos dem allgemeinen Spott und Gelächter aus.

Um sich der leidigen Schützenpflichten zu entziehen, gab es für Schiller nur eins: Er mußte sich krank melden. Dann brauchte er sich weder für die teure Schützenuniform in Schulden zu stürzen, noch brauchte er am Preisschießen teilzunehmen. Allerdings mußte er dann auch an diesen Tagen die Öffentlichkeit meiden, und das hieß, auf so manchen Spaß zu verzichten. Wenn er wollte, konnte ihn der Ursus in aller Form entschuldigen. Das verstand auch der strammste Major, denn es hatte sich selbst in diesen Kreisen herumgesprochen: Dichter waren empfindliche Naturen, öfter krank als andere, und Leiden gehörte bei ihnen schon fast zum Beruf. Schiller lächelte zwar über meinen Rat, schien aber erleichtert und verließ während der Zeit des Vogelschießens nicht sein Logis.

Ich saß mit Lotte beim Tee. Wir sprachen über Schiller, und plötzlich brach es aus ihr heraus. Sie hatte keine Lust mehr, mir und Schiller den Picknickkorb hinterherzutragen. Ich sprach die ganze Zeit mit ihm, parlierte und philosophierte, und sie lief neben uns her, damit nach außen das Bild des Anstands gewahrt blieb und niemand der Frau Vizekanzler etwas Schlechtes nachsagen konnte. Aber sie war schließlich nicht mein Tugendmäntelchen. Ich sollte mir eine andere suchen, die mich und Herrn Schiller auf den poetischen Ausflügen begleitete.
Ich fiel aus allen Wolken. Noch nie hatte ich Lotte so aufgebracht erlebt. »Aber er empfindet dich überhaupt nicht als störend«, sagte ich. »Im Gegenteil. Wenn er mir schreibt, bittet er immer, schöne Grüße an dich auszurichten.«
»Das ist doch wohl das mindeste«, meinte sie. »Ihm ist ja auch daran gelegen, dir keine Unannehmlichkeiten zu bereiten, und mit dem Ursus will er sich erst recht nicht anlegen.«
»Nein, wirklich, Schiller kann dich bestimmt gut leiden«, sagte ich, »und wenn du den Eindruck hast, daß nur ich mich mit ihm unterhalte, dann mußt du dich auch einmal in das Gespräch einbringen.«
»Du läßt mir ja keine Gelegenheit dazu«, meinte Lotte mit einem fast verbitterten Unterton. »Du gefällst dir in Bonmots, Schiller schnappt sie vergnügt auf, ist ganz hingerissen von dir, und mir bleibt die reizende Aufgabe,

den beiden Poeten, Frau Caroline und Herrn Friedrich, bewundernd zuzustimmen. Dazu habe ich keine Lust mehr.« Lotte war nicht zu beruhigen. Ich versuchte ihr klarzumachen, daß es ihre eigene Schuld war, wenn sie sich nicht an den Gesprächen beteiligte, doch sie meinte nur: »Ich kann doch sagen, was ich will – er geht ja ohnehin immer nur auf das ein, was du sagst. Und wenn ich etwas sagen will, unterbrichst du mich oder bemerkst es erst gar nicht. Aber neben euch herzudackeln, damit ist es jetzt vorbei.«

Je mehr sich Lotte in ihren Unmut hineinsteigerte, desto deutlicher wurde mir plötzlich, daß sie eifersüchtig war. Sie hatte sich in ihn verliebt, und es kränkte sie, daß er immer nur mit mir sprach. Ich gab mir Mühe, sie zu beschwichtigen, aber sie hörte nicht auf, mir Vorhaltungen zu machen: als ob sie dümmer wäre! Sie war nur nicht so beredt wie ihre große Schwester, konnte mit den Worten nicht so schön paradieren und hatte darum Schwierigkeiten, einen Mann mit einem Gespräch auf sich aufmerksam zu machen. Außerdem war es auch nicht jedermanns Art, über alles so viel Seim zu breiten und jede Begebenheit zu zerpflücken, bis nichts mehr davon übrigblieb. Schließlich hatte sie dieselben Bücher gelesen, die auch ich gelesen hatte, nur konnte sie darüber nicht so gescheit schwätzen, wie ich es mit Herrn Schiller zu tun beliebte. »Was braucht ihr mich überhaupt noch für eure Treffen?« fragte sie aufgebracht. »Hol dir deinen Schiller abends an den Kamin. Beulwitz wird nichts dagegen haben, sondern froh sein, wenn er nicht reden muß und seine Frau jemanden hat, mit dem sie sich unterhalten kann. Solange es kein Juwelier und kein Bankier ist, sondern bloß ein armer Poet, ist der Ursus auch nicht eifersüchtig, denn er sieht doch auch in der Ehe immer nur den fiskalischen Aspekt und denkt, wo die Finanzen stimmen, stimmt alles.«

Da Lotte offenbar kein Ende finden wollte und ihrem wilden Unmut freien Lauf ließ, fiel ich ihr ins Wort und sagte fast ein wenig amüsiert: »Gib zu, du hast dich in Schiller verliebt.« Sie lief rot an. Wie immer, wenn sie unsicher wurde, gab sie sich schnippisch und sagte im Tone tiefster Entrüstung: »Wo hast du denn das her?«

»Ich meine ja nur«, entgegnete ich. »Hätte ja sein können.«

»Hat er etwa was gesagt?« fragte sie nach einer Weile, und ich entgegnete: »Bis jetzt noch nicht. Aber er hat es immer gerne, wenn du mit uns kommst. Ich bin sicher, er mag dich.« Nachdem sie sichtlich mein letztes Sätzchen genossen hatte, meinte sie leicht enttäuscht, daß ich das nur sagen würde, damit sie noch länger für uns den maître de plaisir spielte. Ich konnte verstehen, daß sie mit unserer alten schwesterlichen Arbeitsteilung nicht mehr zufrieden war. Von wegen – ich sprach, und sie hörte zu. In Anwesenheit eines Mannes, dem sie gefallen wollte, genügte ihr das natürlich nicht mehr. Andererseits konnte ich ihr die Aufmerksamkeit, die sie haben wollte, nicht servieren. Es war nun mal so: Wer mitreden wollte, mußte das Wort ergreifen. Auch ungefragt. Um wahrgenommen zu werden, mußte man sich einmischen. Doch ich wollte mit keinem weiteren Wort ihren Mißmut steigern. Wer verliebt war, fand schon einen Weg, sich bemerkbar zu machen, und hatte dafür seine eigene Sprache. Vielleicht ging es meiner braven Lotte nur nicht schnell genug. Ach, die stillen Wässerchen! Allerdings befürchtete ich, daß sie sich falsche Hoffnungen machte, denn die gute Mama hatte ihrem Liebling doch längst eine von den prächtigen Partien zugedacht, mit der sie schon mich in Gipsbüstenträume getrieben hatte.

Nach meinem gelungenen Gartenfest drängte Schiller darauf, Goethe kennenzulernen. Ich sollte das nun endlich einmal arrangieren. Er sprach schon so lange davon, aber ich kannte Goethe und wußte, wie schwer es ihm fiel, sich einem anderen anzunähern, noch dazu, wenn er jünger war und kein hohes Amt bekleidete, das ihn von vornherein zur Wahrnehmung verpflichtet hätte. Auch Lotte war skeptisch. Sie meinte, daß Goethe den Menschen zwar sehr viel gebe, aber so hoch von sich denke, daß ein anderer ihm wenig geben könne. Überdies galt es, einen günstigen Zeitpunkt abzuwarten. Schließlich war er gerade vor drei Monaten aus Italien zurückgekehrt und wurde mit Einladungen überschüttet, denn alle wollten von ihm einen Reisebericht aus dem Land der Olivenwälder und Zypressen. Daher hielt ich es für günstiger, mich von der allgemeinen Belagerung erst einmal fernzuhalten. Auch die Spannung zwischen ihm und Frau von Stein mußte sich legen, denn ohne sie konnte ich ihn nicht in mein Haus bitten. Sie hätte es mir übelgenommen. Außerdem hatte ich jetzt Wichtigeres zu tun.
Karl von Dalberg, der Statthalter von Erfurt und Coadjutor des Erzbistums Mainz, bat Li und mich zum Souper. Ich packte meine elegantesten Roben ein, nahm mir eine Courier-Chaise und fuhr zu meiner Freundin Dacheröden. Ich war gern bei ihr, denn Li gehörte zu den Menschen, die so fröhlich waren, daß man in ihrer Gegenwart alles in einem sonnigen Licht sah und weder das trübe Wetter noch die Kleinstadt einem etwas anhaben konn-

ten. Uns verband etwas erfrischend Gleiches: Auch sie hatte das Vornehmtun, diese steife, aufgesetzte Contenance gründlich satt. Sie wollte lachen, lieben, tanzen, küssen, wollte sein dürfen, wie sie war, ohne ständig auf die Etikette zu achten, die für ihre Begriffe ohnehin nur dazu da war, um dahinter Leere und Bedeutungslosigkeit zu verbergen. Unter dummen Menschen fühlte sie sich einsam, und all den obligatorischen Geselligkeiten bei Hofe entzog sie sich, wann immer sie konnte. Sie hatte dafür das Wort »Hofschnack« erfunden, das längst unter uns die Runde gemacht hatte. Nein, dieser ganze Hofschnack mit all seinem banalen Geschwätz war ihr nichts. Sie nutzte die Zeit lieber, um ein Buch zu lesen. Davon versprach sie sich einen größeren Gewinn.

Zu Dalberg allerdings ging sie gerne. In ihm sahen wir beide die große Ausnahme. Er war ein mächtiger, einflußreicher Mann, stand in der Nachfolge des Kurfürsten und war zum Amt des Reichs-Erzkanzlers bestimmt. Er hatte einen feinen Sinn für Kunst und Philosophie und eine so umfassende Bildung, wie man sie unter Politikern dieser Größenordnung nur selten fand. Überhaupt unterschied er sich aufs angenehmste von all diesen hochkarätigen stumpfhirnigen Beamten, die, einmal ans Ruder gekommen, nichts als ihre Eitelkeit zelebrierten und meinten, der heilige Geist spräche aus ihnen. Dalberg förderte großzügigst Kunst und Wissenschaft, kümmerte sich um die Universität, erneuerte die Akademie und nutzte sein Amt, um Gegensätze auszugleichen. Vor einiger Zeit hatte ich ihn im Hause von Li kennengelernt – bei einem Essen, das Kammerpräsident von Dacheröden für den neugewählten Coadjutor gab – und seitdem besaß ich das Privileg, ohne Anmeldung zu ihm vorgelassen zu werden. Li war sich ganz sicher, daß der »Goldschatz«, wie wir Dalberg unter uns nannten, eine Schwäche für mich hatte. Ich hoffte im stillen, daß es so sein möge. Er war neunzehn Jahre älter als ich, ein stattlicher, gutaussehender Mann, ein brillanter Unterhalter, der für alle Äußerungen des Geistes besonders empfänglich schien. Daß er bei all den Vorzügen auch noch ledig war, erhöhte seinen Reiz. Er stand zwar in dem Ruf, ein Liebhaber der Frauen zu sein, doch das machte ihn doppelt sympathisch. Es gab dem Umgang mit ihm etwas Leichtes und Spielerisches, nahm das unnahbar Autoritäre und dieses ganze verzopfte Gebaren, zu dem ein so hoher Rang leicht verführen konnte. Li meinte, daß der Hang zum weiblichen Geschlecht für Männer in so hohen Positionen sogar etwas Heilsames hatte. Liefen sie doch dadurch weniger Gefahr, sich allzuweit vom Leben zu entfernen, was für ihre Entscheidungen nur von Nutzen sein konnte.

In der Residenz des Coadjutors gab es regelmäßig Assembléen, bei denen sich alles traf, was im Geistesleben Rang und Namen hatte. Es ging stets heiter und zwanglos zu, wie es der Art des Hausherrn entsprach. Kein Wunder, daß es Künstler und Gelehrte zu ihm hinzog. Außerdem war es höchst ehrenvoll, zu ihm in die Residenz gebeten zu sein, besonders wenn man zum kleinen erlesenen Kreis der Souper-Gäste gehörte. Denn beim Coadjutor verkehren zu dürfen, gab das Gefühl, zu den wichtigen, herausgehobenen Menschen zu gehören und unter dem Schutz eines Mächtigen zu stehen. Umgekehrt ließ sich auch Dalberg gerne von musisch gesinnten Menschen umschwärmen, konnte er doch seiner Machtposition zusätzlich den feinen Schliff des Geistigen geben.

Obwohl ich wußte, daß den Goldschatz eine philosophische Betrachtung mehr faszinierte als ein spitzenbesetztes Kleid, bereitete ich mich doch den ganzen Nachmittag auf das Souper vor, saß vor dem Spiegel, ließ mich aufs sorgfältigste frisieren, schminkte mich und probierte verschiedenen Schmuck. Ich wählte meine schönsten Ohrringe aus, große Tropfen aus Perlmutt in Platin gefaßt, trug dazu ein weißschimmerndes Moireekleid mit kleinem runden Reifrock, alles sehr figurbetont, denn ich wußte, daß er die taillenlosen Kleider à la greque abscheulich fand. Ich überlegte sehr genau, wie ich am vorteilhaftesten erschien, achtete auf das Stimmige aller Details, wählte einen leichten sommerlich-spanischen Duft und putzte mich geradezu mit Lust heraus, denn ich war überzeugt, daß ein angenehmes Äußeres den Genuß eines geistreichen Gespräches noch erhöhte.

Wie immer, wenn Dalberg Gäste empfing, war die Residenz prächtig illuminiert. Entlang der Kutschenauffahrt standen Dragoner mit Fackeln. Alles war darauf angelegt, den herankommenden Gästen ein prächtiges Panorama zu bieten. Kaum daß ich mit Li in den großen Souper-Saal geleitet wurde, kam er sogleich mit dem leichten Schritt eines homme d'esprit auf uns zu, begrüßte uns freudig und stellte uns den anderen Gästen vor. Er sah mich an mit einem Blick, der mein ganzes Wesen umfaßte. Dann bat er mich, mit ihm an der Tafel zu präsidieren und dafür Sorge zu tragen, daß unbeschwerter Genuß den Abend bestimmen möge.

Schiller gab keine Ruhe. Er drängte mich, ihn endlich mit Goethe bekanntzumachen. Er arbeitete gerade an einer Rezension des *Egmont* und wünschte nichts mehr, als mit ihm darüber zu reden. Herzog Carl August hatte zwar Goethe gerade von ein paar Ämtern befreit, damit er sich mehr seinen literarischen Arbeiten widmen konnte. Sicherlich brachte ihm das einen Gewinn an Zeit, aber ob er einen Teil davon hergeben wollte, um einen anderen Dichter kennenzulernen, schien mir zweifelhaft. Ich versuchte Schiller zu überzeugen, daß es vernünftiger war, sich noch etwas zu gedulden, bis eine Konstellation eintrat, die Goethe an einen Zufall glauben ließ. Doch Schiller meinte, daß er mit Goethe auf jeden Fall ins Gespräch käme, wenn er ihm nur erst mal gegenübersaß. Er sei schließlich kein Stockfisch und hätte bisher jeden, mit dem er reden wollte, auch zum Reden gebracht. Ich versprach, mein möglichstes zu tun, versuchte aber die Begegnung hinauszuzögern, denn die beiden zusammenzubringen, schien mir noch zu früh.

Bald darauf jedoch kam Schiller zu Ohren, daß Goethe zu Gast bei Frau von Stein war, und er fing erneut an zu drängen. Es hatte keinen Sinn, ihn weiterhin zu vertrösten. Also nutzte ich die Gelegenheit, um ihm seinen Wunsch zu erfüllen, lud außer Goethe und Frau von Stein auch noch Filius Fritz von Stein, Frau Herder und die Mama dazu. Es sollte nur eine kleine Runde sein, damit Schiller und der Geheimrat ohne viel Ablenkung ins Gespräch kamen. Jüngst hatte ich bei Goethe gesehen, daß er neben die Servietten kleine Karten mit den Namen seiner Gäste stellte, um ganz unkompliziert eine Sitzordnung festzulegen. Dieses Tafelarrangement wurde inzwischen in allen vornehmen Häusern nachgeahmt. Ich hielt es ebenso und achtete darauf, daß Schiller und er nebeneinander saßen. Den Hausherrn plazierte ich an die andere Seite des Geheimrats, so daß er würdig von Amt und Poesie eingerahmt war. Lotte und ich nahmen die Plätze gegenüber ein, damit wir gegebenenfalls das Gespräch in Gang bringen konnten. Ich hatte den Tisch auch sonst ganz nach dem Geschmack des Geheimrats eindecken lassen. Er liebte es, wenn am Kopf eines jeden Gedecks von links nach rechts ein Wasserglas, ein Römer für den Rheinwein, ein Bordeaux- und ein Sherryglas standen.

Ich stellte ihm unseren jungen Poeten vor, und als alle Platz genommen hatten, ließ ich als Vorspeise eines von Goethes Lieblingsgerichten, Hecht in Gelee, reichen. Damit hatte ich mein möglichstes getan. Alles Weitere mußte sich von selbst ergeben. Tatsächlich richtete der Geheimrat auch ein paar freundliche Worte an Schiller. Aber noch ehe der ihm antworten konnte, wandte sich Goethe schon zur anderen Seite, dem Hausherrn und Vizekanzler zu. Er hatte erfahren, daß Herr von Beulwitz derzeit Inspektionsreisen durch das Land unternahm, die Porzellanfabriken, Tuchbleichen und Salpetersiedereien besichtigte, und interessierte sich für dessen Eindrücke. Sie unterhielten sich angeregt, waren rasch beim Zustand der Straßen, der in beiden Ländern, dem Schwarzburg-Rudolstädtischen wie dem Sächsisch-Weimarischen, jeder Beschreibung spottete. Dann kam Goethe auf seine Erfahrungen mit dem Ilmenauer Bergbau zu sprechen. Es gab keine Möglichkeit, ihn zu unterbrechen und auf ein anderes Thema zu lenken, geschweige gar in die Unterhaltung einzugreifen. Goethe erläuterte dem Hausherrn genußvoll im Tone eines Sachverständigen die Verwaltung der Bergwerkskommission und des ihr unterstellten Bergbauamtes und unterrichtete ihn über die Höhe der Officiantenbesoldung. Der Fürstliche Bergsekretär, der das Gewerkenbuch führte, bekam 150 Taler Jahresgehalt, der Fürstliche Berggeschworene 120 Taler, dem Fürstlichen Rentkommissär wurden wegen der Rechnungsführung noch 48 Taler zugelegt, und der Werkmeister trug 3 Taler die Woche nach Hause. Um solche Dinge ging es die ganze Zeit. Schiller kam nicht zu Wort, denn Goethe war von seiner Fachsimpelei nicht abzubringen. Dann erläuterte er auch noch weitschweifig das Prinzip der verlorenen Zimmerung, das nötig war, damit die Stollen der besseren Haltbarkeit wegen nach und nach ausgemauert werden konnten. Das sparte Holz und erleichterte den Umbau zum Fahr- und Treibeschacht. Ich wurde immer ungeduldiger.

Um die Unterhaltung mit dem Hausherrn unauffällig zu unterbrechen, blieb mir nichts weiter übrig, als den Nachtisch im Garten servieren zu lassen. Nur durch den kleinen Ortswechsel konnte sich noch eine neue Konstellation ergeben. Als sich die Gäste erhoben, folgte Goethe, ging aber sogleich mit Frau von Stein und der Mama in die Jasminlaube, ließ sich mit ihnen dort nieder und unterhielt sie mit Geschichten über die heilsame Wirkung des Schlackenbades. Ich stand mit Lotte und Frau Herder in der Nähe. Wir plauderten mit Schiller. Ich erzählte ihm, daß Wolzogen einen interessanten, aufregenden Brief aus Paris geschrieben hatte und von seltsamen Unruhen berichtete, die auf große Umwälzungen hindeuteten, doch Schiller war nicht bei der Sache. Er sah die ganze Zeit zu Goethe hinüber, als wollte er den Moment nicht verpassen, da er sich zu ihm gesellen konnte. Doch als Goethe sich dann erhob und Schiller die Chance für ein Gespräch gekommen sah, ging der Geheimrat lächelnd an ihm vorüber direkt auf Beulwitz zu, um das Gespräch über den Ilmenauer Bergbau fortzusetzen.

Was ich befürchtet hatte, war eingetreten. Noch Tage später mußte ich Schiller über seine Enttäuschung hinwegtrösten. Er war verletzt, daß Goethe ihn so wenig beachtet hatte. Doch ganz umsonst schien mir das Treffen trotzdem nicht gewesen zu sein. Immerhin waren sie sich persönlich begegnet, und jeder konnte vom anderen sagen, ihn schon einmal gesprochen zu haben.

Monate später hatte Schiller seine Stube beim Kantor aufgegeben und sich ein Zimmer in Jena gesucht, um hier sein Amt als Professor der Philosophie anzutreten. »Jetzt ist der Pegasus im Joch«, meinte Lotte traurig, denn nun war wieder Stille eingezogen, und alles schien so langweilig wie eh und je. Im Gasthof »Zur goldenen Gabel«, wo wir ihn des öfteren abgeholt hatten, wurde ein Nest von Spielern ausgehoben und für die verbotenen Hasardspiele Treschack, Quinze, Basset, Treize, Trente-Quarante, Vingt-un und Potchambrine an jedem Faro- und jedem Würfeltisch saftige Strafen erhoben, die Summe von fünfzig Talern dem Armenhaus überwiesen und der Gasthofbetrieb eingestellt. Sonst gab es nichts Neues. Nachmittags arbeitete ich an meinem Roman, freute mich, daß es damit wieder etwas voranging, und beantwortete Briefe.
Der Professor Poet schrieb fast jeden Tag. Lange, ausführliche Berichte, die mich über alles, was um ihn herum passierte, ins Bild setzten. Bei seiner Antrittsvorlesung herrschte ein so großer Andrang, daß er den Saal wechseln mußte und ihm fünfhundert Studenten im großen Zug durch die Stadt ins Griesbachsche Auditorium folgten, das über die meisten Plätze verfügte. Nach der Vorlesung feierten sie ihn mit einem dreifachen Vivat und brachten ihm eine Nachtmusik dar. Er erwähnte dies so

beiläufig, daß ich ihn erst einmal aufklären mußte, was ein solcher Empfang für die Alma mater Jenensis bedeutete. Es war der Traum eines jeden Professors. Denn der gewöhnliche Ordinarius, der über den Stand des Brotgelehrten nicht hinauskam, zeichnete sich im allgemeinen dadurch aus, daß er sich stets für das Zentralgestirn seines Faches hielt und darum zwangsläufig seine Leuchtkraft überschätzte. So etwas hatten die Studenten schnell heraus. Sie wußten sehr genau, ob es sich um einen durchschnittlichen akademischen Titelträger oder um einen selbständigen Kopf handelte. Ein Empfang, wie er ihm bereitet wurde, war verheißungsvoll und mehr als ein erfolgreicher Amtsantritt. Er schrieb mir auch, daß ihm etwas sehr Erfreuliches zu Ohren gekommen war: Goethe hatte in einem Promemoria an das Geheime Konsilium Schillers Bewerbung um die Professur unterstützt, und dies ließ ihn die enttäuschende Begegnung vergessen. Das zu hören, war mir eine besondere Genugtuung, weil sich damit meine Voraussage bestätigt hatte: Goethe brauchte nun mal seine Zeit, um sich einem anderen großen Geist anzunähern. Allmählich jedoch änderte sich der Ton in Schillers Briefen. Er klagte, daß ihn die Vorbereitungen auf die Vorlesungen zu viel Zeit kosteten. Seine Unterkunft gefiel ihm nicht, und ständig fragte er, wann wir ihn endlich besuchen würden. Dann hörte ich lange nichts mehr von ihm, wartete auf ein Briefchen, auf irgendeine Nachricht und begann mir Sorgen zu machen. Doch am siebten Tag hielt die Extrapost vor dem Haus, und er stand vor meiner Tür. Er hatte nicht viel Zeit und mußte mit demselben Wagen wieder zurück. Er sagte, er sei nur gekommen, um zu fragen, ob ich mit ihm zusammenleben wollte.

Mir verschlug es die Sprache. Ich ging mit ihm in den Garten, ließ ein paar kühle Getränke kommen und fragte mich, ob er verrückt geworden sei oder größenwahnsinnig, oder ob er einfach nur aus dem Häuschen war. Lotte war mit Frau von Stein unterwegs, und ich versuchte, das Gespräch auf ein anderes Thema zu lenken, doch er gab keine Ruhe. Ja oder nein – er wollte eine Antwort. Ich wußte nicht, was ich sagen sollte. Er ließ die Getränke unberührt, sah mich an und wartete. Seine Frage war abwegig und absurd. Was sollte ich als verheiratete Frau schon darauf erwidern, ohne mich lächerlich zu machen oder gründlich zu kompromittieren? Mit mir zusammenzuleben! Wie stellte er sich das vor? Andererseits war es natürlich auch eine wunderbare Frage, die man nicht jeden Tag gestellt bekam. Sie erinnerte daran, daß ich nicht ewig in meinem goldenen Ehegatter ausharren mußte. Herr von Beulwitz, der dumpfe Brüter, nahm mich immer weniger wahr und schien derzeit nur noch mit dem weltbewegenden Problem befaßt, wie er dem Herzog bei der Beschaffung eines Jagdfalken behilflich sein konnte, um damit eine weitere Hürde seines Aufstiegs zu nehmen. Fast hatte ich mich schon mit meiner ehelichen Tristesse abgefunden und war sogar auf dem besten Wege, mir einzureden, daß ich dem Herrn Gemahl, dem bel époux, nicht weiblich, nicht sinnlich genug erschien. Daß mir die weißen festen Brüste einer Stallmagd fehlten und ich darum wohl auch seine Gleichgültigkeit ertragen mußte. Doch nun hatte ich keinen Grund mehr, an mir zu zweifeln. Es war genau das eingetreten, was ich im stillen immer ersehnt hatte: daß ganz unerwartet jemand an mein Herz klopfte. Das allein genügte, um mich in eine herrliche Stimmung zu versetzen. Ich malte mir aus, wieviel schöner die Ehe mit einem leidenschaftlichen Dichter denn mit einem gipsübergossenen Beamten sein würde. Einen Mann zu haben, mit dem man reden konnte, der einen Gedanken aufnahm, ihn weiterführte und überhaupt die Ehe als ein fortgesetztes Gespräch verstand – ein solcher Mann wäre schon ideal gewesen. Mein Schweigen schien Schiller noch ruheloser zu machen, so daß er noch deutlicher wurde und mir gestand, ohne mich nicht mehr leben zu wollen. »Ihre Abwesenheit füllt mich so aus wie Ihre Anwesenheit, denn Sie gehören zu meiner Seele. Ohne Sie bin ich ein abgerissenes Wesen, ein einsamer Robinson, und darum bitte ich Sie kniendem Herzens, für immer in meiner Nähe zu bleiben.«

Gewiß, solche Bekenntnisse waren selten genug. Ich ließ mir darum seine Worte gern gefallen und genoß sie geradezu, denn was der Professor Poet da sagte, klang außerordentlich und war sicherlich auch gut gemeint. Doch für den Fall, daß ich überhaupt noch einmal heiraten sollte, hatte ich einen ganz anderen Mann im Blick. Ich wartete nur darauf, daß er sich mir erklärte. Dann allerdings war die Scheidung durch nichts aufzuhalten. Schiller wurde zunehmend ungeduldiger und schwang sich zu einer so besitzergreifenden Leidenschaft hinauf, daß ich erschrak und mich betont distanziert gab, um ihn in seinem Enthusiasmus nicht noch zu ermutigen. Doch er appellierte wild an mein Herz, sagte, daß er noch nie so gut gearbeitet hätte wie seit dem Tag, da er mir begegnet war, und daß ich das einzige Wesen sei, das tief auf seine Empfindungen wirke. »Durch Sie, liebste Caroline, nur durch Sie komme ich zum Gefühl meiner Kräfte.«

Das mochte ja alles so sein, und ich wollte es ihm auch gerne glauben, aber ich wußte auch, daß es zum Beruf des

Dichters gehörte, die Stimmung des Augenblicks zu erfassen und keine Übertreibung zu scheuen. Ich hielt es für geraten, einen kühlen Kopf zu bewahren. Um von der prekären Situation, in die er die Frau Vizekanzler gebracht hatte, abzulenken, bemerkte ich scherzhaft, so wie die Dinge stehen, könne er nur Lotte heiraten.

Er fand den Gedanken gar nicht so abwegig, ganz im Gegenteil: Wenn er Lotte heiraten würde, könnte er immer in meiner Nähe bleiben. Er sagte es so selbstverständlich, als hätte er im tiefsten Innern schon länger mit dieser Möglichkeit gespielt. Das verblüffte mich nun doch. Ein munterer Ritter, unser Professor Friederich. Er wollte nicht nur eine der Schwestern, er wollte gleich beide. Schon bei der ersten Begegnung hatte ich gespürt, daß es ihm nicht an Selbstbewußtsein mangelte, doch dieser Anspruch übertraf alle Erwartungen. Er war nicht nur ein empfindsamer, sondern auch noch ein draufgängerischer Poet. Oder war er vielleicht nur eine unentschlossene Natur und wußte, was Frauen betraf, nicht, was er wollte? Vieles ging mir auf einmal durch den Kopf. Möglicherweise lief bei ihm auch alles in gesteigerter Form ab: doppelte Denkkraft, doppelte Leidenschaft, doppelte Liebe. Wie es aussah, mußte man bei einem genialen Zeitgenossen auf Überraschungen gefaßt sein. Ich war mir plötzlich nicht mehr ganz so sicher, ob er die schönen Worte zwar mir gesagt, aber Lotte gemeint hatte, oder ob er uns überhaupt nur zusammendachte, weil wir immer zusammen auftraten. Vielleicht suchte er bei ihr, was er bei mir fand, oder hatte bei mir schon gefunden, was er bei ihr noch suchte – all das war im Augenblick ein wenig verworren. Mag sein, daß wir beide für ihn auch nur zwei verschiedene Erscheinungen ein und desselben Gefühls waren. Fest stand nur eins: Man durfte ihn nicht mit gewöhnlichen Maßstäben messen. Ich versuchte, so gut es ging, seinen Intentionen zu folgen, und begriff, daß das, was ich im Scherz gesagt hatte, für ihn die naheliegendste Lösung war. Doch es gab keinen Grund, die Dinge zu überstürzen. Jetzt sollte er sich erst einmal beruhigen und wieder zur Vernunft kommen. Ich sagte ihm, daß ich mit Lotte zur Kur fahren würde und gab ihm unsere neue Adresse. Danach wollten wir weitersehen.

Schon auf dem Wege nach Bad Lauchstädt tastete ich mich behutsam an das Thema heran und fragte meine Luisa Charlotta, ob sie sich vorstellen könne, Schiller zu heiraten. Die Frage klang ganz allgemein und hypothetisch. Sie wurde rot, überspielte ihre Verlegenheit und meinte schnippisch: »Vorstellen schon, aber er liebt doch dich.« Selbst wenn es so gewesen wäre, sah ich jedoch auch, daß er für viele Vorzüge offen war, mich auf diese und mein Schwesterherz womöglich auf ganz andere Weise liebte, vielleicht überhaupt uns beide brauchte, um das schöne Gefühl zu haben, zweifach zu sein – was wußte ich schon, was in unserem Poeta laureatus vor sich ging. Vor allem meinte ich, daß Lotte sich nicht zu verstellen brauche und ruhig zugeben könne, daß er ihr gefiel und im Grunde ihr heimlicher Schwarm sei. Doch sie zierte sich, irgend etwas einzugestehen, vermutlich um mir zu dokumentieren, daß sie niemals an diese Möglichkeit gedacht hatte, daß sie es überhaupt auf das Heiraten nicht abgesehen hatte und daß sie sich ohnehin mit viel wichtigeren Dingen befaßte. Welche das waren, ließ sich nicht feststellen, denn wir sprachen während der ganzen Kur über nichts anderes als Schiller: Schiller ja, Schiller nein; wie es wäre, wenn ...; Ehe nicht, Ehe doch, und falls, dann müßte er sich ihr schon selber erklären. Ich war mir ganz sicher, daß er ihr die Ehe antragen würde, denn er wollte ja in meiner Nähe bleiben. Natürlich sagte ich Lotte das nicht und behielt für mich, daß ein solches Arrangement jedem von uns guttat: Ich hatte meinen geistigen Austausch, Lotte ihren großen Schwarm und Schiller seine Freude an uns beiden. Ich meinte nur: »Wenn er dir einen Antrag macht, solltest du es wagen. Er hat zwar kein Geld, aber immerhin einen Namen, was ja auch ein gewisses Vermögen darstellt. Zumindest verspricht er Aussichten auf Einnahmen. Und Geld, das siehst du ja bei mir, ist auch nicht der alleinige Grundstein zum Glück.«

Vor allem erinnerte ich daran, daß er ein begehrter Mann war. Oder hatte sie vergessen, daß der Bürgermeister von Schweinfurt ihm vor Monaten eine gut dotierte Ratsherrnstelle angeboten hatte, wenn er dessen Tochter heiratete; daß Körner ihm ständig das wohlhabende Fräulein Schmidt für eine Heirat vorschlug, damit er endlich seine Verhältnisse aufbesserte? Es gab genug reiche Leute, die ihr Haus gerne mit einem bekannten Dichternamen schmücken wollten. Lotte sollte nur nicht zu lange überlegen, denn es warteten genügend höhere Töchter begierig darauf, von einer Berühmtheit geheiratet zu werden. Genaugenommen war das ebenso ein Glücksfall, wie einen reichen Mann zu finden, der nicht schon zweimal verwitwet war und mehr der Pflege als der Liebe bedurfte. »Heiraten könnte ich ihn schon«, sagte Lotte mit einemmal seltsam traumverloren vor sich hin, »aber ich könnte ihn niemals ›Friedrich‹ oder gar ›Friederich‹ nennen, geschweige denn ›Fritz‹ rufen. ›Fritz!‹ – wie das klingt. Ein paar Jahre noch und dann ist er der alte Fritz, und den gab es ja schon. Für mich heißt er Schiller. Gleich, was er tut, immer nur Schiller.«

Nach diesen Äußerungen war mir klar, daß es mit ihren Bedenken nicht so ernst gemeint sein konnte, und ich schrieb Schiller, wie Lotte darüber dachte. Zu meiner Überraschung erhielt sie schon Tage später einen Brief, in dem er um ihre Hand bat. Was Lotte mir vorlas, klang so aufrichtig, wie nur ein Dichter aufrichtig sein konnte, ganz direkt und pure Seele: »Caroline ist mir näher im Alter und darum auch gleicher in der Form unserer Gefühle und Gedanken. Sie hat mehr Empfindungen in mir zur Sprache gebracht, als du meine Lotte – aber ich wünschte nicht um alles, daß dieses anders wäre, daß du anders wärest als du bist. Was Caroline vor dir voraus hat, mußt du von mir empfangen; deine Seele muß sich in meiner Liebe entfalten, und *mein* Geschöpf mußt du sein, deine Blüte muß in den Frühling meiner Liebe fallen. Hätten wir uns später gefunden, so hättest du mir diese schöne Freude weggenommen, dich für mich aufblühen zu sehen.«

Ich wußte ja, daß er schöne Briefe schreiben konnte, aber daß der Professor Poet sich nun auch noch in der Ehe als der große Lehrmeister empfahl, amüsierte mich dann doch ein bißchen. Offenbar schien es zu den männlichen Tugenden zu gehören, einer Frau gegenüber stets die erste Instanz sein zu wollen. Anscheinend war auch er von diesem Fehler der Natur nicht verschont geblieben. Vor allem aber klang sein Brief nicht so, als stände Herakles Friedrich am prickelnden Scheidewege – sie oder ich, die jüngere oder die ältere. Im Gegenteil, sein Blick schien aufs Ganze gerichtet, und er sah wohl auch die Vorzüge von uns beiden in einem unzertrennlichen Zusammenhang. Die eine regte ihn an und wirkte auf seine Empfindungen, und die andere konnte er erziehen und nach seinem Bilde formen. Ein wahrlich beschäftigter Mann. Doch mir war es recht. Es gab einen Menschen in meiner Nähe, der mich bewunderte, mich verehrte und mit dem ich geistig verbunden war. Was wollte ich mehr?

Lotte antwortete ihm. Ja, sie wollte ihn heiraten, doch die mündliche Antwort konnte sie ihm erst geben, wenn mit der Mama gesprochen war. Lotte traute sich nicht, der Mutter ihre Absicht kundzutun, denn sie wußte, daß die Chère mère schon eine gute Partie für sie in Aussicht genommen hatte. Darum bat sie mich, das für sie zu übernehmen, und kaum daß wir zurückgekehrt waren, besuchte ich die Frau Mama im Schloß. Da Lottchen ohnehin ihr Liebling war und sie ihr bislang noch keinen Wunsch abgeschlagen hatte, sah ich den Dingen gelassen entgegen und kam behutsam, aber ohne Umschweife zur Sache.

Die kleine resolute Frau Oberhofmeisterin hörte auch sehr aufmerksam zu, doch als sie merkte, daß das mit der Heirat kein Scherz, sondern durchaus ernstgemeint war, unterbrach sie mich mit einem strengen: »Das fehlte noch!« Dieser Herr Schiller mochte ja ein ganz netter, umgänglicher und unterhaltsamer Mensch sein, aber er war doch kein Mann für die Ehe! »Einen Dichter bewundert man aus der Ferne, aber man heiratet ihn doch nicht. Schließlich ist ja bekannt, daß Dichter immer um ihre Existenz zu kämpfen haben und schnell verblühen. Mag sein, daß Herrn Schiller noch ein paar Stücke gelingen, aber von den Gütern der Phantasie läßt sich auf die Dauer nicht leben.« Nein, er war nicht in der Lage, Lottchen ein standesgemäßes Leben zu sichern. Sie war an Diener und Personal gewöhnt. Sollte sie ihm nun etwa wie eine Magd hinterherputzen müssen? Das hatte ihre Tochter weder nötig noch verdient. Außerdem kam Herr Schiller aus ganz gewöhnlichen Verhältnissen, und wenn Lotte ihn heiratete, verlor sie den Adel. Das war doch eine Blamage und gab Anlaß zu allgemeinem Gelächter! »Und überhaupt – was für ein tollkühnes Stück, in eine so alte, wenn auch nicht reiche, aber doch ehrwürdige Familie einheiraten zu wollen – ohne alles, ohne Rang, ohne Vermögen. Mit nichts als ein paar Ideen im Kopf.«

»Er hält jetzt sehr erfolgreich Vorlesungen über die Gesetzgebung des Lykurgus und Solon«, warf ich ein. »Es heißt, er sei auf dem besten Weg, der erste Geschichtsschreiber Deutschlands zu werden. Man spricht bereits an der Universität vom deutschen Plutarch.« Doch davon wollte die Frau Mama nichts hören. »Das mag ja alles sein«, sagte sie, »und es klingt auch ganz ehrenwert, doch für ein standesgemäßes Leben reicht das nicht.« Mehr wollte sie nicht sagen und auch kein Wort mehr von dieser Angelegenheit hören.

Ich beriet mit Lotte über das weitere Vorgehen. Sie meinte, Schiller sollte die Mama besuchen und ihr seine Absichten erklären. Ich hingegen versprach mir mehr davon, wenn er ihr erst einmal einen Brief schrieb. Im Finden der richtigen Formulierungen war er unübertroffen. Schriftlich um die Hand der Tochter anzuhalten, schien mir erfolgversprechender, als wenn er in seinem ärmlichen grauen Rock vor der Mama gestanden und irgend etwas gestammelt hätte. Außerdem konnte es aus der brieflichen Distanz keine Verletzungen geben, denn es war zu befürchten, daß die Chère mère im direkten Gegenüber ihm Dinge sagen würde, die ihn im Augenblick treffen und einen deprimierenden Nachhall haben könnten, auch wenn sie es gar nicht so gemeint hatte. Ein Brief dagegen schuf Abstand und zwang, die Antwort sorgfältig zu überlegen. Damit gaben wir ihr die Chance, alles nüchtern zu bedenken.

Um die Mama nicht zu sehr zu bedrängen, ließen wir eine Frist verstreichen, bevor Schiller ihr einen Brief schrieb. Kurz darauf teilte er uns mit, daß sie sehr höflich und sehr freundlich geantwortet hatte. Sie zweifle nicht an seinen dichterischen Fähigkeiten und seiner edlen Denkungsart, hieß es da, wohl aber daran, ob er je imstande sein werde, eine Familie auskömmlich zu ernähren.

Wieder hielt ich mit Lotte Rat und meinte, Schiller müsse der Chère mère detailliert seine Einkünfte aufschlüsseln. Ich schrieb ihm, er solle dabei ruhig etwas dick auftragen, damit auch die letzten Zweifel ausgeräumt würden. Er tat es umgehend und sandte uns die Kopie des Briefes: Wenn wir damit zufrieden waren, sollten wir ihm unser Placet geben, damit er das Original an die Chère mère absenden konnte. Was wir da zu lesen bekamen, klang gar nicht so schlecht: Mit achthundert Reichstalern konnte er in Jena leidlich auskommen. »Dreihundert Reichstaler sind mir eine sichere Einnahme von Vorlesungen, die mit jedem Jahr steigen wird, so wie ich mehr Stunden darauf verwenden kann. 150 bis 200 Reichstaler kann mir der Herzog nicht versagen. Meinem und Lottchens Glück wird er dieses kleine Opfer gewiß bringen. Neben diesen 400 bis 500 Reichstalern bleibt mir die ganze Einnahme von Schriften, welche bisher meine einzige Ressource gewesen ist und welche sich mit jedem Jahr verbessert, da die

Arbeiten mir leichter werden und man sie mir auch immer besser bezahlt. Ein Glücksfall wäre es, wenn meine Unternehmung mit den *Memoires* einschlüge, welche mir einen fortlaufenden jährlichen Gehalt von 400 Reichstalern sicherte. Was ich hier vorgelegt habe, gilt nur von den ersten Jahren. Ich bin nicht ohne Aussichten, und ein Ruf auf eine andere Akademie wird mein Gehalt in Jena verbessern. Wie viel, Teuerste, Verehrungswürdige, hätte Ihnen mein dankbares Herz noch zu sagen, aber es werden schöne Stunden kommen, wo es sich gegen Sie ganz entfalten wird. Mit innigster Dankbarkeit, Verehrung und Liebe ewig der Ihrige.«

Das war der rechte Ton. Lotte wollte diesmal die Antwort der Mama an Schiller nicht abwarten, sondern besuchte sie, um ihr deutlich zu sagen, daß für sie außer Schiller kein anderer Mann in Frage kam. Eine solche Demarche war nicht mehr nötig, denn die Chère mère empfing sie lächelnd und meinte, daß sie über die ganze Angelegenheit noch einmal nachgedacht hätte. Das Ansehen des Herrn Schiller war ja durchaus respektabel, und es mangelte ihm selbst am Hofe nicht an Bewunderern. Sie hatte die Dinge auch ausführlich mit Beulwitz erörtert und war zu dem Schluß gekommen, wenn Lottchen in Herrn Schiller ihr Glück sah, sollte sie ihn in Gottes Namen heiraten. Lotte fiel ihr um den Hals. Entschlossen griff die Mama zur Feder, schrieb einen Brief an den Herzog von Meiningen und bat ihn um einen anständigen Rang für ihren künftigen Schwiegersohn. Mehr konnte sie für ihre Tochter nicht tun. Allerdings stellte sie Lottchen eine Bedingung: Die Hochzeit sollte nur in aller Stille stattfinden.

Sicherlich wäre ein rauschendes Fest schöner gewesen, und es wäre ihr gewiß auch gelungen, bei einer entsprechenden Partie ihre jüngste Tochter in der Hofkirche trauen zu lassen. Da aber Lotte unter ihrem Stand heiratete, waren Absagen vom Hofe und aus ihrem Bekanntenkreis vorauszusehen. Diese Blamage wollte sie der Familie ersparen. So blieb nur eins: »Nicht darüber reden und sie alle vor vollendete Tatsachen stellen.« Lotte sah ein, was die Mutter sagte, aber es wäre ihr lieber gewesen, ihm in einer geschmückten Brautkutsche entgegenzufahren und dann in einem kleinen Hochzeitszug mit Blumenmädchen und Brautjungfern die Kirche zu betreten. Sie hätte auch gerne zwei Fichten als Ehrenpforte vor dem Hauseingang gehabt, dazu viele Gäste und abends einen Ball, auf dem sie sich allen als glücklich Vermählte zeigen konnte. Aber sie gab der Mama recht: Unter diesen Umständen war es das beste, niemanden zur Hochzeit zu laden, um sie in keine protokollarische Verlegenheit zu bringen. Damit ersparte man sich gegenseitig viel Peinlichkeiten.

Am Hochzeitstag steckte sich Lotte heimlich ein paar Getreidekörner in die Brautschuhe, weil dies Fruchtbarkeit und Reichtum bringen sollte, und fuhr zur Trauung. Es war ein kalter Februartag. Die kleine unscheinbare Dorfkirche in Wenigenjena war menschenleer. Ich saß in einen warmen Pelz gehüllt neben der Chère mère in der Bank und sah zu, wie Lotte mit dem Fürstlich Sächsisch-Meiningischen Hofrat Johann Christoph Friedrich Schiller vor dem Altar kniete, und betete im stillen, daß es ihm nicht noch einfallen möge, sich schmunzelnd nach mir umzudrehen. Eigentlich hatte ich trotz allem gehofft, daß wenigstens meine Freundin, Li von Dacheröden, kommen würde, denn ihr hatte ich das Ereignis nicht verschwiegen, doch ihr Vater hatte die Teilnahme an der

Hochzeit verboten. Sie hatte zwar noch heftig mit ihm gestritten und gesagt, daß es sich bei Schiller nicht um irgendwen handle, sondern um einen außerordentlichen Kopf und daß Geist schließlich auch eine Form von Adel sei, doch Herr Kammerpräsident von Dacheröden wollte Lotte nicht verzeihen, daß sie unter ihrem Stand heiratete, mit der Tradition ihrer Familie brach und ihren guten Namen vor aller Augen wegwarf. So etwas konnte er nicht gutheißen, auch wenn seine Tochter diesen Fall noch so sehr rechtfertigte. Ich hörte, wie die Worte des kantischen Theologen, Adjunkt Schmid, in dem leeren Kirchenschiff widerhallten, und bewunderte meine Mutter, wie gelassen sie die Abwesenheit der Freunde und Bekannten ertrug.

In der Dunkelheit fuhren wir nach Jena und nahmen in Schillers Studierstube noch einen Tee. Er schien froh zu sein, daß sein Hochzeitstag so still und ohne Aufsehen verlief. War er doch damit den geplanten Überraschungsanschlägen der Studenten zuvorgekommen. Ich packte das Hochzeitsgeschenk des Ursus aus. Es war ein riesiger zinnener Teller, in den Beulwitz eigens das Bild Schillers hatte eingravieren lassen – nachdenklich den Kopf auf die rechte Hand gestützt, wie Graff ihn gemalt hatte –, umrahmt von einer Blätter- und Blütenranke und mit dem sinnigen Spruch versehen: »Dieses fest geschlossene Band / Treu im Leide – wie in Freude – soll auflösen keine Hand.« Der Ursus liebte eben das Selbstgereimte. Darunter seine Initialen und das Hochzeitsdatum 1790. Sie freuten sich, daß Beulwitz es sich nicht nehmen ließ, wenigstens auf diese Weise seine Anwesenheit zu bekunden. Doch noch mehr überraschte die Frau Mama. Sie schenkte den beiden eine komplette Wohnungseinrichtung. Schiller erhielt einen Diener und Lottchen eine Magd, so daß ihr Liebling dann doch nicht ganz auf das Standesgemäße verzichten mußte.

Nach dieser Hochzeit hoffte ich Ruhe zu haben, um an meinem Roman weiterzuarbeiten, doch die wollte sich nicht einstellen. Draußen herrschte eine lappländische Kälte, die das Stillsitzen am Schreibtisch fast unmöglich machte und jeden poetischen Gedanken erfrieren ließ. Mehr als zwei Zeilen an meinen fernen Cousin, Guillaume Wolzogen, brachte ich nicht zustande. Zudem kamen unablässig Briefe von Schiller, die mich beunruhigten. Kaum hatte er mit Lotte die neue Wohnung bezogen, bat er mich, sie zu besuchen und eine Weile bei ihnen zu wohnen. Fast täglich schrieb er, wie sehr er mich vermißte, weil nur ich mit meinem lichtvollen Blick seine Seele beleuchten könne. Briefe am Vormittag, Briefe am Nachmittag, mal Expressen, dann wieder per Bote oder mit Estafette, immer dringlich, immer eilig und mit immer größerer Leidenschaft. »Wenn du erfahren wolltest, wie sehr ich dich liebe, so müßtest du mir eine neue Sprache und ein unsterbliches Leben geben.« So sehr mir seine Worte auch gefielen, mir wurde himmelangst. Ich las seine Bekenntnisse nicht mehr mit dem gleichen Genuß wie noch vor Monaten. Im Gegenteil, sie berührten mich unangenehm, und es wäre mir lieber gewesen, er hätte sie nicht geschrieben. Jetzt war er nicht mehr der freieste aller freien Söhne, weder Rebell noch Titan, sondern der Mann meiner Schwester und brauchte wie jeder junggekürte Ehemann erst einmal Zeit, sich in die neuen Umstände zu finden. Ich wollte Lottes Glück nicht stören. Sie hatte ihren heimlichen Abgott als Hausschatz und sollte das ungestört genießen. Gleich, aus welchen Gründen er auch immer geheiratet hatte – neue Tatsachen waren geschaffen, und ich wünschte mir nichts weiter, als daß er mich wie ein ganz normales Familienmitglied, als seine Schwägerin, seine sister-in-law betrachtete. Eine ménage à trois, wie sie dem Liebling der Musen womöglich vorschwebte, kam weder für mich noch für Lotte in Frage. Außerdem hatte ich genug mit meiner eigenen Ehe zu tun. Ich konnte nichts gebrauchen, was meine Seele noch mehr belastete. Auch wenn er sich damit um so manche Schäferstunde der Inspiration betrogen fühlte – er sollte jetzt erst einmal selber erfahren, was Ehe bedeutete, und sehen, daß sie mehr als nur das Objekt einer schönen theoretischen Betrachtung war.

Jedesmal wenn ein Brief von ihm kam, fühlte ich mich schuldig, weil ich glaubte, Lotte wehzutun. Ich überflog hastig die Zeilen, als würde ich Verbotenes tun. Dann zerriß ich den Brief und warf ihn ins Feuer. Zuzusehen, wie das Papier zu Asche zerfiel, kam mir wie eine kleine Befreiung vor. Ich atmete erleichtert auf, weil ich meinte, mir nichts vorwerfen zu müssen und ihn, wie es sich für die Schwester seiner Frau gehörte, abgewiesen zu haben. Andererseits wähnte ich mich ihm näher als je zuvor und fand es hinreißend, daß er nicht von mir ließ. Seine Hartnäckigkeit bewies, daß ich nichts Vorübergehendes für ihn war. Ich war sein musisches Kontinuum. Der Gedanke, daß er ohne mich nicht glücklich sein konnte, gab mir ein stilles Triumphgefühl und versetzte mich jedesmal in eine wohlige Erregung. Er entschädigte mich für manchen Verlust, den ich in der Ehe zu spüren bekam, und füllte so manches Vakuum aus, aber es milderte nicht den

Konflikt. Lotte sollte auf keinen Fall das Gefühl haben, den Professor Poet mit mir teilen zu müssen, daß ich für seinen Kopf und sie für seinen Körper zuständig war. Ich empfand mich als Störenfried und wußte, daß nur eine räumliche Entfernung helfen konnte. Ich hinterließ Beulwitz eine kurze Nachricht und fuhr zu meiner Freundin Dacheröden nach Erfurt.

Li begriff meine Lage und fand es gut, daß ich eine Weile bei ihr wohnen wollte, um Abstand zu allem zu gewinnen. Auf unseren langen Spaziergängen sprachen wir viel über meinen Roman, den Li schon kannte, bevor ich ihn überhaupt zu Papier gebracht hatte. Wir waren uns einig, daß zum empfindsamen Schreiben mehr als Tränen und Mondschein gehörten. Mira, ihr isabellgelber Windhund, dem sie ständig schmeicheln mußte, damit er wenigstens aufs dritte Wort gehorchte, begleitete uns auf den poetischen Ausflügen, die immer bei dem gleichen beliebten Grundthema – den Männern – endeten. Mir gefiel ihre Haltung zu den Söhnen Adams, weil sie so kompromißlos war. »Entweder ich finde den Mann meines Herzens, oder ich gehe ins Kloster«, sagte sie. Auf Halbheiten, Rücksichten und Vernunftgründe ließ sie sich nicht ein. Natürlich wollte auch sie heiraten, liebend gerne sogar, aber nicht um jeden Preis, denn Rang und Vermögen bedeuteten ihr nichts. Wenn sie schon ihr Leben mit einem Mann teilte, dann mußte die Ehe die Chance zur individuellen Entfaltung sein, mußte erweitern statt einengen, und darum bedurfte es einer äußerst sorgfältigen Wahl. Die fiel ihr um so leichter, weil es ihr bislang an Verehrern nicht mangelte und sie bis vor kurzem noch zwischen zwei Männern – dem schönen Karl von La Roche, dem Sohn der berühmten Mama, und Wilhelm von Humboldt, dem smarten Bill – schwankte. Klug waren beide, aber Karl hatte etwas Pflichtbewußtes, Korrektes und Strenges in seinen Auffassungen, denen sie sich, wenn es ernst wurde, unterordnen mußte. In Gegenwart Wilhelms hingegen, der auf alles einging, für alles Ideen hatte und alles spielerisch ins Geistige hob, genoß sie zunehmend das Gefühl individueller Freiheit. An seiner Seite konnte sie ihre Gedanken nach Herzenslust ausbreiten, konnte abschweifen und träumen, was ihm um so mehr gefiel, da er selbst etwas Weiches in seinem Wesen hatte und Toleranz zum Prinzip seiner Vernunft erhob.

In endlosen Gesprächen – ob Karl oder Bill, oder keiner von beiden – hatte ich ihr zu Humboldt geraten und freute mich, daß ich ihn jetzt als ihren Verlobten wiedertraf. Diesmal blieb Zeit genug, sich näher kennenzulernen, und je länger ich mich mit ihm unterhielt, desto mehr fühlte ich, daß mein Rat richtig war. Alles was er sagte, erinnerte mich unbewußt an Schiller. Zwar verlor sich Bill mehr im Detail, argumentierte verbindlicher und liebte es, den beiläufigsten Gegenstand von allen Seiten zu beleuchten, was seinem Urteil das Hohe, Hehre und Apodiktische nahm. Dennoch waren seine Betrachtungen immer von so prinzipieller Natur, daß mir schnell klar wurde: Auch er hatte einen Sinn für Größe. Bill war einer von uns.

Abends gingen wir in die Residenz des Coadjutors. Li sagte mir, daß er sich inzwischen behutsam bei ihr erkundigt hatte, ob ich schon einmal an Scheidung gedacht hätte. Das machte mir Hoffnung. Ich konnte es kaum erwarten, Dalberg wiederzusehen. Diesmal hatte er sich etwas ganz Besonderes, ja geradezu Verrücktes für uns ausgedacht. Als nach dem allgemeinen Empfang schließlich auch der kleine Kreis der Souper-Gäste gegangen war, bat er Humboldt, Li und mich, noch zu bleiben. Er schickte die Dienerschaft fort und ließ die Kapelle den neuen Tanz spielen, über den sich alle echauffierten und der an allen Höfen verboten war, weil er als unschicklich, ja geradezu obszön galt. Ich hatte den Walzer noch nie getanzt, wußte nur, daß alle Vornehmen ihn als engen Schleifer und Alliierten der Schwindsucht verhöhnten, und zögerte, Dalberg aufs Parkett zu folgen. Ich wollte mich nicht blamieren, denn ich kannte weder die Schrittfolge noch hatte ich in derlei Hopstänzen die geringste Übung. Doch der Goldschatz meinte: »Beim Walzen kommt es nicht auf die richtigen Schritte, sondern einzig auf das richtige Gefühl an.« Und kaum, daß die ersten Takte erklangen, kam er auf mich zu, legte seinen Arm um mich, faßte meine Hand, ich lächelte ihn unsicher an, und dann begann er mit großräumigen Schritten das leere Parkett einzunehmen. Wir wirbelten an Li und Humboldt vorüber, so bestimmt und selbstgewiß, daß ich mich auf einmal ganz leicht in seinen Armen fühlte und wie von einer höheren Hand führen ließ. Weich und geschmeidig fügte ich mich in seinen Rhythmus. Die Musik zauberte eine Harmonie der Bewegung hervor, so daß die Schritte sich ganz von selber ordneten. Der Walzer riß alle Bedenken und alle Ängste mit sich fort, entflocht und entwirrte, entwarf klare Linien, machte alles zur Bewegung, alles zum Sog, und mit einemmal spürte ich, daß im Walzer mehr lag als Tanzmeistergrazie; in ihm lag aufsteigende Lust. Ich hätte ihn auf einem Teller tanzen mögen, so wohl war mir. Ich schwebte mit Dalberg durch den Raum, als würde ich aus der Welt hinausgetragen, und genoß Augenblicke des Glücks wie schon lange nicht mehr.

Tagelang hielt der Walzerrausch an. Ich sah die Dinge wieder in lichten Farben und war in der Stimmung, mir endlich wieder meinen Roman vorzunehmen und Agnes, meiner Heldin, Konturen zu geben. Schwungvoll schrieb ich an den Szenen des ersten Teils. Die Gedanken drängten sich an, die Worte flogen mir zu. Alles gelang leicht und mühelos. Ich fühlte mich an meinem kleinen Schreibpult, als wäre ich bei den Musen zu Gast. Ich lebte auf. Jeden Abend war ich bei Dalberg zum Souper, und immer brachte er mich in seinem Wagen nach Hause. Inzwischen war so viel Schnee gefallen, daß er mich zusammen mit Li und Humboldt am Wochenende zu einer Lustschlittenfahrt einlud. Ich freute mich wie ein Kind darauf, denn es gab nichts Schöneres, als in warme Decken gehüllt mit Fackeln und Champagner durch den verschneiten nächtlichen Wald zu fahren. Ich kaufte mir eigens dafür einen pelzgefütterten Rock und ebensolche Stiefel, als plötzlich ein Brief von Lotte eintraf. Sie schrieb, daß Schiller schwer erkrankt sei, und bat mich, so schnell wie möglich zu kommen, weil sie die Pflege allein nicht mehr bewältige. Es schien wie verhext. Immer wenn ich meine Arbeit fortsetzen wollte und gerade den rechten Ton für das Erzählen gefunden hatte, kam etwas dazwischen.

Schweren Herzens verzichtete ich auf die Schlittenfahrt, denn ich wollte unter diesen Umständen nicht bis zum nächsten Wochenende warten und Lotte in dieser Lage allein lassen. Ich brach die Arbeit ab, nahm die nächste Extrapost, aber ließ noch einmal vor der Residenz halten, um Dalberg meinen plötzlichen Aufbruch zu erklären. Ich versuchte, meinen Ärger so gut es ging zu verbergen, und fuhr nach Jena. Ich war ziemlich sicher, daß das gute Lottchen wieder einmal maßlos übertrieben hatte. Sie war permanent in Sorge um ihren Ehegott und erschrak schon beim kleinsten Husten. Dabei wußte sie doch, wie anfällig er war. Jeder Wetterwechsel, ja schon der kleinste naßkalte Lufthauch machte ihm zu schaffen. Erst eine leichte Erkältung, dann ein stärkerer Schnupfen, schließlich ein heftiger Husten, tagelang Katarrhfieber, nachts Brustkrämpfe, und plötzlich war alles vorüber, und er saß wieder am Schreibtisch, als wäre nichts geschehen. Sie wußte doch, daß er schwache Lungen, aber auch eine große Widerstandskraft hatte. Es war wohl wieder einmal an der Zeit, ihr ins Gewissen zu reden, denn mit einer ewig ängstlichen Frau, die immer nur das Äußerste auf sich zukommen sah, wurde ein Mann nur noch kränker. Sie sollte etwas zu hören bekommen.

Als ich die Wohnung betrat, kam mir Lotte so bleich und erschöpft entgegen, daß ich erschrak. Die Mama war auch schon da und sagte mir, daß sie schon vor Tagen zur Unterstützung herbeigeeilt sei. Ihr konnte man weiß Gott keine übertriebene Ängstlichkeit unterstellen, aber ihr Gesicht war von Sorge gezeichnet und verhieß nichts Gutes. In der Wohnung herrschte eine bedrückte Betriebsamkeit. Die Bediensteten huschten auf Zehenspitzen über den Korridor. Dr. Stark, der Hausarzt, kam auf mich zu, erläuterte den Zustand des Patienten und erklärte, wie mit ihm umzugehen sei. Er hatte ihn schon früher wegen Atemnot zur Ader gelassen, aber diesmal schien es, als wollten die angegriffenen Lungen sich nicht erholen. Ohne Frage handelte es sich um eine kruppöse Pneumonie, zu der noch eine trockene Rippenfellentzündung hinzugekommen war. Der anhaltende Krampfhusten und das Blutspucken hatten seinen Körper dermaßen geschwächt, daß er keine natürlichen Kräfte mehr besaß, das Fieber zu überwinden. Er durfte keinerlei Anstrengungen mehr ausgesetzt werden. Das hieß: keine längeren Gespräche am Krankenbett; keine Mitteilungen, die ihn aufregen konnten, und alles vermeiden, was eine erneute Ohnmacht heraufbeschwören könnte. Wer immer an seinem Krankenbett saß – keiner durfte vergessen, ihm den Puls zu massieren, damit der Fluß des Blutes nicht ins Stocken geriet. Vor allem aber mußten die Fenster geschlossen bleiben, damit er keinen Zug bekam. Er hatte vor ein paar Tagen auch noch die Stimme verloren und war seitdem nur noch bedingt aufnahmefähig. Kurz gesagt: Es stand wahrlich nicht gut um ihn.

Lotte bestätigte es mir. Sie hatte sich beim Herzog um zweihundert Taler bemüht, statt dessen hatte ihm Carl August zur Genesung sechs Flaschen Madeira geschickt. Doch Schiller hatte es nicht mitbekommen. Die Mama meinte, daß wir auf das Schlimmste gefaßt sein müßten, weil selbst Dr. Eicke und Dr. Conradi nur wenig Hoffnung hätten. Sie fragte nach Lottchens Tauf- und Hochzeitsschein, denn sie war fest entschlossen, für ihre Tochter in die Witwenkasse einzuzahlen, um sie im Ernstfalle abgesichert zu wissen. Sie unterstützte zwar das junge Paar schon mit 150 Talern jährlich, aber der Beitrag für die Berliner Generalswitwenkasse schien ihr angesichts der eingetretenen Umstände das Hilfreichste, was sie im Augenblick tun konnte.

Lotte schluchzte leise vor sich hin, nahm mich zur Seite und sagte mir, daß sie schwanger sei. Einen Augenblick mußte ich an mich halten, um nicht zu jubeln und sie lauthals zu beneiden, denn für sie schien sich zu erfüllen, was ich mir so lange vergeblich gewünscht hatte. Ich verstand ihre Tränen und verstand sie nicht. Wie es auch kommen sollte – ein Kind von ihm war etwas Lebendiges, sinnlich Sichtbares, worin sie beide fortlebten. Was gab es Schöneres? Ich nahm sie in den Arm und gestand ihr, daß ich an ihrer Stelle unter allen Umständen glücklicher gewesen wäre.

Dr. Stark kam aus dem Krankenzimmer und flüsterte mir zu, daß der Patient eingeschlafen sei und ich die Wärterin ablösen könne. Auf Zehenspitzen betrat ich den Raum und setzte mich an sein Bett. Er atmete röchelnd, aber ruhig. Ich wagte mich kaum zu regen, denn mehr als an die Aderlässe glaubte ich an die heilende Wirkung des Schlafes. Vorsichtig nahm ich seine Hand und massierte gemäß der Anweisung den Puls. So saß ich Stunden um Stunden bis tief in die Nacht am Bett und horchte auf jedes Geräusch, aber der befürchtete Anfall blieb aus. Und weil ich, wie alle sagten, eine so wohltuende Wirkung auf den Patienten hatte, oblag es mir fortan, Nacht für Nacht an seinem Bett zu wachen. In Decken gehüllt saß ich am Krankenbett und fror für Schillers Gesundheit. Ich hielt mich mit starkem Kaffee bis in die Morgenstunden wach, dachte an Dalberg und die Schlittenfahrt, die mir entgangen war, und hoffte, nicht selber vor Erschöpfung noch krank zu werden.

Sicherlich, auch Lotte hätte sich trotz ihrer Schwangerschaft nicht geschont und ihren Schlaf für ihn geopfert. Aber sie ging aus Sorge um ihn gezielt pragmatisch vor. Da er ihr längst gestanden hatte, wie sehr ich auf seine Empfindungen wirkte, sah sie in mir einen heilenden Faktor. Vielleicht hoffte sie, daß dann, wenn die Anfälle kamen und er mich am Bett sitzen sah, eine Beruhigung eintrat. Das schlaue Lottchen! Sie hatte ein sicheres Gespür für das, was ihm guttat. Ich wollte ja gern alles tun, um

ihr den Mann zu erhalten, doch je länger die Nachtwachen anhielten, desto häufiger fragte ich mich, wie es
im umgekehrten Fall gewesen wäre. Er hätte bestimmt
nie Woche um Woche seine Nächte an meinem Kranken-
lager zugebracht. Es war schon bemerkenswert: Seit er
zur Familie gehörte, schien sich alles nur noch um ihn zu
drehen. Alle hatten für ihn dazusein. Daß ich meine schönen Abende in der Residenz abgebrochen hatte, interessierte niemanden.

Inzwischen erbot sich aus Verehrung für Schiller einer seiner Studenten, Herr von Hardenberg, bei dem kranken
Professor die Nachtwachen zu halten. Immer, wenn der
junge Hardenberg kam, atmete ich erlöst auf. Konnte ich
doch dann meine Müdigkeit einen Tag und eine Nacht
lang ausschlafen.

Bis weit in den Frühling hinein hielt der Dienst am Kranken an, und ich fragte mich, woher ich die Kraft nahm,
diesem Rhythmus gegen die Natur so lange standzuhal-
ten. Gewiß, Schiller tat mir leid. Aber ich tat mir allmählich auch leid, und Lotte war doppelt zu bedauern. Gerade mal ein Jahr verheiratet, und schon mußte der Ehemann
gepflegt werden. So traurig hätte ich mir den Beginn des
jungen Glücks nicht vorgestellt. Lotte gestand mir, daß
ihr Haushaltsgeld zu Ende ging. Drei Monate hatte er
schon nichts mehr geschrieben. Die Kolleggelder blieben
aus, und wenn nicht bald eine Besserung eintrat, war
auch mit Honoraren nicht mehr zu rechnen, von den
Vorschüssen ganz zu schweigen. Bald wußte sie nicht
mehr, wovon sie leben sollten. »Er verzehrt sich für die
Literatur«, sagte sie, »bezahlt mit Krankheit und hat es
bislang noch zu keinem einzigen Taler Spareinlage gebracht. Kein Guthaben, keine Sicherheiten, nichts, was

auffängt und schlechte Zeiten überbrückt. Von der Hand in den Mund zu leben, mag angehen, solange man gesund ist, aber wehe, wenn ein freier Dichter krank wird.« Ich spürte, daß Trost nichts half. Lotte sah die Dinge real. Die Mienen aller hatten sich verdüstert, und es wurde kaum noch ein Wort gesprochen.

Unerwartet teilte uns Dr. Stark eines Morgens mit, daß die akute Gefahr der Suffokationen vorüber war und keine neuen Erstickungsanfälle mehr zu befürchten seien. Die Stimmung im Hause besserte sich augenblicklich. Schiller mußte zwar noch streng das Bett hüten, aber er bat mich, ihm täglich eine Stunde aus der *Kritik der Urteilskraft* vorzulesen. Damit er sich nicht allzusehr anstrengte, wählte ich das Kapitel *Vom intellectuellen Interesse am Schönen*, doch er forderte mich auf, keine falsche Rücksicht zu nehmen, und bestand auf dem Abschnitt über *Gott, Freiheit und Unsterblichkeit*. Sein entschlossener Ton ließ keinen Zweifel daran, daß er auf dem Wege der Genesung war. Er trug sich schon wieder mit neuen Plänen, wollte eine Hymne an das Licht schreiben, und als ich auf dem Nachttisch die *Aeneis* liegen sah, gestand er mir mit fast diebischer Freude, daß er schon zweiunddreißig Stanzen übersetzt hatte und Göschen bald das ganze Manuskript bekommen werde.

Aus Sorge, der auferstandene Musensohn könnte sich allzu hastig in die Arbeit stürzen und erneut einen Zusammenbruch riskieren, schrieb ich an Dalberg und bat um ein Stipendium für ihn. Schließlich hatte Schiller eine solche Unterstützung wie kein anderer verdient. Dezent erinnerte ich den Goldschatz bei dieser Gelegenheit daran, daß es auch in seiner Macht stand, den *Don Carlos* und den *Fiesco* öfter aufführen zu lassen, damit sich für den Autor der Verkauf der Exemplare etwas freundlicher gestaltete. Ich hatte nicht die geringsten Zweifel, daß Dalberg meiner Bitte entsprechen werde. Es machte mir Freude, mich für einen Dichter einzusetzen, dessen geistige Richtung Größe besaß. Doch angesichts des Übergewichts, das er in unserer Familie hatte, tat es mir auch wohl, Frau Schwester und Herrn Schwager sanft daran zu erinnern, daß ich es war, die die Beziehungen hatte, die ihnen beiden nutzen konnten.

Obwohl ihm noch Bettruhe verordnet war, hatte er sich die Schlafstelle ans Fenster rücken lassen. Nun saß er aufrecht, mit einer Nachtjacke bekleidet, das Kopfkissen in den Rücken gestopft, und schrieb eine kurze Betrachtung *Über die tragische Kunst.* Seine *Neue Thalia* mußte mit Beiträgen gefüllt werden. Die Leser waren ein hungriges Volk und lechzten begierig nach neuer Nahrung. Er fragte mich, ob ich etwas in der Schublade hätte. Von meinem Roman wollte ich ihm nichts sagen. Einen Auszug daraus abdrucken zu lassen, fand ich verfrüht. Es hätte zu sehr in den weiteren Fortgang des Schreibens eingegriffen. Aber ich ließ ein Schauspiel kommen, das ich vor einiger Zeit beendet hatte. Er las den *Leukadischen Fels,* von dem die Sage berichtet, daß derjenige, der den Sprung von ihm wagt, von unglücklicher Liebe geheilt werden kann. Ihm gefiel das Stück. Die Figuren fand er gut geführt und meinte, es erinnere ihn an *Iphigenie.* Mit dem Abdruck hoffte er für seine Zeitschrift noch mehr weibliche Leser zu gewinnen. »Du mußt mehr schreiben«, sagte er, »viel mehr schreiben, denn du hast Talent dazu.« Schiller hatte gut reden. Drei Monate Nachtwachen für ihn – das war mein jüngster Beitrag zur Literatur. Aber ich sagte nichts, denn ich war froh, daß es ihm wieder gutging und Lotte ihren Hausgott in die Arme schließen konnte. Und mein Schauspiel in der *Neuen Thalia* gedruckt zu wissen, war auch nicht schlecht. Es erinnerte zumindest daran, daß ich es noch immer nicht aufgegeben hatte, mich als Frau der Feder zu etablieren.

Innerhalb weniger Tage waren sein Nachttisch, das Bett, die Stühle und das ganze Zimmer mit Manuskripten belegt. Alles drängte zur Erledigung. Zum ersten Mal wurde mir deutlich, mit wie vielen Projekten er gleichzeitig beschäftigt war. Der *Historische Calender für Damen* mußte redigiert, ein Vorwort zu den Memoiren Sullys geschrieben werden. Zwei Bücher warteten auf Rezension, Crusius hatte er einen Band Gedichte versprochen, und Göschen drängte ungeduldig auf die Fortsetzung der *Geschichte des Dreißigjährigen Krieges*. Alles, was liegengeblieben war, mußte im Eilschritt ans Ziel gebracht werden. Er bat mich, noch bei ihm zu bleiben. Dann brauchte er nicht im Bett zu sitzen, sondern konnte liegen, wie es der Arzt verordnet hatte, und mir diktieren. Ich war ja bereit, auch diese Nachsorge noch zu übernehmen, nur als ich sah, was er sich da alles aufgeladen hatte, fühlte ich mich verpflichtet, ihm ins Gewissen zu reden, denn er verzettelte sich. Nicht nur, daß er mit diesem Berg von Arbeit seine Genesung gefährdete, nein, er hatte zu vieles übernommen und verlor sich literarisch auf zu vielen Nebenwegen. Er mußte auch einmal etwas ablehnen. Sicherlich waren die Zeitschriftenbeiträge, die Rezensionen, Übersetzungen und die Herausgaben nötig für den Broterwerb, und ich sah auch ein, daß er das Geld dringend zum Leben brauchte, aber trotzdem: »Ein Dichter muß seinen eigenen Brennpunkt haben«, sagte ich, »durch den er seinem Werk Einheit gibt und die Teile in ein Ganzes schmilzt. Du solltest dich auf die Dramen konzentrieren. Darin liegt deine Stärke, und damit erreichst du die größte Wirkung auf alle. Ich habe Dalberg um ein Stipendium für dich gebeten, und er hat mir geschrieben, daß du es im nächsten Monat bekommst. So bist du wenigstens vorübergehend frei von diesen Geldarbeiten und kannst dich wieder auf ein Stück besinnen.«

»Lina, meine Liebste, du hast ja recht«, entgegnete er, »aber mit Theaterstücken ist nichts zu verdienen. Die Schauspieler mögen für ihre Darstellung gut bezahlt werden, doch der Autor, der alles erfindet, geht gewöhnlich leer aus. Darum muß ich viel uninteressante Geschäfte erledigen, bis ich mich zum Eigentlichen vorgearbeitet habe.« Dann legte er sich ins Kissen zurück und begann mir das 3. Buch der *Geschichte des Dreißigjährigen Krieges* zu diktieren. Er wollte es vor allen anderen dringlichen Arbeiten fertigstellen, weil ihm Göschen dafür einen Vorschuß von 30 Louisdor versprochen hatte.

Innerlich stellte ich mich auf weitere Wochen Genesungshilfe ein, als mich eines Mittags Lottchen plötzlich ans Fenster rief. Der Ursus fuhr vor. Sechsspännig und imposant. An seiner Equipage prangte neuerdings das Beulwitzsche Familienwappen. Lärmend liefen die Kinder zusammen, und die Nachbarn schauten neugierig aus den Fenstern. So hohen Besuch hatte man in diesem trüben Jenenser Gäßchen schon lange nicht mehr gesehen. Der Sekretär reichte dem Herrn Vizekanzler den Staatsrock, und dann stand Herr von Beulwitz an der Tür. Er konnte seine Aufregung nicht verbergen, denn die *Oberdeutsche Allgemeine Literaturzeitung* hatte die Nachricht von Schillers Tod verbreitet. Er hatte schon seit ein paar Tagen nichts mehr von uns vernommen, und darum war er doppelt beunruhigt und wollte nach dem Rechten sehen. Der Ursus atmete auf, als er hörte, daß er sich keine Sorgen zu machen brauche. Er ging geradewegs ins Krankenzimmer, freute sich, daß Schiller alles so gut überstanden hatte, und hätte am liebsten gleich eine Partie l'hombre mit ihm gespielt. Da er ihm aber immer noch sehr blaß und schwächlich vorkam, sagte er: »Jetzt gibt's nur eins – Karlsbad.« Und weil Schiller zur Familie gehörte, wollte er ihm diesen Kuraufenthalt schenken. Gleich, wieviel Wochen er dort zu bleiben gedachte – er wollte alles bezahlen. Selbstverständlich auch den Arzt, der ihn dorthin begleitete. Schiller sollte nicht sparen, sondern in einem erstklassigen Haus Quartier nehmen und sich um nichts als um die Wiederherstellung seiner Gesundheit kümmern. »Ich werde für alles aufkommen«, sagte er. Lotte und Schiller schienen sichtlich gerührt über dieses großzügige Geschenk, und auch ich war in diesem Augenblick direkt ein bißchen stolz, die Frau des Herrn von Beulwitz zu sein. Er bat mich, meine Sachen einzupacken und mit ihm nach Rudolstadt zu fahren, weil er dort an einem Empfang teilnehmen mußte, zu dem er ausdrücklich mit Gattin gebeten war.

Als ich mich von Schiller verabschiedete, flüsterte er mir zu, daß er die Kur nur antreten werde, wenn beide Schwestern ihn begleiteten. »Ausgeschlossen«, sagte ich. »Fahr mit Lotte allein.« Anscheinend konnte er sich gar nicht vorstellen, daß es für mich auch noch etwas anderes gab, als mich tagein tagaus um ihn zu kümmern. Erst einmal wollte ich all die Abende in der Residenz nachholen. Dann konnte man ja weitersehen. Er flehte mich an, nicht zu lange zu überlegen, denn ohne mich könne er nicht genesen. Er war wie ein Kind, das keine Ruhe gab. Ich packte meine Koffer. Einen Teil meiner Kleider schenkte ich Lotte, und dann stieg ich mit Beulwitz in die Kutsche.

Tage später stand ich an der Seite des Herrn Gemahl in großer Gala im hellerleuchteten Redoutensaal des Rudolstädter Schlosses. Er musterte mich mit einem kurzen Seitenblick und sagte: »Fade Farben stehen dir nicht. Ich gebe doch genug Geld, damit sich meine Frau nach dem dernier cri kleiden kann. Außerdem fehlt deinem Hals der Schmuck. Aber scheinbar gefällst du dir als gelehrte Gemse.« Ich spürte ein Zucken im Gesicht, das nicht aufhören wollte. Auch nicht, als ich die Hand gegen die Wange drückte. Ich zwang mich, zur Linderung an etwas Erfreuliches zu denken, doch alle schönen Vorstellungen schienen sich verflüchtigt zu haben. Ich hatte das nicht zum erstenmal. Es war ein nervöser Gesichtsschmerz, ein tic douloureux, gegen den ich nichts machen konnte. Ich klappte den Pompadourfächer auf und versteckte mich dahinter, so gut es ging, begrüßte das Erbprinzenpaar, nickte einigen Bekannten freundlich zu und fand wie immer das gewohnte Bild: die Damen und Herren des Hofes standen wie ausgebrannte Räucherkerzen im Saal. Einige trugen eine gelangweilte Geschäftigkeit zur Schau und warteten auf einen hohen französischen Gesandten, den Ehrengast des Abends. Kaum daß er den Saal betrat, wurde applaudiert. Der Fürst hielt eine kurze Begrüßungsrede, anschließend wurde Champagner gereicht, und alles drängte sich um den Franzosen. Auch ich war neugierig darauf, was er zu sagen hatte, denn schließlich kam er nicht nur aus der großen Welt, sondern aus dem Land des großen Umbruchs. Ich hoffte, etwas über die Ereignisse der Revolution zu erfahren, doch er ließ sich unablässig Champagner bringen und berichtete stolz vom neusten Luxus des Pariser Adels, der sich in seine Villen ein water closet einbauen ließ. Das weltbewegende Thema dieses Abends schien gefunden zu sein, denn immer mehr lauschten so hingebungsvoll seinen Worten, als hätte er eine Offenbarung zu verkünden. Trotz detaillierter Beschreibung, die der Gast gab, konnte sich keiner so recht vorstellen, wie ein water closet funktionieren sollte, und darum löste seine Erzählung großes Amüsement und Rätselraten aus. Als endlich Preis und praktischer Nutzen geklärt schienen, gab es noch ein paar besorgte Fragen zum Fortschritt, die darin gipfelten, ob dann die Gilde der Abtritträumer, die maîtres fifi, überhaupt noch eine Zukunft hatte. Ich stand zwischen all den Räten, Ministern, Kammerherren, Präsidenten und Vizepräsidenten in dem hellerleuchteten Festsaal und dachte an Dalberg und an die schönen Abende bei ihm in der Residenz. Ich fragte mich, was ich hier sollte und wozu ich überhaupt gebeten war, und brach das triste Vergnügen vorzeitig ab. Mochte er seine gelehrte Gemse im Saal vermissen oder nicht. Von jetzt an war mir klar, daß es mit dieser Ehe so nicht weitergehen konnte.

Zu Hause überraschte mich mein Cousin Wilhelm. Er hatte schon eine geraume Zeit auf mich gewartet, wollte nicht wissen, weshalb ich allein kam und wo Beulwitz war, sah mich nur an und sagte voller Bewunderung: »Noch nie habe ich dich in einem so herrlichen Kleid gesehen. Du siehst wunderbar aus. Queen Carolin, ich liege Ihnen zu Füßen.« Er ahnte nicht, wie gut mir die Worte taten. Etwas Schöneres hätte er mir in diesem Moment nicht sagen können. Fast erlöst ging ich auf ihn zu und umarmte ihn. Er schien etwas von meiner Situation zu erahnen, denn statt mich loszulassen, hielt er mich nur um so fester und meinte, vom Ende der Welt würde er herbeieilen, um Kummer von mir fernzuhalten. Ein solches Geständnis hätte mich noch vor kurzem in meiner Freundschaft zu ihm gestört. Ich hätte mich bedrängt und gründlich mißverstanden gefühlt, doch jetzt tat es mir gut, und ich hätte endlos so stehen können.

Wilhelm war nur gekommen, um sich zu verabschieden. Er mußte für längere Zeit in die Schweiz und wollte das liebe Vaterland nicht verlassen, ohne seiner Herzenscousine Adieu zu sagen. Er gab mir seine Adresse und meinte, wenn ich eine Erholung brauchte, sollte ich die nächste Kutsche nehmen und an den schönen Zürichsee kommen. Ich war zwar die meiste Zeit unterwegs und dem Ehemann fern, aber so einfach wie Wilhelm sich das vorstellte, war es dann doch nicht. Trotzdem fand ich es sehr aufmerksam von ihm, sich um meine Erholung Gedanken zu machen. Jetzt fuhr ich erst einmal zur Hochzeit von Li und Humboldt nach Erfurt, und danach wartete Lotte darauf, daß ich mit ihr und Schiller nach Karlsbad fuhr. Sie hatte mich nun doch überredet, mitzukommen. Im Grunde hatte ich wenig Lust dazu, aber Dalberg hatte in Mainz zu tun, und so war es dann doch noch besser, mit Lotte und Schiller unterwegs zu sein, als im Kastell Ursus zu sitzen und frieren zu müssen.

Die Vorbereitungen für den Kuraufenthalt dauerten fast zwei Wochen. Weil Lotte vor kurzem eine Fehlgeburt gehabt hatte, nahm ich ihr vieles ab. Als erstes mußten die Pässe besorgt werden, denn ohne die amtlichen Papiere gab es kein Fortkommen. Da ich von Goethe wußte, daß er nach Karlsbad die Route über Pösneck, Schleiz, Hof, Asch, Franzensbrunn, Eger, Kulm und Zwodau wählte, schlug ich vor, ebenso zu fahren, und schrieb an das Grenzzollamt zu Asch, um unsere Ankunft anzukündigen und unnötige Visitierzeiten zu vermeiden. Ich siegelte mit dem Beulwitzschen Wappen, damit die Zöllner gleich wußten, wer da kam. Der Ursus mietete uns ein gutgefedertes elegantes Gefährt und einen Bagagewagen. Vierspännig die Kutsche und drei Pferde vor dem Bagagewagen, damit der Abstand zu uns nicht zu groß wurde und wir nicht gar noch einen Tag irgendwo auf unser Gepäck warten mußten. Nur in Eger hatten wir einen kurzen Aufenthalt geplant, weil Schiller das Haus besuchen wollte, in dem Wallenstein ermordet worden war.

Da wir fünf Tage unterwegs sein würden und unvorhergesehene Zwischenfälle eingeplant werden mußten, aber auch die Freundlichkeit der Gastwirte nicht vorausgesetzt werden konnte, nahmen wir reichlich zu essen und zu trinken mit. Vor allem zu trinken, denn es war Juli, und falls wir irgendwo liegenblieben, konnten wir uns damit bis zum nächsten Ort durchschlagen. In den Proviantkorb packten wir Birnenbrot, Zwieback, gedörrtes Fleisch, Zucker, Zitronen, Kaffee, Tee und seinen geliebten Maroccoschnupftabak. Weil ich wußte, daß man unterwegs nichts Gutes zu trinken bekam und so mancher Gastwirt den billigen Weißwein mit der Blüte der schwarzen Malve färbte, um ihn seinen Gästen als teuren Rotwein anzubieten, legte ich in die Boutillenkiste ein paar Flaschen aus Beulwitz' heiligem Kellergewölbe. Doch noch wichtiger waren Schillers Arzneien. Lotte hatte sich alles aufgeschrieben, damit sie nur nichts vergaß. Pappelsalbe gegen Brustschmerzen, Hienfong-Essenz, Universalbalsam, Meuraisches Pflaster und Rhabarberpillen. Dazu in vier großen Korbflaschen seine Tees: Holundertee gegen eine eventuelle erneute Halserkrankung, Stiefmütterchentee für die Blutreinigung, Brombeertee gegen Husten und eine Mischung aus Thymian, Dosten und Quentel, falls er sich unterwegs erkälten sollte. Gegen Fieber packte sie vorsorglich noch eine Flasche mit dem Saft der ausgepreßten grünen Schafgarbe ein und natürlich Cremor tartari, die unentbehrliche Verdauungshilfe. Gerade damit, befürchtete sie, würde er unterwegs die meisten Schwierigkeiten haben. »Ohne Cremor tartari, ohne seinen Weinsteinrahm«, sagte sie, »brauchen wir gar nicht erst loszufahren.«

Der Apothekenkoffer mußte besonders rationell gepackt werden, damit er in der Kutsche neben dem Proviantkoffer noch Platz fand, denn beide mußten immer griffbereit sein. In die übrigen Koffer kam Kleidung und Wäsche. Da er sich angewöhnt hatte, in den Tageskleidern zu Bett zu gehen, achteten wir darauf, daß wir für ihn genügend Schlafröcke, Nachtjacken und Nachtmützen mitnahmen, damit er gar nicht erst auf die Idee kam, diese Unsitte beim Kuraufenthalt fortzusetzen. Lotte meinte, es sei eine günstige Gelegenheit, um ihn von dieser Gewohnheit abzubringen. Außerdem packten wir für ihn noch mehrere gut conditionierte Überhemden und zwei Staatsröcke ein, beide mit beinernen Knöpfen, die ihm die Chère mère gestiftet hatte, und für die kühleren Abende im Haus seine Moltumjacke und die Flauschpantalons. Für Lotte und mich war natürlich große und kleine Gesellschaftstoilette nötig, verschiedene Abend- und Nachmittagskleider, damit wir unseren Friedrich Chevalier im Club und auf den Promenaden stets standesgemäß umrahmen konnten. Das allerdings beanspruchte mehrere Koffer und Mantelsäcke, dazu die Hutschachteln, die Schuhbeutel, die Bettkisten und außerdem das Gepäck von Dr. Eicke, der uns begleitete.

Jedes einzelne unserer Wäschestücke hatten wir mit Silbertinte kennzeichnen lassen, und alles wurde faltenlos eingepackt. Auch nahmen wir Wachslichter mit, weil sie unterwegs unverschämt teuer waren. Mit Öl für die Reiselampe hatten wir uns ebenfalls eingedeckt, schon um der Gefahr zu entgehen, in den Gasthöfen im Dunkeln sitzen zu müssen. Die Koffer und Kisten wurden verplombt, von Aufpackern auf dem Bagagewagen verstaut und mit breiten Riemen festgeschnallt. Vorsorglich steckte ich auch noch kleine Schlösser ein, weil ich wußte, daß in vielen Gasthöfen die Zimmertüren nicht verschließbar waren und so manches Diebsgesindel des Nachts tätig wurde. Gaunern und Halunken mußte man ja nicht unbedingt noch Vorschub leisten.

Beulwitz stattete mich, wie es seine Art war, reichlich mit Bargeld aus und meinte, daß ich für alle das Finanzielle regeln sollte. »Denk dran«, sagte er als erprobter Cameralist, »immer viel Kleingeld bereithalten. Die Fourage für die Pferde und die Mahlzeiten für den Kutscher stets sofort begleichen und nicht, um Kosten zu sparen, in Fuhrmannskneipen einstellen lassen. Dr. Eicke, wenn nötig, mit ein paar Extratalern in guter Stimmung halten, denn gerade Ärzte sind für das Pekuniäre besonders empfänglich. Und vor allem in Karlsbad nirgendwo mit Trinkgeld sparen. Schiller wird bestimmt noch öfter dorthin fahren müssen, und außerdem hat man an solchen Orten Reisende von Condition im Blick. Die Schmierfinken vom

Intelligenzblatt sind dankbar für jede schlechte Nachricht.«

»Wir werden dir alle Ehre machen«, entgegnete ich und zweifelte keinen Augenblick daran, daß wir das Geld nicht bis zum letzten Heller standesgemäß unter die Leute bringen würden. Lotte hatte erfahren, daß Schillers Verleger in Karlsbad weilte, und befürchtete, der teure Gemahl könne sich verleiten lassen, mit Göschen über neue Projekte zu verhandeln, und damit die Heilung gefährden. »Es ist eine Brunnenkur«, sagte sie am Morgen der Abreise zu ihm, und er versprach ihr, kein einziges Mal an Geschäfte zu denken. Ich deponierte zwei kleine Geldsäcke im Tresor der Kutsche, einen dritten nahm ich an mich und fand, daß es nicht die schlechteste Aufgabe war, für ein paar Wochen den Zahlmeister zu spielen.

Es schien merkwürdig: Die meisten Menschen, die ich kannte, hatten einen ständig wechselnden Freundeskreis. Mal taten sie mit dem, mal mit jenem eng, waren bald den einen, bald den anderen zugeneigt, gingen eine Zeitlang sehr vertraut miteinander um, und fiel dann ein mißliches Wort oder gab es irgendeine Verstimmung, sprachen sie von Stund an nicht mehr miteinander. Sie ließen den guten Freund wie einen reifen Apfel am Baum hängen und hofften, daß er von selber abfiel. Immer war Bewegung in den Freundeskreisen, so daß allein schon in diesem ständigen Auf und Ab eine große Unterhaltung lag. Mag sein, daß sich die meisten bei der Wahl ihrer Freunde vom Prinzip der Nützlichkeit leiten ließen und sich durch sie diese oder jene Vorteile versprachen, doch für mich zählte nur eins: der gleiche geistige Anspruch, die gleiche Haltung zur Zeit. Natürlich hätte ich meine

Stunden mit so manchem lieben netten Flachkopf verschwatzen können, gab es doch unter ihnen aufrechte und sympathische Exemplare. Auch den Tag mit Visiten und Gegenvisiten zu verbringen, wäre mir leicht gefallen, doch ich war wählerisch im Umgang. Dort, wo ich keine geistige Übereinstimmung feststellte, fühlte ich mich fremd und unbehaust. Allerdings war es nicht leicht, Menschen zu finden, bei denen man ganz spontan eine geistige Übereinstimmung spürte. Sie schienen mir rar gesät, und darum war wohl mein Freundeskreis auch so klein.

Ich überredete Schiller, auf unserer Rückreise von Karlsbad den Umweg über Burgörner zu nehmen, um Li und Humboldt auf ihrem Landsitz zu besuchen. Es war höchste Zeit, daß er den Mann meiner Freundin näher kennenlernte. Er hatte zwar schon ein paarmal mit ihm gesprochen und nach der letzten flüchtigen Begegnung beiläufig gemeint: »Dein Humboldt scheint mehr Fläche als Tiefe zu besitzen«, doch solche Äußerungen nahm ich nicht ernst. Der liebe Schwager sagte oft Dinge ganz unbedacht dahin und ärgerte sich später darüber. Gerade diese Bemerkung zeigte, daß er Bill nicht kannte. Schiller hatte sich in Karlsbad prächtig erholt, und es konnte ihm nur guttun, einmal aus seinem eigenen Gedankenkreis herauszutreten und zu hören, wie die Jüngeren dachten. Außerdem gehörte Humboldt nicht zu dieser Spezies von Juristen, die immer alles besser wußten und die Nuß vom Baume schwatzten. Er war ein eigenständiger Kopf und hatte eigenwillige Ansichten. Lotte gab mir recht, und Schiller willigte ein.

Als wir uns dem Dacherödeschen Gut näherten, sah ich schon von weitem auf dem Hof Bills neue Karosse stehen, von der er mir stolz geschrieben hatte, daß sie ganz nach seinen Wünschen gefertigt worden war – in unauffälligem Grau mit schlichter Rosengirlande und braunen Leisten, aber dafür die Sitze bequem gepolstert und die Aufhängung so, daß der Wagen eine Fahrt im gestreckten Galopp unbeschadet überstehen konnte. Es war immer ein erfreulicher Anblick, wenn auf dem eigenen Besitz auch noch der eigene Wagen stand. Li und Bill kamen uns mit Weintrauben und Champagner entgegen und begrüßten uns als Freunde, die sehnlichst erwartet wurden. Humboldt, auch in ländlicher Abgeschiedenheit weltmännisch gekleidet und um den Hals ein Tuch aus weißer Seide, näherte sich Schiller mit dem allergrößten Respekt, ja geradezu mit Verehrung und sagte: »Ich habe inzwischen alles bis auf die letzte Zeile von Ihnen gelesen.« Eine solche Begrüßung mußte einem Dichter natürlich guttun.

Nach dem kleinen Umtrunk zeigten sie uns das Haus. Die beiden hatten sich eingerichtet, wie es mir noch nirgendwo begegnet war: alles strikt modern. Vor den Fenstern keine schweren Portieren, nur weiße, fast durchsichtige Gardinen, nirgendwo unnötiger Firlefanz, nichts Prunkvolles oder Überladenes. Alles schlicht und sachlich. Die Möbel aus Mahagoni, das Sofa nach neuster Art mit Stahlfedern gearbeitet und bezogen mit hellblau geglättetem Leinen. Die Spiegel im schmalen Blattplatinrahmen, der Arbeitstisch für Li mit praktischer Marmorplatte und die Stühle in ihrem Zimmer bezogen mit gestreiftem Pekin satiné. An den Wänden keine dunklen Ölgemälde, sondern große Landkarten. Alles sparsamst möbliert und nur auf das Nötigste beschränkt, so daß die Räume hell und lichtdurchflutet wirkten. »Es wurde

Zeit«, sagte Bill, »sich konsequent von dem alten Plunder zu trennen. Er entsprach nicht mehr unserem Lebensgefühl.« Er hatte recht, doch den modernen Stil mußte man sich leisten können. Ich wußte, daß Neuanfertigungen ein kleines Vermögen kosteten.

Die Tafel war für uns bereits festlich gedeckt. Als wir Platz nahmen, sah ich zum ersten Mal ein modernes Porzellanservice, wie es neuerdings Wedgewood in England herstellte. Auch eine schlichte Form konnte beeindruckend elegant sein. Vor allem fand ich gut, daß Lotte hier ein paar Anregungen für die Einrichtung ihres eigenen Haushalts bekam. Schließlich war Humboldt weit herumgekommen und wußte offenbar, wie man sich zeitgemäß etablierte. Ohne Frage hatte er mit meiner Freundin eine gute Partie gemacht, denn Li brachte mehrere Güter mit in die Ehe, und ihr Vater gab ihr jährlich noch fünfhundert Taler für die Haushaltung dazu. Bill war zwar auch nicht arm, aber jetzt konnte er es sich leisten, seine Position am Kammergericht aufzugeben, um auf den Gütern seiner Frau ausschließlich seiner Selbstbildung zu leben. Davon konnte Schiller nur träumen, denn ein Vermögen, das von allem so erfreulich unabhängig machte, besaß unsere Familie nicht.

Den Kaffee nahmen wir in der Bibliothek. Schiller schien sichtlich beeindruckt. Jetzt sah er einmal, wie schön und nützlich es war, sich wenigstens eine Handbibliothek im Hause zu halten, statt sich die Bücher immer nur auszuleihen, zusammenzuborgen und wieder zurückgeben zu müssen. Lotte sagte nur: »Wer Bücher schreibt, hat kein Geld, sich Bücher zu kaufen«, und Bill meinte lächelnd, ersteres würde er immer vorziehen. Nach dem Kaffee wurde Pfälzer Wein serviert, auf den wir uns ganz besonders freuten, weil unterwegs immer nur die billigen Tischweine angeboten wurden, die wir zu den überteuerten Preisen nicht trinken wollten. Humboldt erzählte von Frankreich, wo er vor zwei Jahren den Ausbruch der Revolution erlebt hatte. Seither beschäftigten ihn Fragen des Staates und der Bildung des Individuums. Mit einemmal diskutierten wir, wie man sich die Reife zur Freiheit erwerben konnte. Schiller fand dies besonders interessant, weil er gerade an einer Abhandlung über das Gemeine und Niedrige in der Kunst schrieb und darüber nachdachte, was ein großer Charakter sei. Wir waren uns alle einig, daß es auf den Ausbau der inneren Kräfte ankam. Man mußte von sich aus tätig werden, seine moralischen und intellektuellen Fähigkeiten entfalten, um die Reife zur Freiheit zu erlangen. Ich konnte es nicht lassen, eine Lieblingsbemerkung Dalbergs einzuflechten, und meinte gutgelaunt: »Ansonsten sind wir nicht mehr als die Blüten der stinkenden Hundskamille.« Das schien zu überzeugen.

Auch am nächsten Tag saßen wir bis spät in die Nacht zusammen. Li hatte eigens Laugenbrezeln backen lassen, um Schiller eine Freude zu machen. Tisch und Stühle standen unter freiem Himmel im Garten. Die Windlichter waren angezündet, wir genossen die Landluft und die sommerliche Stille, tranken Wein und sprachen über die Franzosen und den Staat. Humboldt meinte, daß der Staat die Aufgabe habe, die Sicherheit nach innen und außen zu garantieren, denn ohne Sicherheit gab es keine Freiheit. »Allerdings darf sich der Staat nicht ständig in alles einmischen«, sagte er, »und alles bis ins kleinste bestimmen wollen. Das macht die Bürger unfrei und nimmt ihnen die Kraft zur eigenen Entfaltung. Ein Staat, der für alles sorgt, ist keine Wohltat, sondern ein Verhängnis, denn er hemmt die Selbsttätigkeit und entmündigt seine Bürger.« Schiller pflichtete ihm Wort für Wort bei.

So ging es mehrere Tage, immer bis spät in die Nacht, immer zwischen Anschauung und Theorie, und immer waren wir dabei guter Dinge wie selten. Als wir abfuhren, sagte Schiller zu Humboldt: »Ziehen Sie doch in meine Nähe, damit wir uns öfter sehen können.« Ich war froh, daß sich die beiden Männer so gut verstanden und Gefallen aneinander gefunden hatten. Das stärkte den Zusammenhalt unseres Kreises und gab ihm einen ganz eigenen esprit de corps.

Im sibirischen Kastell traf ich niemanden an. Nur Grigri, mein Hund, schien lauernd auf mich gewartet zu haben und überschlug sich fast vor Freude, mich wiederzusehen. Er sprang auf den Stuhl, dann zurück auf den Boden, dann wieder auf den Stuhl, von dort auf den Tisch und fand in seiner Begeisterung kein Ende. Als ich erfuhr, daß der Herr des Hauses auf Inspektionsreise war, überlegte ich nicht lange, packte einige Koffer aus und einige um, nahm Grigri und fuhr nach Erfurt, um Dalberg nahe zu sein. Ich mietete mir in der Stadt eine Wohnung und verbrachte meine Abende in der Residenz. Dalberg schenkte mir ein Ölporträt, das er in meiner Abwesenheit von mir gemalt hatte. Ich erkannte mich zwar nicht wieder und große Kunst war es auch nicht, aber daß er sich auf diese Weise mit mir beschäftigt hatte und es ihm offensichtlich ein Bedürfnis war, seine freien Stunden damit auszufüllen, zählte mehr als alles andere. Oft, wenn ich abends von ihm kam, trug ich noch einige Gedanken in mein livre de pensées ein und fand, daß das Leben doch gleich viel farbiger wurde, wenn der richtige Mann in der Nähe war.

Ruhelos machte mich lediglich Schiller. Er sandte mir seine französische Korrespondenz mit der Bitte, sie für ihn zu erledigen, weil ich mich in dieser Sprache eleganter auszudrücken verstand und er sich nicht blamieren wollte. Ich übersetzte bereits für ihn einige Bücher der *Metamorphosen* des Ovid aus dem Französischen und war auch gewillt, nun noch seine Korrespondenz als getreuer und verläßlicher Sekretär zu übernehmen. Das alles mochte noch hingehen und war zu ertragen, doch dann folgte ein Brief nach dem anderen mit den so vertrauten Tönen: Nicht die Thermalquellen hatten seine Gesundheit wiederhergestellt, sondern einzig die Promenaden mit Athena Caroline. Er sehnte sich nach einem Laut meines Wesens, denn meine Gegenwart hellte sein Leben auf. Schon die Hoffnung, mich zu sehen, ließ ihn so manchen guten Gedanken con amore aufs Papier hauchen, aber es war eben nur ein Gedanke. »Du mußt so bald wie möglich kommen und eine Weile bei uns bleiben, denn ich brauche deine Nähe. Du weißt, in mir ist nichts als die Kraft zum Vortrefflichen, und nur du kannst sie steigern.«

Ich überlegte, ob ich ihm überhaupt noch antworten sollte. Ich wollte so etwas nicht mehr lesen. Mag sein, er brauchte es, sich in alles hineinzusteigern. Es war nun mal sein poetisches Brot, aber es war gegen unsere Vereinbarung. Er hatte mir hoch und heilig versprochen, seine Herzensgeschäfte nicht mehr zu Papier zu bringen, um Lotte nicht zu verletzen und mir unnötige Schwierigkeiten zu ersparen. Es genügte doch, wenn wir beide wußten, was wir füreinander waren. Es brauchte keine Worte und vor allem keinen Namen. Erhielt etwas einen Namen, bekam es auch eine Existenz und gelangte zu einer Wirklichkeit, die es für uns ohnehin nur im Geistigen gab.

Ich ärgerte mich über ihn. Was wollte er denn noch? Ich hatte ihn mehrere Wochen nach Karlsbad begleitet, und wir hatten dort alle drei unseren Spaß gehabt. Sind von der Tepl hinauf zum Töpfer gewandert, haben ein bißchen Elite gespielt und uns über die Reichen lustig gemacht, die begleitet von ihren Hunden, Dienern und Privatsekretären durch die Stadt promenierten. Wir haben sie übermütig nach Fettammern, Fasanen, Rebhühnern, Karpfenzungen und Austernpasteten klassifiziert, haben uns als die bargeldlosen gescheiten Lichtgestalten und sie als die kontenschweren dummen Finsterlinge gesehen und uns ihnen haushoch überlegen gefühlt; haben die ganze Welt querfeldein rauf und runter erörtert, um zu dem bemerkenswerten Resultat zu gelangen, daß die Drehung des Erdballs sich durch unseren Willen nicht ändern wird; haben unseren Göttersohn in die Mitte genommen und ihn wie zwei Grazien umrankt, und er hat Freude daran gehabt, offen seine Empfindungen gegen uns auszubreiten. Es war alles gesagt. Wozu brauchte es dann solcher Briefe noch? Ich wollte Lottchen glücklich sehen und mochte keine Geheimnistuerei zwischen uns. Wenn Lottchen neben mir stand, konnte er mir sagen, was er wollte. Was ausgesprochen war, verlor an Delikatesse und blieb kalkulierbar. Auf darüber hinausgehende Sondergeständnisse gab es keine Antwort.

Nur als Dalberg mir eines Abends sagte, daß er eine Aufführung des *Don Carlos* veranlaßt habe und Schiller dazu einladen werde, schrieb ich dem Schwager, er solle sich schon mal um einen neuen Staatsrock kümmern, denn in Kürze gäbe der Coadjutor einen großen Empfang für ihn.

Jedesmal kostete es mich eine größere Überwindung, in das Kastell des Ursus zurückzukehren. Allerorts war ich heiter und vergnügt, doch kam ich nach Hause, schien mir die Luft zum Atmen genommen. Dieses gleichgültige schweigende Aneinandervorbeileben machte mich krank. Ich erschrak, wenn ich in den Spiegel sah: tiefe schwarze Augenränder, eine aschfahle Haut und ständig dieses Zucken im Gesicht, diesen tic douloureux, der mich entstellte. So konnte es einfach nicht weitergehen. Den Entschluß, mich scheiden zu lassen, hatte ich längst schon gefaßt, doch ich hatte immer wieder gezögert, mit jemandem darüber zu sprechen, geschweige denn die amtlichen Schritte einzuleiten. Aber jetzt, das war mir plötzlich klar, mußte ich um meiner selbst willen allen Mut zusammennehmen und handeln. Zum erstenmal war ich froh, daß ich kein Kind hatte, denn das erleichterte die Scheidung.

Als erstes sprach ich mit Lotte darüber und dachte, sie würde sich freuen, daß ich mich endlich durchgerungen hatte, das Quälodram meiner Ehe zu beenden. Statt dessen meinte sie gereizt: »Das solltest du dir gründlich überlegen. Sicherlich ist der Ursus nicht ideal, aber er hat alles, was du brauchst, und den Rest muß sich eine kluge Frau eben selber schaffen.« Ach, mein listig vernünftiges Lottchen! Aufgeregt fragte sie mich: »Und wovon willst du alleine leben? Die Zeiten sind teuer und klamm, und da solltest du genau kalkulieren und nüchtern erwägen, was du riskierst.«

Ich konnte Lottchens Befürchtungen verstehen. Die Mutter zahlte schon für sie und Schiller jährlich eine Summe, und wenn ich nun auch noch versorgt werden mußte, dann blieb der Mama nichts weiter übrig, als Lottchens

Betrag zu halbieren, und das riß eine gewaltige Lücke in ihren Haushalt. Dann mußte sie sich mit Schiller noch mehr einschränken, und das fiel verdammt schwer, weil sie ohnehin schon wenig genug hatten. Aber das änderte nichts an meiner Entschlossenheit. Schließlich hatte ich etwas Geld in der Ehe zurückgelegt, mit dem ich mich bei bescheidener Lebensweise ein paar Jahre über Wasser halten konnte. Die morgendlichen Münztürme, mit denen ich mir einen schönen Tag machen sollte, standen längst auf gutem Zinsfuß. Außerdem hatte ich die Möglichkeit, für den *Historischen Damenkalender* Geschichten und Erzählungen zu schreiben. Zudem ging die Arbeit am zweiten Teil meines Romans dem Ende entgegen. War ich erst einmal frei von diesen seelischen Belastungen und gehörten die Gedanken wieder mir selbst, konnte ich mir vielleicht sogar eine Existenz als Schriftstellerin aufbauen.

Schiller schien dagegen froh, daß ich entschlossen war, einen Zustand zu beenden, der mich unglücklich machte. »Sicher ist die Ehe in den wenigsten Fällen ein Bund der Seelen«, sagte er, »aber wenn es nichts, gar nichts an Gemeinsamkeiten gibt, dann ist sie nur eine Form der gegenseitigen Erniedrigung, und niemand kann dir übelnehmen, wenn du einen solchen Zustand beenden willst.« Solche Worte taten mir gut. Er holte eine Flasche Johannisberger, trank mit mir auf die Zukunft und meinte nach einer Weile: »Dann können wir drei endlich unser bißchen Leben glücklich und angenehm miteinander verbringen, und ich habe dann den ersehnten weiblichen Senat im Hause, dem ich mich gerne unterwerfe.« Offenbar schien er mich immer noch nicht gut genug zu kennen. Zu ihm und Lotte zu ziehen, wäre das letzte gewesen, worauf ich mich eingelassen hätte. Noch ein paar Jahre mochte ich seine geliebte Schwägerin sein, später war ich dann die kinderlose Tante, die es durchzufüttern galt und die man, weil sie seit Vorzeiten zum Inventar gehörte, still seufzend mit durchs Leben schleppte. Schon der Gedanke, jemandem irgendwann einmal zur Last zu fallen, war mir unerträglich. Ich wollte weder das Anhängsel des Schillerschen Haushalts noch die Muse in seinen Diensten sein. Ich wollte meine Selbständigkeit und hatte dafür meine eigenen Pläne.

Als Schiller merkte, daß ich nicht gewillt war, auf sein Herzensangebot einzugehen, sagte er in halb trotzigem, halb drohendem Tone: »Gleich, was kommt – du bist mein, wo du auch bist.« Da er es offensichtlich nicht lassen konnte, irgendwelche undurchführbaren Ideen auf mich zu projizieren, überhörte ich derlei besitzanzeigende Ansprüche, aber im stillen fragte ich mich doch, ob er sich überhaupt noch vorstellen konnte, daß etwas unabhängig von ihm geschah und er nicht der Mittelpunkt war, um den sich alles ganz selbstverständlich zu drehen hatte.

Auch Li und Humboldt weihte ich in mein Vorhaben ein. Li ergriff sofort für mich Partei und war wie immer auf meiner Seite, während Humboldt zögerlich reagierte. Er hatte zwar Verständnis für mich, meinte aber, man müsse bei allem auch den Ursus sehen. Weitschweifig erörterte er dessen Lage, war wieder einmal so schrecklich ausgewogen und wollte keinem unrecht tun. Er zählte auf, was für mich sprach, aber auch was gegen mich sprach. Dieses ewige Bedenken und Abwägen ging mir auf die Nerven. Mir war es um eine klare Entscheidung zu tun, doch er meinte, so einfach sei das alles nicht, und riet mir, unbedingt einen Anwalt zu nehmen. »Ein Anwalt besitzt Auslegungshoheit«, sagte er. »Er lotst dich durch den Dschungel eines abstrakten Rechtsgestrüpps, in dem du dich als Laie hilflos verrennst.«

Das fehlte mir noch! Schon der Gedanke an einen Anwalt ließ einen sanften Groll in mir aufsteigen. Bill mochte ja recht haben, aber ich traute dieser Gattung wenig zu. Ein Advokat lebte vom Zwist der Menschen und war immer nur so einfallsreich, wie man ihn bezahlte. Da ich aber keine Lust hatte, durch ihn arm zu werden oder auch nur einen schlaffen Heller an ihn zu verlieren, hatte ich auch von ihm wenig Beistand zu erwarten. Es war ja bekannt, daß ein Anwalt keinen Wert so sehr schätzte wie den Streitwert. Je höher der lag, desto größer wurde sein Honorar, und mit dem stiegen sein Akteneifer und seine Auslegungskunst. So gesehen war es wohl besser, mich mit meinen eigenen Begriffen von Recht und Moral zu verteidigen.

Ich konnte ja verstehen, daß Humboldt als frisch gekürter Assessor seine Zunft in einem milderen Licht betrachtete. Doch ich hatte eine natürliche Abneigung gegen Anwälte, denen auf der Universität ohnehin nichts anderes beigebracht wurde als die Theorie der krummen Linie, die Geometrica obscura – die Kunst, einen Paragraphen so lange zu drehen und zu wenden, bis er sowohl für das Recht als auch für das Unrecht anwendbar war. Das mochten die Juristen virtuos beherrschen und ihr Rabulistengeschäft als die Krönung des Wissens ansehen, doch ich war nicht gewillt, denen mein Geld hinzutragen, deren Existenz auf einem negativen Prinzip gründete. »Ich hoffe, ich sehe das nicht falsch«, sagte ich zu Bill, »aber in einer Gesellschaft, in der Anstand und Moral Selbstverständlichkeiten sind, braucht es kein Heer von Anwälten. Sie vermehren sich immer nur dort, wo der Morast sich ausbreitet, und darum steht für mich jeder einzelne immer wie der Hahn auf dem Misthaufen.« Li feixte. »Ich bin allerdings auch nicht so naiv, um zu glauben, sie könnten eines Tages einmal aufhören zu krähen. Im Gegenteil, sie scheinen ihren festen Platz in dem bekannten Teufelskreis zu haben.«

»Welchen Teufelskreis?« fragte Humboldt.

»Ganz einfach«, entgegnete ich, »je verkommener es in einem Staate zugeht, je mehr der Wahrheitssinn abhanden kommt, desto zahlreicher werden die Gesetze. Immer mehr Gesetze erzeugen aber immer mehr Streit, und immer mehr Streit macht immer mehr Anwälte nötig, und die wiederum ersetzen den allgemeinen Wahrheitssinn.«

»Dem kann ich nicht widersprechen«, meinte er, und ich erwartete von ihm auch nichts anderes, denn für das Theoretische hatte er stets einen klaren Blick. Nein, ich brauchte keinen Dolmetscher für das, was ich sagen wollte. Für komplizierte Fälle mochte ein Anwalt seine Berechtigung haben. In meinem Fall konnte ich mir selber am besten aus dem Herzen sprechen, und das war bei einer Scheidung wohl auch am überzeugendsten. Außerdem mußte nicht einmal die »unüberwindliche Abneigung« ins Spiel gebracht werden. Genügte doch bei meiner kinderlosen Ehe nach Allgemeinem Landrecht das gegenseitige Einverständnis. Und zur Sicherung des Vermögens der Frau war der Mann ohnehin verpflichtet.

Humboldt beschwor mich, nichts vorschnell zu unternehmen und bei der Höhe der Unterhaltszahlung aufzupassen. Aber vermutlich konnte ich nicht mehr als den standesgemäßen Unterhalt von Beulwitz erwarten. Aber auch das war mir egal. Ob mit oder ohne Verlust – ich wollte diese Ehe nur noch los sein.

Natürlich dachte ich viel darüber nach, wie ich allein zu Rande kommen würde und wieweit ich mich einschränken müßte, denn ich besaß kein zinstragendes Vermögen. Ohne Frage ging ich kargen Zeiten entgegen. Doch andererseits war Geld auch nicht alles, vor allem nicht, wenn es von einem Mann kam, dem ich nicht mehr begegnen wollte. Als ich den Geheimrat Goethe in Weimar besuchte und wir auf die Bezahlung der Autoren und Geld im allgemeinen zu sprechen kamen, meinte er, man könne zu den finanziellen Dingen stehen, wie man wolle – aber Geld sei nun mal das zweite Blut des Menschen. Er sprach lange mit mir über dieses italienische Sprichwort, dem er eine tiefe Wahrheit zusprach. Der Geheimrat mochte ja recht haben, aber ich blieb dabei: Geld war nicht alles. Es ersetzte nicht das Eigentliche, das Unbezahlbare, das das Herz höher schlagen ließ, und nicht die Atmosphäre, die Flügel wachsen ließ.

Kaum hatte meine Mutter davon Wind bekommen, stand sie völlig aufgelöst vor mir und fragte, ob ich verrückt, ob ich wahnsinnig geworden sei, einen Mann wie Beulwitz verlassen zu wollen. Sie redete auf mich ein, von diesen selbstzerstörerischen Plänen abzulassen, und beschwor mich, an die Familie zu denken. Denn schließlich kamen sie alle in den Genuß seiner Großzügigkeit. Neuerdings gab ihr Beulwitz sogar noch den jährlichen Betrag, den sie für Lottchen in die Witwenkasse einzahlte. Wenn ich mich von ihm trennte, war es nur natürlich, daß er die wohltuende Hand von der Familie zurückzog.

Als ich mich von meinem Entschluß nicht abbringen ließ, flehte sie mich an, vernünftig zu sein und wenigstens an mich selbst zu denken, denn als geschiedene Frau verbaute ich mir jegliche Chance. Unter diesen Umständen konnte sie mich nicht einmal mehr am Hofe unterbringen. Verwitwet sein war etwas anderes, war unverschuldet und ehrenhaft, aber geschieden klang nach gescheitert. Eine solche Frau hatte sich aus der Gesellschaft ausgegrenzt und stand jämmerlich allein. »Und wer um Himmels willen soll dann für dich aufkommen?« fragte sie mich. »Wer dich ernähren? Du handelst sträflich leichtsinnig, denn einen Mann mit Ansehen und Position, der dir noch dazu einen solchen Wohlstand bietet, bekommst du kein zweites Mal. Wenn du dich scheiden läßt, dann sage ich dir schon jetzt voraus, wird das dein Ruin sein, und du wirst unweigerlich im Armenhaus enden. Aber sei dir sicher: Ich werde meine übermütige Tochter dort nicht besuchen.«

So einleuchtend aus ihrer Sicht auch alles sein mochte – sie wußte nicht, wovon sie sprach. Ich sah es ihr nach, denn sie war mit meinem Vater glücklich verheiratet gewesen und hatte letztlich doch gar keine Vorstellung davon, daß eine Ehe auch anders sein konnte.

Ich saß beim Frühstück. Die Gardinen waren wie immer zugezogen. Kein morgendlicher Sonnenstrahl drang in den Raum. Alles lag wunschgemäß in einem matten dämmrigen Halbdunkel, damit der Tag nicht mit jäher Helligkeit über den Freiherrn hereinbrach. Beulwitz aß schweigend sein Rührei, trank dazu eine Tasse Hammelbrühe und studierte mit Akribie das *Wochenblatt*. Obwohl seine griesgrämig verschlossene Miene deutlich signalisierte, daß er nicht angesprochen werden wollte, unterbrach ich dennoch seine geheiligte Morgenandacht und sagte: »Ich möchte mich scheiden lassen.« Er schaute kurz von seiner Zeitung auf, zeigte weder Empörung noch Verwunderung, sondern meinte nur: »Ich gebe dir genügend Geld und Freiheit. Für eine Scheidung besteht kein Grund.« Ich fand, es gab sehr wohl einen Grund, doch davon wollte er nichts hören. Er unterbrach mich und stellte in einem geschäftsmäßigen Ton fest: »Du bleibst meine Frau. Alles andere schlag dir aus dem Kopf.« Dann erhob er sich schwerfällig, drückte mir einen steifen Kuß auf die Stirn, legte mir den üblichen kleinen Münzturm auf den Tisch, vergaß auch nicht den fürsorglichen Hinweis: »Mach dir einen schönen Tag« und begab sich ins Amt.

Ich nahm mein Manuskript und die Arbeitsunterlagen, packte meine Koffer und fuhr zur Kur. Ein Kuraufenthalt war immer noch die beste Gelegenheit, sich auf die allergediegenste Weise von seinem Ehemann zu entfernen. Die warmen Mineralquellen und eine strenge Diät konnten mich vielleicht von meinen nervösen Zuckungen im Gesicht befreien.

Auf dem Wege nach Bad Cannstatt besuchte ich Lotte in Ludwigsburg, die hier seit Wochen mit Schiller wohnte und ein Kind bekommen hatte. Eigentlich hatte ich geglaubt, die junge Mutter wäre erschöpft und ermattet von den Strapazen, statt dessen kam sie mir strahlend mit dem neuen Erdenbürger entgegen. Ich begrüßte das pausbäckige Karlchen, Herrn Schiller junior, mit dem nötigen Respekt und überreichte ihm, wie es sich für eine aufmerksame Tante gehörte, eine schöne Erstausstattung und ein Kistchen mit Spielzeug, gratulierte meiner Schwester, die ich noch nie so jung und so glücklich gesehen hatte, und bat um die Erlaubnis, sie ab sofort beneiden zu dürfen. Irgend etwas hatte sich an ihr verändert, doch es blieb keine Zeit, darüber nachzudenken. Sie legte Karlchen schlafen, wir setzten uns zum Tee, und sie weihte mich stolz in das Mysterium der Geburt ein – ein Erlebnis, das sie ihrer älteren Schwester nun voraushatte. Aber was sie schilderte, schien mir unbegreiflich: Schiller schlief. Seine Mutter war bei ihr und auch seine Schwester Nanette. Dr. Hoven überwachte den Geburtsvorgang. Weil er Komplikationen befürchtete, forderte er Lotte auf, den Schmerz herauszuschreien, doch das wollte sie nicht. Schiller sollte nicht geweckt, gestört oder irgendwie geängstigt werden. Sie unterdrückte den Schrei, prustete statt dessen immer nur vor sich hin, und da ihr auch das noch zu laut schien, hielt sie sich mit beiden Händen den Mund zu. Als Schiller am nächsten Mittag ausgeruht zu ihr ans Bett trat, war er glücklich, daß sie die Geburt seines Sohnes so tapfer überstanden hatte und er nach einem erfrischenden Schlaf mit dem *Wallenstein* so gut vorangekommen war.

Daß er gerade in dieser Stunde geschlafen hatte, war für mich alles andere als eine Ruhmestat, doch Lotte sagte stolz: »Du siehst, ich brauchte ihn dazu nicht.« Auf einmal wußte ich, was sich an ihr verändert hatte. Meine Luisa Charlotta Antonetta war nicht mehr die still verhuschte Baronesse, sondern eine selbstbewußte Frau geworden. Vor allem freute sie sich, daß ich ihr die Patenschaft Dalbergs vermittelt hatte. »Wer weiß, wozu es für Karlchen noch einmal gut sein wird, einen künftigen Kurfürsten als Taufpaten zu haben«, sagte sie.

»Schaden kann es auf keinen Fall«, entgegnete ich und war froh, auf diese Weise etwas für meinen ersten Neffen getan zu haben. Nach dem Tee setzte sich Lotte ans Klavier. Ich staunte, daß in dieser bescheidenen Mietwohnung überhaupt ein solches Instrument stand, und erfuhr, daß sie dies zur Bedingung für ihren Einzug gemacht hatten. Lotte hatte in den letzten Monaten noch einmal Unterricht genommen, um ihr Klavierspiel zu verbessern, denn Schiller konnte neuerdings besser arbeiten, wenn sie Klavier spielte. Leise, nur als stimmungsvolle Untermalung im Hintergrund. »Er liebt Gluck. Vom Ritter Gluck kann ich alles auswendig«, sagte sie und spielte die Arie des Paris *Le belle imagini d'un dolce amore.* Ich war verblüfft. »Wenn er gut arbeitet«, fügte sie mit einem verschlagenen Lächeln hinzu, »geht es der ganzen Familie gut.« Auf dem Tisch lagen die Klavierauszüge von *Orpheus und Euridike, Paris und Helena,* von *Iphigenie auf Tauris* – ein riesiger Stapel, den sie inzwischen rauf und runter spielen konnte.

Sie ließ Madeira für mich kommen. Ich lauschte ihrem Spiel und fand es beeindruckend, wie weit sie es auf diesem Instrument gebracht hatte. Plötzlich kam Schiller aus seinem Arbeitszimmer herüber. »Schön, daß du da bist,« sagte er sichtlich nervös. Er schien mich nicht wirklich wahrzunehmen, sondern bat sogleich, uns seinen neusten Text aus dem *Wallenstein* vortragen zu dürfen. Als er vor uns stand, erschrak ich ein wenig und war froh, daß kein Fremder ihn so sah. Sein Schlafrock war voller Tabakflecke. Aus den Taschen hingen die Zipfel der Schnupftücher. Er war unrasiert, barbouillé im Gesicht und an den Händen. Das Haar hing offen und ungekämmt auf die Schultern herab und bedeckte den langen dürren Hals. Ich wußte nicht, ob ich Erbarmen oder Mitleid mit ihm haben sollte. Als er dann vor uns deklamierend auf und ab schritt, glaubte ich, einen aufgescheuchten Hausgeist vor mir zu sehen. Er hatte ja noch nie seine Gedichte gut vortragen können, aber diesmal schwang sich seine Stimme zu einem so singenden Schulmeisterton auf, daß es kaum zum Aushalten war. Ich stellte mich auf ein paar strapaziöse Stunden ein, bemerkte dann aber doch, daß seine Stimme tonvoller wurde, je mehr er der Regung seines Gemüts folgte. Allmählich hörte ich aufmerksamer zu und spürte, wie der Text mich zu fesseln begann. Es freute mich, daß es sich um ein Werk für die Bühne handelte. Offenbar war meine Ermahnung, sich nicht zu verzetteln, auf fruchtbaren Boden gefallen. Schon lange hatte ich keine so geschliffenen Dialoge mehr von ihm gehört. Ich vergaß sein schmuddeliges Habit und war hingerissen, welch ein Charakter mit Wallenstein vor mir entstand. Ich konnte mir gar nicht recht vorstellen, daß diese großartigen Verse im dicksten Tabaksqualm und in dunklen Nächten entstanden sein sollten – noch dazu in Stunden, wo er einmal keinen Katarrh, keinen Husten, keine Krämpfe, kein Ziehen, kein Reißen und keinerlei Schmerzen hatte.

Ich fragte mich, seit wann er wohl diese Handlung mit sich herumtrug, denn er hatte darüber nichts gesagt, auch nichts angedeutet, und ich begriff, daß es mit seinen Bühnenwerken etwas Besonderes auf sich hatte. Er dachte nicht lange darüber nach, zerquälte sich nicht den Kopf, sondern schrieb seine Stücke wie ein Vogel sein Nest baut. Mit sicherem Instinkt fügte er ein Teil ans andere, bis ein Gebilde entstanden war, von dem keiner mehr wußte, ob es als ein Werk der Natur oder der Kunst betrachtet werden mußte. Ohne Frage, mit dem *Wallenstein* baute er etwas Vollendetes. Es gab keinen Zweifel mehr:

Er war nicht einfach nur begabt oder talentiert, nicht einfach nur ein Mann mit begnadeten Anlagen, und er war auch mehr als ein Rebell, Professor und Poet. Er brachte das Ungeformte in eine Form. Alle Gedanken, die unter uns Zeitgenossen verstreut umherschwirrten, schienen sich in ihm zu bündeln. Aus ihm sprach eine Stimme, in der das Jahrhundert seine Töne anschlug. Er sah Dinge, die anderen verborgen blieben. Er war ein Magier. Shaftesbury hätte in ihm die Offenbarung des Allgeistes gesehen. Für mich stand jetzt fest: Wir hatten ein Genie in der Familie.

In Bad Cannstatt fand ich einen Brief meines Cousins vor. Er fragte, ob ich nicht den Sprung ins Alpenparadies wagen wolle, denn wirkliche Erholung sei nur in der schönen Schweiz möglich. Selbstverständlich wollte er mich abholen und mir als chevalier servant sicheres Geleit geben. Eine Woche später hielt ein Reisewagen vor meiner Pension, und ich feierte mit Wilhelm ein Wiedersehen wie nach einer jahrelangen Trennung.

In Zürich mietete ich mir eine kleine Wohnung und ging als erstes zum See. Der Blick auf das Wasser hatte etwas Wohltuendes. Es war, als käme jene heilsame Ruhe aus ihm, die ich dringend nötig hatte. Ich hoffte, mich an seinen Ufern von meinem tic douloureux befreien zu können. Aber sobald ich daran dachte, daß Herr von Beulwitz nicht in die Scheidung einwilligen wollte und ich mich an seiner Seite noch weitere Jahre hinquälen müßte, war der Gesichtsschmerz wieder da.

Jeden Tag ging ich an den See, der wie das Schauspiel einer großen Verwandlung wirkte. Bei Regen stiegen meist filigrane Dunstschleier auf und umhüllten die fernen Bergspitzen mit einem so geheimnisvollen Glitzern, als wollten sie eine Welt hinter der Welt verbergen. Schien die Sonne, glänzte die Wasseroberfläche wie fein geschliffenes Tafelparkett, und der See glich einem hellerleuchteten Walzersaal. Zog Sturm auf, füllten sich die Quais mit Schaulustigen, die darauf zu warten schienen, daß seinen Tiefen ein dämonisches Ungeheuer entstieg. Immer war hier alles in Bewegung, und auch meinen Cousin Wilhelm, meinen cher Guillaume, sah ich hier am Ufer des Zürichsees ganz verwandelt und anders, als ich ihn aus den Briefen kannte. Er war inzwischen weit gereist, war in Marseille und auch in London gewesen, sprach fließend englisch und elegant französisch und hatte im Umgang mit der Welt nicht nur etwas sehr Gewandtes, sondern auch einen Blick für die politischen Zusammenhänge bekommen. Ereignisse dieser Art betrachtete er mit einer so wohltuenden Distanz, daß sein Urteil etwas Unabhängiges und Verläßliches bekam. Seit er in Paris den König das Schafott hatte besteigen sehen, konnte ihn keine politische Unruhe mehr erschüttern. Unumwunden bekannte er, daß der Anblick der Guillotine und der Hinrichtungen auf dem Place de Grève ihn zum Stoiker gemacht hatten. Er sprach viel über die capitale du monde, in der man sich neuerdings zur Durchsetzung der Gleichheitsidee in aller Öffentlichkeit zu duzen hatte, übertrug das revolutionäre Novum gleich auf mich, nannte mich »Bürgerin Caroline« und wurde von Tag zu Tag heiterer.

Je öfter ich mich mit ihm traf, desto mehr vergaß ich, was mich bedrückte. Ich hatte den Eindruck, die verwinkelten Gassen hinter mir zu lassen und eine breite Avenue zu betreten. Überhaupt hatte Wilhelm etwas Leichtes und Sorgloses an sich. Selbst wenn er über seine Zukunft sprach, die völlig im dunkeln lag, tat er es so, daß das Unerfreuliche wie eine vielversprechende Möglichkeit klang. Er war zwar im Auftrag des Herzogs von Württemberg hier, wohnte kostenlos im vornehmen Gesandtschaftshaus, lebte von den kargen Spesen und hatte mit zweiunddreißig Jahren noch immer keine feste Anstellung in Aussicht. Auch seine Bewerbung beim Herzog von Meiningen war abschlägig beschieden worden. Zur Zeit war er nichts weiter als ein Arbeiter im Weinberg des Herrn und besaß momentan keine andere imponierende Bedeutung, als Mensch zu sein. Aber er war ganz sicher, daß sich irgendwann etwas Passendes in der schönen Amtsträgerwelt für ihn finden würde.

Stundenlang konnte ich ihm zuhören, denn aus allem klang ein so großes Selbstvertrauen, daß mir Wilhelm wie die leibhaftige Ermutigung erschien. Ich sprach mit ihm über meine Situation, und er gestand mir, daß er den Tag herbeisehnte, an dem ich geschieden war, denn dann konnte er der Bürgerin Caroline endlich die berühmte Frage stellen. Ich sagte ihm, daß Beulwitz sich nicht scheiden lassen wollte, und Wilhelm meinte nur: »Jetzt, nachdem ich dich in die Schweiz entführt habe, ist der Ursus gezwungen, einzuwilligen. Wenn nicht, macht er sich zum Gespött, und das kann er sich in seiner Position nicht leisten.«

Genauso war es. Als ich wieder das sibirische Kastell betrat, empfing mich der Hausherr mit dem Geschenk zweier Sätze: »Mein Anwalt hat alles eingeleitet. Der Termin wird dir mitgeteilt.«

Das erste Frühstück nach der Scheidung glich einem kleinen Fest. Ich saß allein am Tisch. Die Vorhänge waren aufgezogen und die Fenster weit geöffnet, um den Tag mit seiner Lichtflut bis in die letzte Dielenritze eindringen zu lassen. Der Raum war von einer frischen Sommerluft erfüllt, die nach den Bäumen der nahegelegenen Berghänge duftete. Ich atmete tief durch, als müßte ich den Staub der Vergangenheit aus meinen Lungen pusten. Grigri, dieser stillvergnügte Sonnenanbeter, räkelte sich auf dem Fußboden. Obgleich ich noch im selben Haus wohnte und am selben Frühstückstisch saß, kam mir alles mit einemmal ganz verändert vor, so als wäre von allen Gegenständen eine hölzerne Jalousie gefallen. Morgens am Tisch zu sitzen und in kein griesgrämiges Gesicht schauen zu müssen, keine Sorge zu haben, daß sich diese Trostlosigkeit am Abend wiederholen könnte, und nachts nicht von Gipsbüsten zu träumen – es war wie eine kleine Befreiung. Ich trank meinen Kaffee und stellte mich ans offene Fenster. Als ich hinausschaute, lag alles so unbegrenzt, so klar und hell vor mir, als hätte ich eine Schneise in die Welt geschlagen. Der ganze bleierne Seelenkram fiel von mir ab, und auf einmal wurde mir so leicht, daß ich mich nicht gewundert hätte, wenn mir augenblicklich Flügel gewachsen und ich wie ein Vogel davongeflogen wäre.

Mir fiel ein Strauch auf, den ich bislang nie so wahrgenommen hatte. Ein Sommerflieder, um den die Schmetterlinge wie magisch angelockt gaukelten. Ich fragte mich, wo dieser üppig blühende Strauch plötzlich herkam, und bildete mir ein, er könne in all den Jahren nur an mir vorbeigewachsen oder aus dem Nichts entsprossen sein. Diese unverhoffte Pracht hatte zweifelsohne etwas zu bedeuten. Sie mußte ein Zeichen sein. Vielleicht war das anmutige Gehölz gerade an diesem Ort zu dieser Stunde gesandt, um mich zu begrüßen. Ein eigens für mich geschaffener höherer Willkommensgruß. In Strauchform – warum nicht? Ich dachte an den Walzer, den ich mit Dalberg getanzt hatte, wiegte mich wie die Blütenrispen hin und her, tanzte um den Tisch herum, und plötzlich hatte ich das Gefühl, nach einem langen Umweg mich selber gefunden zu haben. So den Tag beginnen zu können, war ein Genuß. Meine Lage erschien mir gleich in einem ganz anderen Licht. Gewiß, ich mußte den Lebensstil ändern und mich auf strengste Sparsamkeit einstellen, aber ich war voller Unternehmungsgeist. Ich sah das Ende meines Romans klar strukturiert vor mir und wußte, daß es mit dem Schreiben nun zügig vorangehen würde.

Ganz überraschend erschien Schiller. Freudig teilte er mir mit, daß meinem Glück nun nichts mehr im Wege stand. Soeben hatte er die Chère mère im Schloß besucht, um ihr diese gute Nachricht zu überbringen. Vor kurzem hatte sie ihn und Lotte aufgesucht. Sie war völlig verzweifelt, fand keine Ruhe mehr und sah mich als Geschiedene nur noch im Elend versinken. Nun hatte er der teuren Schwiegermama angekündigt, daß er und Lotte mich in ihren Haushalt aufnehmen werden und sie sich um ihre unversorgte Tochter fortan keine Sorgen mehr zu machen brauche. »Ich habe mit Lotte gerade eine größere Wohnung bezogen, in der du ein Zimmer mit einer schönen Aussicht bekommen wirst«, sagte er.

Ich glaubte, mich verhört zu haben. Ein Zimmer mit schöner Aussicht! Das konnte doch wohl nicht wahr sein! Doch er meinte es ernst, denn er hoffte sich in nächster Zeit so gut zu stehen, daß er nicht nur für Frau und Sohn, sondern auch für seine geliebte Schwägerin auskömmlich sorgen konnte. Gerade hatte er mit Humboldt, Fichte und Woltmann ein neues literarisches Unternehmen gegründet, und Goethe hatte bereits seine Mitarbeit an den *Horen* zugesagt. Herder war schon für den beratenden Ausschuß gewonnen worden, und Cotta hatte ihm bereits 450 Gulden Vorschuß auszahlen lassen. Die Dinge standen vortrefflich. Alles fügte sich, und wenn er nun noch seine beiden liebsten Wesen täglich um sich haben konnte, dann wollte er sich zu den steigend glücklichen Menschen zählen.

Ich war außer mir vor Empörung. Was nahm er sich heraus! Wie konnte er sich erlauben, zu meiner Mutter zu gehen und so mir nichts dir nichts festzulegen, wie es mit mir weiterzugehen hatte! Wie kam er dazu, ihr über meinen Kopf hinweg zu versichern, daß er mich in seinen Haushalt aufnehmen werde! Da über mich schon einmal verfügt worden war, hatte ich für derlei Töne ein besonders feines Gehör, denn so etwas sollte mir kein zweites Mal passieren. Ein Zimmerchen mit schöner Aussicht! Soweit kam es noch! Bruder in Christo nahm seine alleinstehende Schwägerin selbstlos in sein Haus. Ein homme de lettres als Familien- und Hausmarschall – was für eine ehrenhafte Kombination. Frau Oberhofmeisterin von Lengefeld konnte mit ihrem Schwiegersohn zufrieden sein.

Schiller stand mit einem so selbstsicher triumphierenden Gesichtsausdruck vor mir, daß ich glaubte, er fühlte sich in diesem Moment in schönster Trinität – Gottvater, Gott-Sohn und Heiliger Geist, und mir fiel keine andere Antwort dazu ein als: »Amen. Amen, liebster Friedrich.« Er sah mich irritiert an, und da ich Mühe hatte, meine Wut zu verbergen, fragte ich ihn lediglich spitz, weshalb er nicht mit seinem Reitpferd gekommen sei, wo ihm doch die Ärzte so strikt Bewegung verordnet hatten. Ihm war unbegreiflich, wie ich mich in diesem Augenblick für eine solche Nebensächlichkeit interessieren konnte. Er bemerkte bloß beiläufig, daß er das Reitpferd verkauft hatte, weil es ihm zu langweilig war, alleine durch die Landschaft zu reiten. »Aber jetzt wird alles anders«, sagte er. »Wenn du erst bei uns wohnst, kann ich mit dir jeden Tag spazierengehen und Gedanken austauschen. Das ist Bewegung genug.«

Ich fand nicht einmal Witz in dieser Bemerkung. Sie zeigte nur, daß er nichts, aber auch gar nichts begriffen hatte. Erstaunlich war allerdings, wie geschickt er vorging, um mich gleichsam auf offizielle und ganz selbstverständliche Art – sozusagen getarnt als ritterlich-großherzige Schwagerstat – in sein Haus zu holen und damit seine Vorstellung von einem schönen innigen Dreierbund zu krönen. Dabei hatte ich ihm erst kürzlich gesagt, daß er sich diese Pläne aus dem Kopf schlagen sollte. Die Zielstrebigkeit, mit der er das alles ignorierte, ärgerte mich besonders. Offenbar gehörte es zu den Eigenschaften eines Genies, beständig um sich selbst zu kreisen und nur auf das zu hören, was ihm angenehm war. Vielleicht hatten sich alle in seiner Umgebung mit seinem einnehmenden Wesen abzufinden, weil er als Blüte des Weltgeistes das natürliche Recht besaß, alles für sich zu vereinnahmen und alles für sich beanspruchen zu können. Wer weiß, was ihm durch den Kopf ging. Doch ob er nun sterbliche oder unsterbliche Stücke schrieb, ob er ein Genie war oder nicht – deswegen konnte er sich noch lange nicht alles erlauben, und es war höchste Zeit, ihm einmal deutlich zu sagen: Ich war niemandes Besitz und niemandes Eigentum, und kein Mensch konnte über mich verfügen. Auch Friedrich Prometheus nicht.

Jäh wurde ich daran erinnert, in einer kleinen Residenz-stadt zu wohnen, denn die Scheidung der Frau Vizekanz-ler avancierte zum Stadtgespräch. Wo ich auftauchte, gin-gen die Köpfe zusammen. Hinter meinem Rücken und vor meinen Augen wurde kräftig getuschelt und geflü-stert, geraunt und gezischelt. Blicke zwischen Mitleid und Häme begleiteten mich. Zu den Empfängen bei Hofe war ich nicht mehr gebeten. Selbst beim großen Sommerfest, wo es auf einen Gast mehr oder weniger nicht ankam, schien ich unerwünscht zu sein. Auch die Einladungen zu den Visiten blieben aus. Ob Großer oder Kleiner Tee – ich war nicht mehr dabei. Abgesehen davon, daß mit mir au-genscheinlich kein Staat mehr zu machen war, bemerkte ich, daß Frauen und Männer mich gleichermaßen mie-den. Die Frauen fürchteten, ich könnte ihnen ihren Mann, den teuren und einzigen, wegnehmen, und die Männer hatten Sorge, ich wollte wieder geheiratet werden und könnte mich wie eine Klette an sie hängen. Damit keine Mißdeutungen aufkamen, wich ich sowohl den einen als auch den anderen von vornherein aus, mied Gespräche und Unterhaltungen mit ihnen, um nur nicht in den Ver-dacht zu geraten, auf der Suche nach einem neuen Ernäh-rer zu sein.

Lediglich auf Dalbergs Rückkehr freute ich mich. Er war monatelang in Regensburg und auch noch beim Kaiser in Wien gewesen. Als ein Bote mir die Einladung in die Re-sidenz überbrachte, ließ ich alles stehen und liegen und fuhr zum Goldschatz. Er wußte bereits von meiner Schei-dung, begrüßte mich mit »Salve Regina« und bot mir wie immer beim Souper den Ehrenplatz an seiner Seite an. Er hatte inzwischen in der *Thalia* Humboldts Abhandlung über den Staat gelesen und fragte mich, was ich davon hielt. Ihm erschien die Humboldtsche Auffassung vom Staat viel zu liberal, und er spielte mit dem Gedanken, einen Gegenessay zu verfassen. Er bat mich, bei Schiller einmal vorzufühlen, ob er so etwas in seiner Zeitschrift abdrucken würde. Plötzlich brach er die Unterhaltung ab, sah mich unverwandt an und sagte: »Ich werde immer eine große Leidenschaft für Sie haben, liebste Caroline, aber für häusliche Glückseligkeiten bin ich nicht geschaffen.« Ich war konsterniert und brauchte eine Weile, bis ich begriff, weshalb er mir dies so unvermittelt sagte. Schließlich hatte ich nichts angedeutet, nichts gefragt und ihm mit keiner einzigen Silbe, geschweige denn mit irgendeinem Zwischenton ein Bekenntnis abverlangt. Mir schien, als wollte er mit dieser abrupten Erklärung in vorauseilendem Eifer verhindern, daß bei mir falsche Hoffnungen aufkeimten. Daß auch er plötzlich die Angst der Männer teilte, ehelich vereinnahmt zu werden und sich in eine Pflicht genommen sah, die niemand von ihm eingefordert hatte, enttäuschte mich. Diese Kleinmütigkeit hatte ich ihm nicht zugetraut.

Ich ließ mir nichts anmerken, sondern überlegte, ob ich ihm antworten sollte; witzig, wie er es liebte, und vor allem so, daß er auch in Zukunft ruhig seinen Nachtschlaf fand. Doch dann zwang ich mich, die Dinge freundlich zu sehen. Der erste Teil seines Elementarsatzes klang schließlich gar nicht so schlecht. Daß Seine Gnaden, Herr Coadjutor von Mainz, eine Leidenschaft für mich eingestand, war unter den gegebenen Umständen mehr als beachtlich. Vielleicht hatte ein Frauenfreund und notorischer Junggeselle wie er sein emotionales Reservoir damit schon voll ausgeschöpft. Ich stellte mich wohl besser darauf ein, daß Dalberg ein Mann für die schönen Stunden war, was ja auch nicht allzu häufig vorkam und wenigstens darum zu den erfreulichen Exemplaren gezählt werden mußte. Ich genoß den Champagner, machte mir meine Gedanken und fand, daß man nach einer Scheidung in Sachen Menschenkenntnis zügig vorankam.

Wieder in meiner Wohnung, war ich in der rechten Stimmung, eine Geschichte für den *Damenkalender* zu schreiben und formulierte schwungvoll den Anfang: Männer – Hechte, Hunde, Haie, Hähne, Hirsche, Hammel, Hengste, Bären, Bullen, Büffel, Böcke, Drachen, Affen, Ochsen, Esel, Wölfe, Füchse, Lämmer, Pfauen, Käuze – die Auswahl ist groß, und keine Frau muß sich fürchten, zu kurz zu kommen.

Wenige Wochen später trug ich Wilhelms Namen. Er gehörte zwar nicht zu den Auserwählten dieser Erde und war nur ein durchschnittlich begabter Mann, wie er mir launig bei seinem Antrag gestand, aber ich war jetzt eine von Wolzogen. Die Trauung fand auf dem Gut seiner Mutter in Bauerbach statt, und da er in wenigen Tagen seinen Dienst antreten mußte, mieteten wir gleich anschließend einen Packwagen samt Aufpackern, um meine Sachen aus der Beulwitzschen Festung zu holen. Während mir Wilhelm dies Gott sei Dank abnahm, fuhr ich nach Jena zu Lotte und Schiller, um zu sagen, daß ich ins schöne Schwabenland zog, und mich von ihnen zu verabschieden. Als ich vor Schillers Tür stand und wie immer in sein Zimmer gehen wollte, kam mir Gottfried, sein Diener, entgegen, versperrte mir den Weg und sagte, daß Herr Schiller keinen Besuch wünsche. Frau Lotte sei aus Angst vor den Pocken mit ihrem Sohn verreist, und Herr Schiller empfange nicht und sei für niemanden zu sprechen. Vor allem nicht für seine Schwägerin. Das habe er ihm ausdrücklich aufgetragen.

Ich wußte nicht, wie mir geschah und was das alles zu bedeuten hatte. Ich drehte auf dem Absatz um und ging sofort zu Li, die mit Humboldt vor kurzem nach Jena gezogen war, um ganz so, wie der Großmeister es gewünscht hatte, in Schillers Nähe zu sein. Von ihr erfuhr ich, daß Schiller vor Eifersucht tobte. Seit meiner Hochzeit war er nicht mehr auf der Gasse gesehen worden, lag mit kaltem Fieber darnieder, klagte über Kopfgicht und kam nicht darüber hinweg, daß ich seinen Studienfreund geheiratet hatte. Er war empört und meinte, ich passe nicht zu Wilhelm und würde den Ärmsten nur unglücklich machen, denn ich sei eine exzentrische Natur und brauche einen Mann, der mir geistig die Zügel anlegte. Meine Heirat sei nicht nur leichtsinnig und unüberlegt, nein, schlimmer – ich hätte ihn mit diesem Schritt um seine schönsten Hoffnungen betrogen. Für Schiller stand fest: Ich hatte ihm alle Freude genommen und alle Magie zerstört. Er wollte mich nicht mehr sehen und nichts mehr von mir wissen.

Ich glaubte, nicht richtig zu hören. Auch Li fand seine Reaktion völlig überzogen und in gewisser Weise rücksichtslos gegenüber Lotte. Dann meinte sie aber, daß darin nur der Beweis lag, daß ich seine große Liebe sei. Schließlich hatte er immer auf meine Scheidung gehofft, damit er endlich mit mir im schönen glücklichen Drei zusammenleben könnte. Und nun schob ich mit dieser Heirat alldem einen Riegel vor. »Irgendwie mußt du seine Enttäuschung auch verstehen«, meinte sie. Ich verstand gar nichts, wollte nichts verstehen und dachte nicht daran, ihm ein solches Betragen zu verzeihen. Mochte er sich auch einen Platz auf dem Olymp erdichtet haben und als

Sonne des Jahrhunderts auf alle niederscheinen – deswegen konnte er sich doch höflich benehmen. Mir hatte noch keiner die Tür gewiesen, und er war der letzte, der dafür auch nur im entferntesten einen Grund hatte. Und wenn Seine Vortrefflichkeit sich in etwas hineinsteigerte, was jenseits aller Realität lag, denn war das nicht mein Problem. Genie hin, Genie her – es war nicht meine Schuld, daß er ein gebrochenes Verhältnis zum Eigentum besaß. Er täuschte sich gewaltig, wenn er meinte, mich unter seine Besitztümer rechnen zu können und nach Belieben darüber zu verfügen.

Je mehr ich mich darüber ärgerte, um so mehr begriff ich auf einmal, daß meine Heirat ein Akt der Vorsehung war. Ohne Wilhelm die näheren Zusammenhänge zu erläutern, sagte ich ihm lediglich, daß Schiller nicht an die Tür gekommen sei, und er meinte nur: »Der Pulsschlag der Freundschaft setzt bei ihm manchmal aus. Männer seines Calibres werden davon öfter einmal heimgesucht. Das kenne ich. Es heißt Schaffenskrise und ist nicht von Dauer.«

Auch die teure Frau Mama machte aus ihrer Enttäuschung keinen Hehl. Sie empfing uns kühl, ja geradezu abweisend, und bot nicht einmal einen Stuhl an. Mag sein, sie maß inzwischen alles an der Größe und Berühmtheit ihres geliebten Schwiegersohns Friedrich, dessen Bücher sie neuerdings dutzendweise kaufte und an jeden verschenkte, von dem sie meinte, daß er Einfluß und Verbindungen besaß. Vielleicht hatte sie erwartet, daß ich ihr in meiner zweiten Ehe wenn schon keinen Erfolgs- oder Geldmann, so doch wenigstens einen kleinen poetischen Halbgott präsentierte, ein Gemisch aus Goethe und Schiller oder Wieland und Herder, damit sie aller Welt zeigen konnte, sie hatte Töchter für Dichter geboren. Doch nun war es nur der unbemittelte von Wolzogen, der seit Jahren in der Welt herumfederte, keine festen Einnahmen hatte, seine elterlichen Güter mit vier Geschwistern teilen mußte und der sich bei günstigster Betrachtung höchstens als ein stellungsloser Schöngeist bezeichnen ließ. Als sie schließlich nach unserem künftigen Wohnort fragte und erfuhr, daß es entweder Stuttgart oder Ludwigsburg, vielleicht aber auch Schaffhausen sein konnte, schien sich ihr Bild von uns beiden Abenteurern zu bestätigen.

Lotte hatte einen Brief hinterlegt. Sie bedauerte, uns nicht sehen zu können, wünschte uns aber voller Überschwang Glück. Das war sehr aufmerksam. Wilhelm drängte zum Gehen. Er wollte nicht in den Regen kommen und mit dem Wagen keine morastigen Wege riskieren, um nicht noch Vorspannpferde mieten zu müssen. Als wir am Kastell des Ursus vorbeikamen, ließ ich noch einmal anhalten, denn etwas fehlte noch. Es war Grigri, mein Hund. Er stand winselnd am Eingang, als hätte er auf mich gewartet. Mit einem Satz sprang er in die Kutsche, und dann fuhren wir los. Vornweg die Neuvermählten, dann folgte der Frachtwagen mit dem, was ich besaß: Kisten mit Büchern, mehrere Truhen mit Wäsche, Porzellan und Tafelsilber und obenauf mein Schreibsekretär, ein wertvolles Möbel mit eingelegtem Schildpatt, das mir mein Vater kurz vor seinem Tode geschenkt hatte. Ich sah mich nicht um, sondern freute mich, daß ich die engen Gassen hinter mir ließ, und hatte plötzlich das Gefühl, als würde ich meinen beiden stillen Leiden – dem trüben Wetter und der Kleinstadt – für immer entrinnen.

* * *

Zwei Jahre war ich nun schon mit Wilhelm verheiratet. Wir lebten in Stein am Rhein, und ich war überglücklich, endlich ein Kind zu haben. Mein kleiner Adolf war munter und gesund, unternahm schon erste kühne Schritte am Laufband und beschäftigte seine Mutter den ganzen Tag. Ich fühlte mich wohl, hatte meine Zuckungen im Gesicht verloren, und oftmals war mir, als hätte ich auf einen Schlag nachgeholt, was in all den zurückliegenden Jahren versäumt werden mußte. Allerdings war ich in einfache, beinahe ärmliche Verhältnisse geraten. Zwar hatten wir zu äußerst günstigen Konditionen ein Haus gemietet, nur konnten wir uns das dazugehörige Personal nicht leisten. So war ich von morgens bis abends mit dem Besorgen des Notwendigen beschäftigt und staunte, in welch kurzer Zeit man sich praktische Kenntnisse aneignen konnte, wenn es die Umstände erforderten. Da wir nicht genug Geld besaßen, um einen ausreichenden Holzvorrat für den Winter zu sichern, heizten wir sparsam zwei Räume und stellten noch eine Glutpfanne auf. Gäste empfingen wir nicht, denn Gäste zu bewirten, hätte zusätzlich Kosten verursacht. Manchmal, wenn wir am Mittagstisch saßen, kam uns unsere Situation fast skurril vor. Immer deckte ich den Tisch mit meinem schönen Porzellan ein, denn schlichtes Gebrauchsgeschirr besaßen wir nicht. Eine solche Anschaffung hätte das karge Haushaltsbudget überfordert. So lag auf den Meißner Tellern oft nur ein Eierkuchen, oder wir aßen Kartoffeln mit Landbutter, jedenfalls immer das Einfachste vom Einfachen. Auch den Kaffee nahmen wir aus dem teuren Tafelsilber, das sich zwar prächtig ausnahm, doch statt dem dazu passenden raffinierten Zuckerwerk und Gebäck lag auf den Kuchentellern meist bloß eine trockene Weizensemmel.

Im Garten hinter dem Haus wandelte ich die letzte freie Fläche in ein Gemüsebeet um. Die eigene Ernte erwies sich als ein Segen für unsere knappen Finanzen. Nie hätte ich mir träumen lassen, daß ich einmal einen großen Teil meiner Zeit mit Graben und Jäten verbringen sollte. Zwar konnte Bewegung an frischer Luft auch dem Körper und dem Geist einer Freifrau nichts schaden, aber ich gestehe, ich hätte genauso gern darauf verzichten mögen. Gemessen an dieser Arbeit empfand ich die Erschöpfung, die sich nach einer langen Lektüre einstellte, weit angenehmer. Daß die Arbeit auf dem Felde nicht schändet, wußte ich längst vom alten Hesiod. Dennoch änderte diese tröstliche Erkenntnis nichts daran, daß meine Situation äußerlich einem gesellschaftlichen Abstieg gleichkam. Insofern war ich froh, daß mich hier niemand kannte und keiner etwas von meinem früheren Leben wußte, sonst wäre ich vermutlich Gegenstand allgemeiner Schadenfreude geworden. Jeder Hausvater hätte seiner Gemahlin an meinem Beispiel demonstriert, daß man nicht ungestraft einen wohlhabenden Mann verläßt. Doch ich hatte nichts zu bedauern. Es war kein tragisches Schicksal, in das ich hineingeraten war – ich hatte es so gewollt und war ohnehin überzeugt, daß dieser Zustand nicht von Dauer sein würde. Bis dahin mußte ich das Beste daraus machen.

Ich bedrängte Wilhelm nicht, machte ihm keine Vorhaltungen und nahm die Dinge, wie sie waren. Der Roman war beendet, meine Agnes hatte zu sich selbst gefunden, ich fühlte mich leicht und frei, wie erlöst von einem inneren Zwang, und genoß Wilhelms Heiterkeit, die geradezu ansteckend auf mich wirkte. Täglich freute er sich aufs neue, daß es mich und Adolf gab, und meinte, solange wir drei gesund waren, konnte von Sorgen oder gar von Armut nicht die Rede sein. Von einem benachbarten Winzer bekam er, mit einem wohlwollenden Rabatt versehen, stets die besten Weine der mittleren Mosel, die wir an den Sommerabenden im Garten tranken. Dabei gab mir Wilhelm meist vergnügliche Einführungen in die Niederungen der Politik. Mal sprach er über die Funktion fetter Prälatenbäuche, dann wiederum charakterisierte er einen abgelebten Minister oder brachte seine Weltsicht auf eine einfache Formel. »So wie das Tier sich der Natur anpaßt«, sagte er, »paßt sich der Mensch der Politik an. Wird er nur lange genug von ihr gedemütigt, erhebt er sich, stürzt die Verhältnisse, schafft sich eine neue Politik und fällt dann in die gleiche Anpassung zurück. Das ist der ewige Kreislauf der Geschichte.« Auch im Winter setzten wir unsere philosophischen Gespräche beim Moselwein fort, saßen am Ofen oder angezogen im Bett, brannten nur ein Wachslicht, um zu sparen, und gewannen unserem Innern so manche schöne Stimmung ab. Es war verblüffend, wie wenig man dazu brauchte.

Von meiner Familie hatte ich seit meinem Umzug an den Rhein nichts mehr gehört. Kein Brief aus Rudolstadt von der Mama, keine Zeile von Lotte aus Jena, kein Ton vom großen Friederich. Nichts außer Schweigen. Vielleicht hatten sie mich abgeschrieben. Vielleicht war ich für sie schon an einem düsteren Rheinfelsen zerschellt, oder sie sahen mich irgendwo als Strandgut treiben – einsam mit meinen Fehlern ringend und den Entschluß zur schnellen Heirat tief bereuend. Wer weiß, wo sie mich ansiedelten. Aber auch ich ließ nichts von mir hören. Zum einen gab es von mir ohnehin nichts Berauschendes zu berichten, zum anderen hatte mich Schwager le Grande schließlich von der Tür gewiesen. Auch wenn er von sich gern behauptete, in ihm sei nichts als die Kraft zum Vortrefflichen, so hoffte ich doch, daß er seine kindischen Wutausbrüche nicht dazu zählte. Gleichgültig ob ein Niemand oder ein Jemand mich an der Tür stehen ließ – das passierte mir kein zweites Mal. Da mußte sich die Tür schon weit öffnen, wenn ich noch einmal meinen Fuß über ihre Schwelle setzen sollte. Ich war froh über die Stille, die zwischen uns eingetreten war. Ich genoß es, fern von den Verwandten zu leben, nicht greifbar, nicht verfügbar zu sein, sondern ganz abseits zu stehen, nur auf meine eigene kleine Familie konzentriert. Es war geradezu wohltuend, keine Fragen gestellt zu bekommen, keine Auskunft geben zu müssen, mit keiner Teilnahme behelligt zu werden und mich vor allem für nichts rechtfertigen zu müssen. Manchmal kam mir der Sprung an den Rhein so vor, als sei ich meiner Freiheit ein Stück nähergerückt. Adolf und Wilhelm, Wolzogen junior und Wolzogen senior, beschäftigten mich so auskömmlich, daß ich niemanden vermißte und mir nichts fehlte. Ja, es tat gut, einmal keine Schwester, keine Schwägerin und keine Tochter, sondern einzig und allein ich selbst zu sein. Es tat gut, ihnen zeigen zu können, daß ich meine Entscheidungen selber traf und meine Vorstellung von Glück sich nicht nach ihren weisen Ratschlägen richtete.

Seit dem Tode des Herzogs Karl Eugen war Wilhelms berufliche Situation von Jahr zu Jahr schwieriger geworden. Ludwig Eugen, der Nachfolger, hielt offenbar alle nieder, die einst sein Bruder gefördert hatte. Nun, da die Franzosen in Stuttgart einmarschiert waren und der Herzog auch noch Mömpelgard verloren hatte, mußte Wilhelm die letzten Hoffnungen auf eine Anstellung begraben. Zwar kümmerte er sich als der älteste von fünf Geschwistern um das Wolzogensche Gut in Bauerbach, doch die Erträge waren so gering, daß keines der Geschwister davon leben konnte. Im Gegenteil, sie mußten verdienen, um das Gut zu erhalten. Doch seit Adolf auf der Welt war, bedrückte Wolzogen die Ungewißheit seiner beruflichen Zukunft. Es genügte ihm nicht mehr, vom Herzog irgendwelche gnädigen Sonderaufträge zu erhalten – mal einen Bau inspizieren, mal in diplomatischer Mission an den Nachbarhof reisen – und dafür nach Belieben honoriert zu werden. Jetzt mühte sich Wilhelm mit doppeltem Eifer um eine gesicherte Position, damit sein Sohn später einmal nichts entbehren mußte. Darin hatte er meine volle Unterstützung. Für Adolfs Zukunft sollte gesorgt sein.

Doch bislang hatte Wilhelm wenig Fortune. An verschiedenen Höfen hatte er sich beworben und immer nur Absagen bekommen. Ich konnte nicht begreifen, daß ein Mann von seiner Bildung und Weltkenntnis kein Fortkommen haben sollte. Allerdings fehlten ihm hohe Fürsprecher und gute Beziehungen. Ohne eine entsprechende Empfehlung schien sich nichts zu bewegen. Ich hätte einige meiner Bekannten bitten können, sich für ihn zu verwenden, aber Wilhelm wollte das nicht. Er meinte, es müßte auf dieser Welt doch möglich sein, daß Kenntnisse und Fähigkeiten für sich selber sprachen. Moralisch hohe Auffassungen hatten natürlich stets meine Sympathie, aber wenn ich sah, daß so mancher Simpelfuß schon viel weiter als Wilhelm war und Männer, die das dümmste Zeug von sich gaben und leeres Stroh droschen, in guten Positionen saßen, dann kamen mir allerdings Bedenken, ob edle Maßstäbe für einen Aufstieg taugten.

Wilhelm war zu Ohren gekommen, daß der Herzog von Meiningen, der vor einiger Zeit seine Bewerbung abschlägig beschieden hatte, ihn angeblich an den Herzog Carl August von Weimar weiterempfohlen hatte. »Es wird viel dahergeschwätzt, um sich die Langeweile zu vertreiben«, sagte er. Doch ich kannte mich in den höfischen Regionen zu gut aus, um nicht zu wissen, daß ein Gerücht niemals aus dem Nichts entstand. Wilhelm hielt weiter erfolglos nach einem Amt Ausschau, hoffte, an dem Gerücht könnte doch etwas dran sein, aber es tat sich nichts. Er war viel zu Hause, spielte mit dem Sohn, und ich sah ihm an, daß er es mehr aus Verzweiflung denn aus Freude tat. Kam die reitende Post, lief er jedesmal zum Tor und war jedesmal enttäuscht, wenn sie beim Nachbarn, einem Haarbeutelmacher, haltmachte, dessen Geschäfte offensichtlich florierten. Nachts lag Wilhelm immer öfter wach. Einmal weckte er mich auf und meinte: »Ein Mann, der seiner Familie kein standesgemäßes Leben bieten kann, ist eine jämmerliche Erscheinung. Ich glaube, Queen Carolin, du solltest dich damit abfinden, einen Versager geheiratet zu haben.« Ich gab mir alle Mühe, ihm solche Gedanken auszureden. Daß ein Mann, der mehr als einen gewöhnlichen Hausverstand besaß, in dieser Welt auch ohne Protektion ein Amt und eine Aufgabe finden konnte, daran hielt ich fest. Ich wollte nicht glauben, daß nur diejenigen in gute Positionen gelangten, bei denen das Gegacker im umgekehrten Verhältnis zur Größe der gelegten Eier stand. Vor allem wollte ich ihm seine Selbstzweifel nehmen, denn dafür war es noch entschieden zu früh.

Überraschend kam ein Brief von Lotte aus Jena. Ich glaubte, meinen Augen nicht zu trauen, als ich auf den Absender schaute, denn immerhin war dies nach fast zwei Jahren das erste Lebenszeichen vom heimatlichen verwandtschaftlichen Musenhof. Lotte ließ mich wissen, daß es all ihren Lieben gutging, und ich fand es sehr aufmerksam, daß sie mich dieser Mitteilung für wert hielt. Sie hatte ein zweites Kind bekommen. Der kleine Ernst, Herr Er, war brav und robust, und Karlchen war erfolgreich inokuliert worden. Sonst wußte sie nichts Neues, außer daß sich der Herzog kürzlich bei Schiller über Wolzogens Charakter erkundigt hatte. Schiller hatte gut für Wilhelm gesprochen und ließ sehr herzlich grüßen. Das allerdings war eine wichtige Nachricht. Sie zeigte, daß sich anscheinend doch etwas im Hintergrund bewegte. Daß das Genie nach der langen Sternenstille nicht einfach nur grüßen, sondern auch noch »sehr herzlich« grüßen ließ, schien mir zusätzlich bemerkenswert.

Noch ehe ich den Inhalt des hohen Sendschreibens gründlich analysiert hatte und mich fragte, was sie bewogen haben mochte, die Tür zu öffnen, kam ein reitender Bote und überbrachte Wilhelm einen Brief vom Herzog Carl August aus Weimar, in dem er ihn um eine Unterredung bat. Wilhelm wartete nicht, bis die Ordinari Post regulär abfuhr, zumal er nicht sicher sein konnte, daß er dann noch einen Platz im Wagen bekommen würde und nicht zum Kutscher auf den Bock steigen mußte, sondern leistete sich den Luxus, einen courrier de diligence zu nehmen. Er griff damit zwar unsere eisernen finanziellen Ressourcen an, hatte so aber wenigstens die Gewißheit, pünktlich in Weimar zu erscheinen. Um Kosten zu sparen, wollte er mir keine Vorabnachricht über den Ausgang des Gesprächs senden, und so blieb mir nichts anderes übrig, als zu warten, bis er aus Weimar zurückkehrte.

Nie hätte ich geglaubt, daß Warten eine so anstrengende Tätigkeit sein könnte. Ich wollte etwas tun, um meine Nervosität zu verlieren, aber es gelang mir nicht. Obwohl ich mich dagegen wehrte, daß dieses Gespräch entscheidend für unsere Zukunft sein sollte, dachte ich doch unablässig daran und wurde von Tag zu Tag ungeduldiger. Ich versuchte, mich so gut es ging abzulenken. Hätte es eine Komödie in dem kleinen Ort gegeben, wäre ich wohl Abend für Abend dorthin geflüchtet. Ich griff nach einem Buch, das mir Wilhelm kürzlich mitgebracht hatte, und las *Die Leiden der jungen Wertherin*. Der Text langweilte mich. Die Umkehrung der Geschichte war nicht gelungen, und so legte ich das Buch enttäuscht zur Seite. Ich spielte mit Adolf, doch mir fehlte die Geduld, mit ihm auf dem Boden herumzurutschen und aus archimedischen Würfeln Türme zu bauen. Ich ging in den Garten, zupfte wahllos Unkraut, hackte, harkte Wege, und während ich meine Küchenscholle bearbeitete, fragte ich mich, ob es überhaupt noch Sinn hatte, hier etwas in den Boden einzubringen. Dann redete ich mir ein, nie den Glücksfall vorauszusetzen, um nicht anschließend enttäuscht zu werden. Aber ich wehrte mich auch, davon auszugehen, daß es mit einer Anstellung womöglich nichts werden könnte. Um die Zeit noch drastischer abzukürzen, ging ich in den kommenden Tagen mit Dunkelwerden zu Bett. Ich quälte mich, einzuschlafen, wachte nachts wieder auf, sprang aus dem Bett, zündete ein Wachslicht an, sah nach Adolf, bis schließlich der Nachtwächter laut vor dem Haus aufforderte, das Licht zu löschen, weil Schlafenszeit sei. Früh am Morgen und noch einmal am Nachmittag ging ich mit Adolf die Straße hinunter, auf der Wilhelm kommen mußte, und war enttäuscht, wenn ich wieder nichts von ihm sah. Schließlich, nach fast einer Woche, begann ich aus Verzweiflung das Haus aufzuräumen. Ich putzte alle Räume, scheuerte die Fußböden, wischte überall akribisch Staub, bürstete die Kleider aus, tat alles mit besessener Energie und war froh, endlich eine Tätigkeit gefunden zu haben, die das Warten verkürzte. Herumsitzen und Reflektieren hätten mich restlos zermürbt.

Dann, an einem späten Nachmittag, erscholl plötzlich ein Hornsignal. Ich schaute aus dem Fenster und sah, wie die Nachbarn an die Fenster eilten, um den Ruhestörer zu fixieren. Vor dem Haus stand Wilhelm wie ein siegreicher Kavallerist. Ich lief die Treppen hinunter, rannte auf ihn zu, doch er hatte schon aus dem Felleisen eine Flasche Champagner geholt, ließ den Korken knallen und rief freudestrahlend: »Frau von Wolzogen, es ist geschafft. Ab sofort steht Ihnen ein Kammerherr in fester Anstellung mit 400 Talern Besoldung zur freien Verfügung. Das klingt doch nicht übel, oder?«

Der Umzug nach Weimar mußte gut vorbereitet werden. Ich bat Frau von Stein, uns bei der Suche nach einer Wohnung behilflich zu sein, denn in dieser Stadt waren Wohnungen rar und teuer. Schon nach kurzer Zeit hatte sie ein schönes Haus mit einem Mietzins von 100 Talern ausfindig gemacht. Leider hatte es einen kleinen Pferdefuß – ihm gegenüber lag das Narrenspital. Es war zwar zur Zeit nicht belegt, wie sie schrieb, aber allein die Vorstellung, es könnte jederzeit seinem Bestimmungszweck zugeführt werden und ich müßte täglich den Anblick von Tollhäuslern, Irren, Lahmen und Buckligen ertragen, war Grund genug, nach einem anderen Domizil Ausschau zu halten. Schließlich entschieden wir uns für ein Haus gegenüber der Hauptwache des Schlosses. Dahinter erhob sich zwar eine Ruine, was auch nicht gerade ein erhebender Anblick war, aber dies schien mir immer noch erträglicher, als ein Irrenhaus vor sich zu haben.

Vor allem wollte ich mit mehreren Packwagen in Weimar einziehen. Bei all diesen neugierigen Gaffern und Klatschmäulern, die in einer Residenzstadt erheblichen Einfluß auf die allgemeine Stimmung nehmen konnten, machte es immer Eindruck, wenn viele Kisten, Koffer, Truhen und Möbel ins Haus geschleppt wurden. Das zeigte, daß der Neuankömmling etabliert war, und nötigte von vornherein Respekt ab. Da ich in Weimar viele Bekannte hatte, konnte ich es mir erst recht nicht leisten, nach meiner Scheidung auch nur eine Spur von Ärmlichkeit durchschimmern zu lassen. In einem kühnen Entschluß belieh ich das zu erwartende Gehalt Wolzogens, nahm Wilhelmine Schwenke, eine junge Pfarrerstochter, in meine Dienste und ließ im Nachbarort von einem tüchtigen Schreiner noch einige Möbel anfertigen, insbesondere etliche Bücherschränke, einen großen ausziehbaren Mahagonitisch und vierundzwanzig dazu passende Stühle. Von unserem Winzer kaufte ich mehrere Kisten mit Rhein- und Moselweinen. Eine bessere Gelegenheit, sich mit Weinen aus den besten Lagen einzudecken, kam so schnell nicht wieder. Noch besser wäre es gewesen, wenn wir mit Kronleuchtern und Seidentapeten angekommen wären. Dann hätten die Auspacker, die ich mir in Weimar mieten mußte, wirklich etwas zu erzählen gehabt, aber diesen Luxus gab mein Kredit nicht her. Mir reichten auch so schon die Schulden, die ich machen mußte, um standesgemäß in die kleine Residenzstadt einzuziehen und damit von Anfang an einen gewissen Anspruch zu dokumentieren.

Sorge bereitete mir Grigri. Er war inzwischen so altersschwach, daß die kleinen Dackelbeine seinen Körper immer mühseliger zu tragen schienen. Den ganzen Tag über lag er lieber behaglich im Sessel, als daß er noch irgendeinem Jagdtrieb hätte folgen wollen. Darum ließ ich eigens einen größeren Korb weich auspolstern, damit er ohne Beschwerden die Reise vom Rhein an die Ilm überstand und wie ein Grandseigneur seinen Fuß auf den heiligen Weimarer Boden setzen konnte.

Kaum daß die Turbulenzen des Umzugs überstanden waren, erhielt Wilhelm einen Brief von Schiller. Er gratulierte ihm zum Weimarischen Kammerrat, freute sich, daß der Freund seiner Jugend in seine Nähe gezogen war, und hoffte auf ein baldiges Wiedersehen der beiden Familien. Im Briefeschreiben war Schwager Friedrich ja stets unübertroffen, aber diesen kleinen Willkommensgruß fand ich innerhalb der Verwandtschaftsdiplomatie ganz besonders geschickt. Der Ton war herzlich, der Zeitpunkt gut gewählt. Anscheinend hatte der befreite freie Geist endlich eingesehen, daß er nicht alle nach seinem Bilde prägen konnte, und sah meine Heirat nun in einem anderen Licht. Mir sollte es recht sein. Doch was auch immer ihn zur Einsicht gebracht haben mochte – ich hatte es nicht eilig, ihn zu besuchen. Erst einmal mußte Wilhelm seine Antrittsvisiten absolvieren, denn bei den entscheidenden Leuten seinen Tee zu nehmen, gehörte gleichfalls zu den wichtigen Ankunftsritualen eines Regierungsbeamten. Selbstverständlich stattete ich zuerst Frau von Stein einen Besuch ab, um mich für ihre Bemühungen um unsere Wohnung zu bedanken. Dann meldete ich mich bei Geheimrat Goethe und Major von Knebel und konnte auch Frau Konsistorialpräsident Herder nicht übergehen. Das nahm Zeit in Anspruch.

Wilhelm wollte den Besuch bei Schiller nicht allzuweit hinauszögern. Er wußte zwar, daß seinem Studienfreund unsere Heirat nicht gepaßt hatte, aber er kannte nicht das wahre Motiv. Er glaubte, Schiller wäre aus Mitleid mit Beulwitz gegen unsere Heirat gewesen, und meinte, er sei nun mal ein einfühlsamer Charakter, ein Poet, der immer nur das Glück anderer wollte. Ich ließ ihm diesen rührenden Glauben. Alles andere hätte nur unnötig Dinge dramatisiert, denen ich jede Dramatik nehmen wollte. Außerdem war nichts im Leben so veränderlich wie ein Gefühl. Jede nachträgliche Betrachtung richtete da nur Schaden an. Das erste freie Wochenende hatte Wilhelm für einen Besuch bei Schiller vorgesehen. »Laß uns nach Jena fahren«, sagte er, »schließlich hat Schiller auch beim Herzog gut für mich gesprochen.« Ich hielt das unter Freunden für selbstverständlich, aber Wilhelm meinte: »Selbstverständlich ist heute gar nichts mehr.« So putzte ich meinen Adolf auf das feinste heraus, kaufte ihm noch einen Fallhut aus blauem Atlas, in dem er besonders süß aussah, und fuhr mit Wilhelm zu Schwester und Schwager.

Wir kamen sehr zeitig in Jena an. Ich ließ am Markt halten, um Li zu besuchen. Es gab ein freudiges Wiedersehen. Sie hatte gerade ihr drittes Kind bekommen, und wir führten uns stolz unsere Stammhalter vor. Sie sagte mir, daß Humboldt vor einigen Tagen nach Paris abgereist sei, gleichsam als Quartiermacher, denn sie wollte ihm bald mit den Kindern folgen. Ich wußte, daß sie mir die Heirat mit Wolzogen ein wenig übelgenommen hatte. Sie war der festen Überzeugung, daß ich Frau von Dalberg geworden wäre, wenn ich dem Goldschatz mehr Zeit gelassen hätte. Aber es war nun mal nicht meine Art, still ergeben auf einen Mann zu warten, bis er sich irgendwann gnädig für eine Ehe entschied. Um so mehr freute es mich, daß sie Wilhelm, den sie das erste Mal sah, mit großer Zuvorkommenheit begegnete. Sie war auch gleich mit ihm im Gespräch, denn er gab ihr gute Tips für den Einkauf in Paris, was ihr sichtlich imponierte. Obwohl wir nicht lange bleiben wollten, ließ sie sofort Tee servieren und weihte uns in alle heimischen Neuigkeiten ein. Wir erfuhren, daß Goethe und Schiller die dicksten Freunde geworden waren. Der Herzog Carl August hatte dem Geheimrat eine gut gefederte Halbchaise geschenkt, und damit kam er fast jeden Tag aus Weimar herüber, um Schiller zu besuchen. Meist sah man die beiden wie Peripatetiker am Ufer der Saale im Paradies wandeln. Oft gingen sie auch in den Botanischen Garten, oder wenn es Schillers Gesundheit zuließ, stiegen sie zum Landgrafen hinauf. War Vollmond, wagte Goethe nachts die Rückfahrt nach Weimar, aber meistens logierte er im Schloß. Auch Schiller fuhr häufig nach Weimar und wohnte dann mehrere Tage beim Geheimrat. Das hörte ich gerne, hatte es doch immer etwas Erfreuliches, Stifterin einer Freundschaft zu sein.

Vertraut mit den neusten Nachrichten aus deutschen Dichterhäusern, fuhren wir schließlich bei Schwester und Schwager vor. Ich stellte mich auf einen freundlich-kühlen Empfang ein, machte mich auf eine leicht verkrampfte, aber langsame Annäherung gefaßt und war um so überraschter, daß die beiden freudig an die Kutsche kamen und so taten, als hätte es nie eine Zeit des Schweigens zwischen uns gegeben. Lotte umarmte mich, Schiller nahm mir gleich Adolf ab, behielt ihn auf dem Arm und geleitete uns heiter ins Haus. Als wir an der Kaffeetafel Platz nahmen, beschäftigte sich Schiller noch immer mit Adolf, was bei ihm schon deshalb ungewöhnlich war, weil er Kinder immer nur dann nett fand, wenn er sich nicht mit ihnen befassen mußte. Plötzlich stand auch noch Karlchen völlig lehmbeschmiert im Raum. Wir alle waren mit einemmal von so viel Familie umringt, daß Schiller fast wehmütig zu Wolzogen sagte: »Wer hätte gedacht, lieber Wilhelm, daß deine Cousinen einmal unser Leben bestimmen sollten. Vor zehn Jahren haben wir zum erstenmal in dieser Runde zusammengesessen, und nun sind wir sogar Verwandte geworden, und der Kreis schließt sich noch enger.« Mit einem vielsagenden Lächeln deutete Lotte auf die Kuchenteller, und ich sah, sie hatte dasselbe Gebäck servieren lassen wie damals: Hirschhornkuchen, Fettkrapfen, Rosinenwecken und vierteilig geflochtene Nikolauszöpfe. Letztere paßten zwar nicht in den Frühlingsmonat, aber es war eine schöne Geste, die zeigte, sie wollte an die alten Zeiten anknüpfen und freute sich, daß wir vier wieder vereint waren.

Schiller wollte wissen, ob ich mit meinem Roman vorangekommen sei. Ich fand diese Frage sehr aufmerksam.

Schon lange hatte sich keiner mehr nach dem Fortgang meiner Prosa erkundigt. Die Teilnahme an meiner Arbeit tat mir so gut, daß ich alles Vorangegangene vergaß und versöhnt mit ihm war. »Der Roman ist fertig«, sagte ich. »Er heißt *Agnes von Lilien*. Ich bin jetzt dabei, einen Verleger zu suchen.« Schiller bat mich, ihm das Manuskript zu schicken. »Wenn es sich eignet«, meinte er, »würde ich gern ein paar Auszüge in den *Horen* vorabdrucken.« Ich versprach ihm die Sendung mit der nächsten Post. Lotte wollte uns nicht länger vorenthalten, daß es auch bei ihnen eine Neuerung gab. Sie hatten sich ein Haus gekauft. Ein Gartenhaus, in dem sie den Sommer über wohnen konnten. Schiller drängte darauf, uns seinen neuen Besitz vorzuführen. Da die Kutsche für unsere Rückreise vor der Tür stand, war die Gelegenheit günstig, und Augenblicke später saßen wir dichtgedrängt mit vier Personen und drei Kindern im Wagen und fuhren in den Garten an der Leutra.

Kaum daß der Schwager eigenen Boden betreten hatte, schritt er so gewichtig aus, daß es keines zweiten Blickes bedurfte, um zu erkennen, der einstige Rebell hatte sich endgültig in einen stolzen Haus- und Grundbesitzer verwandelt. Adolf auf dem Arm, führte er uns fast aufgeregt von Baum zu Baum, zeigte uns die Blumen, verwechselte ständig ihre Namen und kannte im Grunde nur die Kaiserkrone, die er von Goethe geschenkt bekommen hatte. Vor jedem Strauch blieb er ungeduldig stehen, sagte, daß er noch sehr viel lernen müsse, plante überall große Veränderungen und hastete die Wege entlang, als wollte er versäumtes Unternehmertum nachholen. Eine größere Fläche hatte er für Obstbäume vorgesehen. Eine Sommer- und Winterapfelsorte wollte er haben und selbstverständ-

lich Kirschen. Ammernkirschen wie bei Wieland in Oßmannstedt und alle Bäume natürlich mit schönen vollen
Kronen. Da ich wußte, daß Obstbäume nicht billig zu haben waren, bemerkte ich: »Am besten, du machst es wie
Kotzebue. Der läßt sich von allen Freunden und Bekannten, die ihn besuchen, Obstbäume schenken, versieht sie
mit dem Namen der Spender und verspricht ihnen, beim
Verzehr der Früchte ihrer dankbar zu gedenken.«

»Wenn schon unser reicher Kotzebue solche Geschenke
nötig hat, kann ich mir ausmalen, was auf mich armen
Mann demnächst zukommen wird,« entgegnete Schiller
und lief zum Spargelbeet, das Lotte zu seiner Freude
bereits mustergültig angelegt hatte. Hinter dem Haus
plante er einen großen Gemüse- und Kräutergarten, denn
vom Ertrag des eigenen Bodens sich ernähren zu können,
hielt er für ein besonderes Zeichen von Fleiß und Tüch-
tigkeit.

So schön sich seine Vorhaben auch anhörten – mir wurde
himmelangst, wenn ich daran dachte, daß letztlich die
ganze Arbeit bei Lotte blieb. Zwei Haushalte, zwei kleine
Kinder, nur eine Magd und einen Mann, der auf der Stelle
alles wachsen und blühen sehen wollte und von Monat
zu Monat Traumernten erwartete. Meine Schwester war
nicht zu beneiden. Ich hatte einen Steintisch mit einer
Holzbank entdeckt, auf der ich mich ein wenig ausruhen
wollte, doch Schiller drängte zur Hausbesichtigung. Während ich mit Lotte und den Kindern ihr künftiges Reich im
ersten Stock inspizierte, war er mit Wilhelm schon unter
dem Dach und besprach mit ihm den Plan für einen Umbau. Selbstverständlich mußte noch aufgestockt werden,
und er hatte auch an einen Turm gedacht, in dem er sein
Arbeitszimmer einrichten konnte. Auch hier wollte Schil-

ler am liebsten mit allem sofort beginnen, doch Wilhelm bremste seinen Eifer und meinte, er solle sich den Zeitpunkt genau überlegen. »So ein Umbau kostet Nerven«, sagte er, »denn Handwerker im Haus sind ein böses Leiden – vor allem für den, der geistig arbeiten muß. Nie werden sie zum Zeitpunkt fertig, nehmen alle Räume für sich in Anspruch, und Rücksichtnahme gehört nicht zu ihrem Auftrag. Du kannst diese Poltergeister erst ins Haus lassen, wenn du eine größere Arbeit beendet hast.« Das leuchtete Schiller ein. »Du machst mir doch die Bauzeichnung«, sagte er zu Wilhelm. »Ich denke, am besten wäre es für alle, wenn du dich überhaupt um den Umbau kümmerst. Du weißt ja, ich verstehe davon nichts.«

»Selbst wenn er wollte, könnte er sich nicht damit befassen«, meinte Lotte zu mir. »Er steckt jetzt tief im *Wallenstein*. Und außerdem kann er mit Bauleuten nun mal nicht umgehen. Wilhelm ist da viel praktischer veranlagt, und schließlich ist er ja vom Fach.« Ich sagte nichts und fragte mich nur im stillen, ob die beiden sich überhaupt vorstellen konnten, daß andere auch etwas zu tun hatten. Daß Wilhelm gerade sein Amt angetreten hatte, schien nicht zu zählen, da die familiäre Arbeitsteilung offenbar feststand: Schiller war mit dem Geistigen und Unsterblichen befaßt, während der praktische Schwager Wolzogen in irdischen Fragen zur Hand zu gehen hatte. Wilhelm schien zu ahnen, was da an Vereinnahmung auf ihn zukam. Er sah mich halb hilflos, halb verzweifelt an, als wollte er sagen, daß ihm wohl nichts anderes übrigblieb, als einem homme de lettres beizustehen und sich auf diese Weise als freundlich-hilfsbereiter Mensch in die Verwandtschaft einzuführen.

Kaum hatte ich mein Manuskript an Schiller abgeschickt, befielen mich heftige Zweifel. Er hatte noch nie ein Kapitel daraus gelesen und wußte über den Inhalt nicht mehr, als daß ich den Weg einer Frau zu sich selbst beschreiben wollte. Er las ja stets Proben seiner Texte im Familienkreis vor, aber darauf hätte ich mich niemals eingelassen. Eine Arbeit mußte abgeschlossen sein, bevor man sie dem Urteil anderer aussetzte. Sonst bestand die Gefahr, daß von außen in den Prozeß des Schreibens eingegriffen wurde und man womöglich verunsichert auf eine andere Spur gelenkt oder von den vorgezeichneten Handlungssträngen abgebracht werden konnte. Jetzt allerdings war ich mir auf einmal gar nicht mehr so sicher, ob das richtig gewesen war. Vielleicht hätte auch ich vorher einmal prüfen sollen, wie dieses oder jenes Kapitel beim Leser ankam. Dann wäre ich auf alles ganz anders vorbereitet gewesen. Ich wußte schließlich, daß nichts so sehr der Willkür des Subjektiven unterlag wie das Urteil über einen Roman. Wo der eine begeistert war, winkte der andere bloß ab. Die Reihenfolge des Entzückens konnte ich mir gut vorstellen: Erst las es der Schwager, dann gab er es Lotte, schließlich tauschten sich beide darüber aus, und zu guter Letzt waren sie sich womöglich einig, daß ich meine Zeit hätte nützlicher verbringen können. Vielleicht zählten sie mich auch mit wohlwollender Nachsicht zu denen, die besser reden als schreiben konnten und darum letzteres lassen sollten. Dann stand ich in der Familie als die Blamierte da, und es lachten nicht nur Lotte und der große Poet, sondern auch die Chère mère und Frau von Stein und alle, die mich kannten. Womöglich hieß es dann gar: Weil sie einen Dichter in der Familie hat, glaubt sie auch schreiben zu können. Auf einmal sah ich mich von lauter

Peinlichkeiten umringt, gezeichnet als eine Möchtegern-poetin, wie es derer nicht wenige auf der Welt gab. Je mehr ich mich in solche Gedanken hineinsteigerte, um so schlimmer war mir zumute, und ich hätte mich am liebsten verkriechen mögen. Und selbst wenn Schiller es in den *Horen* abdruckte, konnte ich mir nicht einmal sicher sein, ob er es nur tat, um mir einen Gefallen zu tun, als nette verwandtschaftliche Geste sozusagen, oder weil er einfach seine Zeitschrift füllen mußte. Schließlich dachte ich daran, wie sehr es Wolzogen in seinem Amt schaden konnte, wenn sich herumsprach, daß sich seine Frau mit belletristischen Versuchen in der Öffentlichkeit lächerlich machte. Ich bereute es, Schiller das Manuskript geschickt zu haben, bereute, den Roman geschrieben zu haben und wünschte mir, nicht eher aufzuwachen, als bis alles vorüber war und keiner mehr wußte, wovon da gesprochen wurde.

Während ich mich noch mit der Frage quälte, ob ich nicht alles noch rückgängig machen sollte und wie das zu bewerkstelligen sei, fand ich meine *Agnes von Lilien* in den *Horen* abgedruckt. Ich erschrak, wie schnell das alles gegangen war. Glücklicherweise gehörte es zum Stil der Zeitschrift, den Verfasser nicht zu nennen, so daß ich anonym blieb und abwarten konnte, wie das Urteil ausfiel. Erst mal hörte ich nichts, doch dann sagte mir Wilhelm, daß ein Rätselraten eingesetzt hätte, wer den Roman geschrieben haben könnte. Friedrich Schlegel hielt Goethe für den Verfasser, was einigen Kreisen angeblich sehr glaubwürdig erschien. Das allerdings klang für mich verheißungsvoll. Caroline Schelling schwärmte ihren Bekannten vor, daß in diesem Roman der Reichtum und die Anmut eines großen Kopfes lag, tat so, als kenne sie den

Verfasser, der selbstverständlich nur ein Mann von Rang sein konnte. Körner hatte gleich seinem Freund Schiller geschrieben und ihn für den trefflichen Vorabdruck der *Agnes* gelobt, die auch er für das Produkt eines guten Kopfes hielt. Kosegarten hielt Jacobi für den Verfasser, war sich aber nicht ganz sicher, weil ihm Jacobis Verschwommenheit mit der Klarheit der *Agnes von Lilien* im Widerspruch stand. Es schien, als wollten die Nachrichten aus der schönen belletristischen Welt kein Ende nehmen.

Überraschend stand Schiller vor unserer Tür. Lotte begleitete ihn. Er packte einen Stapel Briefe aus, die ihn auf den Vorabdruck erreicht hatten und die ich unbedingt lesen sollte. »Selten habe ich so viel Beifall für einen Beitrag bekommen wie für deine *Agnes*«, sagte er. Offensichtlich war er mit dem Echo hochzufrieden. Sogar Cotta hatte ihm gratuliert, weil die *Horen* diesmal einen so guten Absatz fanden. Und nicht nur das: Cotta hatte ihn gebeten, künftig mehr solcher Beiträge in seine Zeitschrift aufzunehmen, die bei den weiblichen Lesern auf Interesse stießen, weil das den Verkauf steigerte. »Mit deiner *Agnes*«, sagte Schiller gutgelaunt, »sind wir auf dem richtigen Wege.« Für dieses Sätzchen hätte ich ihn umarmen mögen, besann mich aber rasch darauf, daß eine Autorin noch andere Ausdrucksmittel besaß. Doch der Schwager hatte eine noch viel größere Überraschung: Unger aus Berlin wollte den Roman in beiden Teilen geschlossen zur Herbstmesse auf den Markt bringen. Schiller bot mir an, die Verhandlungen mit dem Verleger zu führen und vor allem mir bei der Enddurchsicht zu helfen. »Du solltest noch einiges straffen und an einigen Stellen mehr Handlung einbauen. Das kann dem Ganzen nur wohltun.

Wenn du dies auf dich nehmen willst, bleiben dir dafür nur ein paar Wochen, und das heißt, ab jetzt jede Stunde für die Arbeit am Manuskript zu nutzen, denn vor dem Erscheinen ist immer alles eilig.«

»Aber die Zeit, einen Wein zu trinken, haben wir wohl noch«, warf Wilhelm ein und ging fröhlich an unser Rhein-Mosel-Depot. Wir tranken auf die *Agnes von Lilien*, und ich freute mich, daß Schillers *Horen* dadurch einen guten Absatz fanden, denn er bangte von Mal zu Mal, daß sie eingestellt würden. Und dann lag plötzlich eine große Bauzeichnung auf dem Tisch. Wilhelm und der Schwager beugten sich wie zwei Generäle über den Schlachtplan. Während sie Materialien, Preise und alle Details des bevorstehenden Umbaus berieten, nahm Lotte mich zur Seite, um mir das Allerneuste zu meiner *Agnes* mitzuteilen. »Vor Tagen besuchte Beulwitz die Mama, mit der er noch immer ganz eng ist«, sagte sie, »und brachte ihr die *Horen* mit. Er meinte, da sei eine wunderbare Geschichte über eine Agnes von Lilien drin, die sie unbedingt einmal lesen müsse. Übrigens«, fügte Lotte hinzu, »hat er wieder geheiratet. Eine Frau, die Schiller den ›Einzigen‹ nennt. Naja.«

»Hat ihm die Mama etwas gesagt?« fragte ich und Lotte sagte: »Nein. Kein Wort. Aber mir scheint, sie hat die Delikatesse der Situation sehr genossen.« Lotte fand es amüsant und geradezu bizarr, daß eine Frau, die sich physisch von ihrem Ehemann getrennt hatte, geistig bei ihm wieder Einzug hielt, und sah darin einen großen Stoff für eine Komödie. Doch für mich klang alles, was mit ihm im Zusammenhang stand, eher nach einer Schauerballade. Ich wollte nichts weiter davon hören und nicht an ihn erinnert werden. Aber Lotte hatte noch eine viel köstlichere

Nachricht. »Seine Exzellenz, der Herr Coadjutor von Dalberg, hat Schiller auf feinstem Velinpapier zu seinem neusten Roman *Agnes von Lilien* gratuliert. In jeder Zeile will er seine Meisterhand erkannt haben. Ist das nicht putzig?« Das allerdings war nun wirklich ein Grund, um vergnügt das Glas zu erheben.

Ursprünglich hatte ich gedacht, Lotte könnte sich darüber mokieren oder mir neiden, daß ich ins Dichterfach aufstieg, zumal sie selber vorhatte, einen Schwank zu schreiben, und sich seit kurzem in der Poeterey versuchte. Doch sie nahm meinen Roman ganz anders wahr, als ich es vermutet hatte. Über Sprache, Stil, Figuren, Charaktere, Gehalt und Handlung verlor sie kein Wort. Sie tat so, als würde es den Inhalt gar nicht geben, als sei der Roman eine Schale ohne Frucht, eine Nuß ohne Kern. Vielleicht überging sie den Inhalt ganz bewußt, um mir zu zeigen, daß sie nur den einen Dichter auf der Welt akzeptierte, mit dem sie verheiratet war. Nur über Schillers Texte lohnte es aus ihrer Sicht zu reden. Alles andere, was so entstand, war bloß gutgemeint; Versuche, die es auch geben mußte, episch bemüht, was sonst. Darum sprach sie nicht mit mir über die künstlerischen Seiten. So wollte sie mir indirekt zu verstehen geben, daß ich in diesen Fragen nicht zuständig war. Was mir gelungen war, konnte nur Zufall sein. Und was einem zufiel, bedurfte keiner ernsthaften Analyse. Doch für das ganze Drumherum, für die Debatten, die der Vorabdruck ausgelöst hatte, interessierte sie sich brennend. Wer wo wie reagierte, das verfolgte sie auf das genauste und sammelte mit akribischem Eifer die Urteile der anderen über mich, um sich dann gemeinsam mit mir daran zu ergötzen. Natürlich hätte sie nie schlecht über meinen Roman gesprochen, denn was Schiller in seiner Zeitschrift abdruckte, konnte nicht schlecht sein. Insofern hätte sie immer für mich Partei ergriffen, denn ein Angriff gegen die *Agnes* war ein Angriff auf Schillers *Horen*. Doch ich machte mir keine Illusionen: Gut an meinem Roman fand Lotte lediglich die Tatsache, daß über ihn geredet wurde. Darin lag Stoff zur Unterhaltung. Über das andere, die Kunst, sprach sie nur mit ihm, denn nur er war dafür kompetent.

Schiller dagegen ging es allein um den Inhalt. Er stürzte sich geradezu begierig auf meinen Roman, sprach nur noch von der *Agnes*, las das Manuskript mehrere Male, machte mir Vorschläge für mehr Handlung an dieser und mehr Handlung an jener Stelle, ließ alle seine literarischen Geschäfte liegen und diskutierte mit mir über die Charaktere der Hauptfiguren, über Agnes und Nordheim und ihr Verhältnis zueinander. Je mehr er sich damit befaßte, um so mehr hatte ich den Eindruck, daß ihm mein Roman gelegen kam, um ganz sachlich und unauffällig an die alten Zeiten anzuknüpfen. Vielleicht hatte ich mich in seinen Augen durch mein geistiges Produkt angenehm verdoppelt, liebte er doch immer zwei Erscheinungen desselben Gefühls. Ich spürte, wenn er über Agnes sprach, konnte er mir wieder nahesein, ohne mich anzusprechen oder meinen Namen nennen zu müssen. Er brauchte nichts zu erwähnen von dem, was gewesen war, brauchte auf sein Schmollen und Grollen nicht mehr einzugehen, denn nun war Agnes da, der er sich ganz widmen konnte. Indem er das tat, war alles gesagt und alles erklärt. Agnes schlug die Brücke, auf der wir uns wieder trafen – allerdings auf einer anderen, versachlichten Ebene, die mir eines deutlich machte: Seine Liebe hatte sich verlagert.

Früher war ich es, jetzt galt sie der Agnes; für ihn war es eine Person. Sich nicht mit mir, sondern mit meinem Phantasieprodukt zu beschäftigen, gab dem Verhältnis zur Schwägerin, seinem einst leider sterblichen Engel Caroline, etwas Unauffälliges, Klares und Legitimes. Über die Agnes konnte er mir begegnen, ohne einen Konflikt von irgendeiner Seite heraufzubeschwören. Schließlich durfte man sich für eine Romanheldin getrost begeistern, ohne in den Verdacht zu geraten, die Autorin zu lieben. So war es gut. Das Genie hatte eingesehen, daß ich ganz unabhängig von ihm meine Entscheidungen traf und mich nicht vereinnahmen ließ. Endlich hatte er akzeptiert, daß ich über mein Leben selbst bestimmte. Das war ein Gewinn, im Kreise der Verwandtschaft ein echter Schritt nach vorn. Aber Schiller als Mentor zu haben, konnte nicht schaden.

Das Echo auf den Roman war überwältigend. Obwohl ich auf dem Titelblatt als Verfasserin nicht genannt war, ließ sich diesmal die Autorschaft nicht länger verschweigen, und ich wollte es auch nicht. Alle sollten wissen, daß ich und kein anderer *Agnes von Lilien* geschrieben hatte. Schließlich brauchte jeder einmal eine kleine Huldigung von außen, ein paar Augenblicke, in denen er stolz auf sich selbst sein konnte. Viele davon gab es ja nicht, aber wenn sie denn kamen, mußten sie genossen werden. Lange genug hatte ich daran gearbeitet. Ob ich ein zweites Mal einen so voluminösen Roman von 820 Seiten schreiben würde, war nicht sicher. Nun aber war der Erfolg da, und es gab keinen Grund, ihn ins Anonyme verrinnen zu lassen. Schiller hatte den Namen der Verfasserin Goethe gesagt, Lotte ihrer lieben Patentante, und schon wußte es die Kalb, und Frau Herder fragte mich ganz direkt, ob es stimme, was Fräulein von Göchhausen behauptete. Geheimrat Voigt beglückwünschte Wolzogen, bald sprach der ganze Hof darüber, und von dort gelangte die Nachricht zu Li, die mir aus Paris einen Gratulationsbrief schrieb und ganz hingerissen von meinem Epos war: »Gereiftes Urteil, fließende Diktion und gewandte Darstellung – Du hast deine *Agnes* für uns alle geschrieben.« In jeder Zeile Jubel und das Summa summarum im P.S.: »Mehrmals gelesen und vielfach verschenkt.« Ich wußte, wenn es Li gefiel, dann hatte ich die Sprache gebildeter Frauen getroffen.

Frau von Kalb, die seit ihrer Scheidung in engen finanziellen Verhältnissen lebte, ließ sich gleich mehrere Exemplare von mir signieren und sagte, daß ich sie fortan unter meine enthusiastischsten Bewunderer rechnen dürfe. Selbst Wilhelm, der inzwischen fast jede dienstliche Fahrt nach Jena mit einem Besuch bei Schwester und Schwager verband, schon um den Fortgang des Umbaus zu überwachen, brachte immer eine schöne Nachricht für mich mit. Vor kurzem ließ mir Schiller ausrichten, daß Goethe sich geehrt fühle, für den Verfasser der *Agnes* gehalten zu werden, und daß er derzeit mit ihm über meinen Roman korrespondiere. »Unsterbliche Gemahlin, was willst du mehr?« sagte Wilhelm gutgelaunt. »Wer unsere beiden Genien beschäftigt, kann kein gewöhnlicher Kopf nicht sein.«

Besonders angetan war Frau von Stein. Sie war zwar immer freundlich zu mir, doch seit sie den Roman gelesen hatte, schien sie wie aufgebrochen und suchte meine Nähe. Sie lud mich zum Tee und war über die große Wirkung meiner *Agnes* keineswegs erstaunt, im Gegenteil.

Allerorts, meinte sie, breiten immer mehr Schwätzer ihren poetischen Kramladen aus, verpacken ihre Plattheiten entweder in gewöhnlicher Salbaderei oder in einem arroganten Philosophenton und maßen sich an, über Frauen zu schreiben, deren Seele ihnen so fremd wie die Wahrheit ist. »Dieses flache Zeug will doch kein Mensch mehr lesen«, sagte sie. »Ihr Roman aber hebt sich von all dem wohltuend ab.« Sie wußte, wovon sie sprach, denn sie hatte ja selber erst vor kurzem ihr Trauerspiel *Dido* vollendet. Doch dann sagte sie auf einmal, daß ich im Vergleich zu Lotte in einer beneidenswerten Lage sei. Ich hatte mich zu mir hinentwickelt und meine geistige Selbständigkeit mit diesem Roman bewiesen, was doppelt hoch zu schätzen war, wenn man im Umfeld eines Genies leben mußte. Ihr brauchte niemand etwas von genialen Männern zu erzählen. Sie kannte deren Eigenheiten, und heute war sie soweit, daß sie ihre Kochberger Kuhwirtschaft der Gesellschaft eines genialen Mannes vorzog. »Glauben Sie mir, meine Liebe, die großen Geister trocknen einem die Adern aus.« Sie sah es ja an Lotte, ihrem lieben Lottchen, wie sie immer mehr ihre eigene Meinung aufgab und nur noch das sagte, was Schiller sagte. Sie hatte den Eindruck, Lotte kam sich selbst abhanden. Und es wunderte sie nicht. Lotte hatte kaum noch Abwechslung, war den ganzen Tag zu Hause, diente still ergeben ihrem Dichter, der unbeweglich am Schreibtisch saß, keinen Besuch wollte und keine Besuche machte. Die arme Lotte! Früher hatte sie so gern getanzt, ließ keine Redoute und keinen Maskenball am Hofe aus, nahm an allen Festlichkeiten teil und war ein lebenslustiger Mensch. Seit sie mit der Heirat ihren Stand aufgegeben hatte und nicht mehr zu den Festlichkeiten des Hofes gebeten war, saß sie immer nur zu Hause und mußte auf all das verzichten. Nein, Lottchen war nicht zu beneiden. »Ich bin mir nicht sicher, ob Ihre Schwester das Leben gewollt hat, das sie jetzt führt«, sagte Frau von Stein. »Sie dagegen haben es geschafft. Sie haben sich aus dem Bann des Genies gelöst.«

Ich hatte noch nie Lottes Situation aus diesem Blickwinkel gesehen. Aber ich merkte auch, ich war schon lange nicht mehr ihre Vertraute. Mit mir hatte sie über diese Dinge kein Wort gesprochen, im Gegenteil: Alles, was sie betraf, verbarg sie vor mir und hob den Stolz auf ihren Hausgott um so stärker hervor. Vielleicht änderte sich das alles auch wieder, aber im Augenblick war zu viel Trubel um mich her, als daß ich mich damit hätte befassen können.

Überraschend erschien Wieland. Er bestellte mir Grüße von Frau Rat Goethe aus Frankfurt und gratulierte mir zu meiner *Agnes*. »Als alter Hase und Kenner der Szene möchte ich Ihnen einen Rat geben«, sagte er. »Legen Sie Ihre Bescheidenheit ab! Sie brauchen sich hinter keinem zu verstecken und hinter niemandem zurückzutreten! Sie haben sich mit einem vorzüglichen Roman in die Literatur eingebracht und sich einen Anspruch erworben, hier mitzureden. Laut und deutlich. Ihre Stimme wird in Zukunft ihr ganz eigenes Gewicht haben.« Daß Wieland, der Götterbote, sich eigens von Oßmannstedt in seinem schweren Landauer auf den Weg gemacht hatte, um mir das zu sagen, wollte schon etwas heißen. Ich wußte allerdings nicht, was er mit »Bescheidenheit« meinte. Vielleicht wollte er mir sagen, daß ich gegenüber den Zeitungsleuten nicht so zurückhaltend sein sollte, daß ich mehr Wirbel um meine Person machen und mich ab sofort ins öffentliche Gespräch einbringen sollte. Womöglich war es ihm um eine noch größere Wahrnehmung des Romans zu tun. Vielleicht aber wollte er mir auch nur zu verstehen geben, daß ich von jetzt an zum geistigen Weimar gehörte, was schließlich mehr als ein Wandeln auf dem lokalen Parnaß war und Ehre und Verpflichtung bedeutete. Wie auch immer – ich freute mich, daß er gekommen war, und genoß den Erfolg meines Romans wie ein großes privates Glück. Zwar hatte Erfolg die Eigenschaft, daß er zu jeder Stunde gelegen kam, aber für mich hätte es keinen besseren Zeitpunkt geben können. Immerhin hatte mich die teure Frau Mama schon auf der abschüssigen Bahn gesehen und sich geschämt, wenn die Rede auf ihre verlorene Tochter kam. Am liebsten wollte sie meinen Namen aus jedem Gespräch verbannt wissen, und nun konnte sie es kaum erwarten, den Damen des Hofes kundzutun, daß nicht Schiller oder Goethe, sondern ihre Tochter die *Agnes von Lilien* verfaßt hatte. Jetzt war sie stolz auf mich. Einen Dichter als Schwiegersohn und eine Schriftstellerin als Tochter. Das ließ sich sehen.

Sie besuchte mich in unserem Haus in Weimar, brachte mir Kants Schrift *Vom ewigen Frieden* mit, die sie für mich eigens in Leder hatte binden lassen, und schenkte ihrem Enkelsohn die wertvolle goldene Sprungdeckeluhr meines Vaters. Ich sollte sie für Adolf gut verwahren, damit er sie später als Erinnerungsstück an seinen Großvater tragen konnte. Natürlich war ich sehr erfreut, aber mehr noch überrascht über diese großzügige Geste, denn bisher hatte die gute Mama eigentlich immer nur an Lotte und deren Familie gedacht, weil sie mich, ihre älteste Tochter, für gut versorgt hielt und ihr Herz nun mal für die Bedürftigen schlug. Behutsam erkundigte ich mich, wie Adolf zu dieser Ehre käme. Sie lächelte und meinte: »Vermutlich wird er dein einziges Kind sein. Bestimmte Stücke sollten in der Familie bleiben und von einer Generation an die andere übergeben werden. Dein Vater war ein tüchtiger und angesehener Mann, und wenn Adolf groß ist und diese Uhr betrachtet, kann er immer mit Stolz sagen, daß sie einmal sein Großvater getragen hat. Solche Erinnerungsstücke halten eine Tradition lebendig.« In diesem Punkte war der aparten kleinen Frau nicht zu widersprechen. Allerdings interessierte mich, wieso sie davon ausging, daß Adolf mein einziges Kind bleiben würde. »Wer einen so schönen Roman geschrieben hat«, sagte sie, »der kann nur in der Welt der Kunst richtig zu Hause sein. Für den sind Kinder und Mann bloß Zubehör und nicht das eigentliche Leben. Und ich glaube nun mal ganz fest daran: Alles ist so eingerichtet, daß niemand den Ort seiner Bestimmung verfehlt.« Das waren so die überraschenden Einsichten, mit denen die Mama immer wieder eine Weitsicht offenbarte, die unwillkürlich die Achtung vor ihr erneuern mußte.

Vor allem aber freute ich mich für Wolzogen. Jetzt sah jeder, daß er keine Frau aus zweiter Hand geheiratet hatte, keine abgelebte, die irgendwo auf der Strecke geblieben war und barmherzig aufgesammelt werden mußte, sondern eine Frau, von der man mit Respekt sprach. Das stärkte seine Stellung am Hofe. So im Mekka der Literatur, im gelobten Weimarland Einzug zu halten, war natürlich noch überzeugender, als mit einer kleinen Frachtwagenkarawane anzukommen.

Natürlich fragte ich mich, was die anderen an meinem Roman so begeisterte, denn es war eine ganz einfache Geschichte, die ich mir ausgedacht hatte: Eine Prinzessin liebt heimlich einen Grafen. Als ihr Vater, der Fürst, davon erfährt, läßt er Agnes, das Kind aus dieser Beziehung, für tot erklären und den Grafen verbannen. Nordheim, ein Freund des Grafen, bringt Agnes heimlich zu einem Prediger, wo sie aufwächst und sich in Nordheims Sohn verliebt. Durch viele Intrigen erfährt der Fürst schließlich, daß Agnes seine Enkelin ist. Er läßt sie entführen und will sie zur Ehe mit Julius von Alban zwingen, um die verjährte Familienschande auf diese Weise zu verdecken. Doch Agnes, die Nordheim liebt, wehrt sich gegen diese Ehe und findet über viele Ränke hinweg nach dem Tod des Fürsten in die Arme ihres Geliebten. –

Eigentlich nichts Besonderes und ganz aus dem Leben gegriffen. Erst als ich Humboldts begeisterte Rezension las, wußte ich, was andere an meinem Epos so faszinierte. Für ihn war *Agnes von Lilien* kein beliebiger Roman, in dem sich eine äußerliche Begebenheit an die andere reiht, sondern hier wurde der innere Weg einer Heldin gezeigt. Hier ging es um die Klarheit, Wahrheit und Freiheit des Denkens und Empfindens, um die innere Gestalt der Seele, um eine Frau, die gesetzmäßig ihren Empfindungen folgt und dabei ihr Verhältnis zur Welt gestaltet. Agnes, schrieb er, zeigt durch den ganzen Reichtum ihrer Individualität, wie man über den Ausbau der inneren Kräfte und Fähigkeiten ein Gefühl von sich selbst erlangen und damit sein Schicksal bestimmen kann. In der inneren Bildung, der inneren Harmonie, die sie die bleibende Gestalt der Glückseligkeit nennt, liegt die eigentliche Berührung des Menschen mit dem Menschen. Liegt die Prägung, der Glanz, der von innen kommt und auf die anderen übergeht, liegt das gestaltende Prinzip des Lebens.

Humboldt hatte mich verstanden. Er war meinen Intentionen gefolgt. Was wollte ich mehr? Daß gerade er das aus meinem Roman herauslas, bedeutete mir besonders viel. Denn er gehörte zu meinem engsten Kreis. Wann all diese schönen Worte über mich in der *Jenaischen Allgemeinen Literaturzeitung* zum Druck erschienen, interessierte mich weniger. Wichtig war für mich nicht, was in den Zeitungen stand, sondern das andere, die Anerkennung aus meinem nächsten Kreis. Das war das Entscheidende. Hier spüren zu können, daß ich auf jeden von ihnen eine Wirkung erzielt hatte durch das, was ich war – eine größere Bestätigung gab es nicht. Ich hatte etwas von meiner Art, die Dinge zu sehen, ihnen mitgeteilt, hatte etwas von meinem Wesen zum Ausdruck gebracht, und sie nahmen es auf – das war, als hätte ein Teil von mir in ihnen Wurzeln geschlagen, als hätte sich meine Existenz vergrößert, denn mit einemmal bekam sie eine geistige Präsenz. Ich fühlte deutlich: Seit ich mich mit meinem Opus *Agnes* der Welt der Ideen angereiht hatte, sah man mich in meinem nächsten Kreis in einem anderen Licht. Zwar hatte ich nie das Gefühl, irgendeinem von ihnen unterlegen zu sein. Die Unterhaltungen mit mir wurden immer als Anregungen empfunden. Li hatte mir schon mehrfach prophezeit: »Wenn du so gut schreibst, wie du sprichst, wird dein Roman einen großen Effekt machen.« Doch das gesprochene Wort besaß etwas Beliebiges. Jetzt, da sich meine Sichtweise im geschriebenen Wort manifestiert hatte, kam es mir so vor, als würden meine Gedanken ein größeres Gewicht bei meinen

Freunden und Verwandten erhalten. Ich hatte plötzlich das Gefühl, daß alles, was ich zu ihnen sagte – und sei es auch nur beiläufig –, sehr viel ernster genommen wurde, als es einem spontan hingeworfenen Gedanken zukam. Mir schien es plötzlich, als wollten sie aus allem, was ich sagte, immer auch eine Gesetzmäßigkeit des Geistes heraushören. Das mutete mir wie ein Aufstieg an.

Meine Gedanken wurden vom Poltern eines Frachtwagens unterbrochen, der vor unserem Hause hielt. Ein Kurier des Hofes ließ sich bei mir melden, um mir ein Geschenk des Herzogs zu überbringen. Noch ehe ich überlegen konnte, worum es sich handelte, trugen zwei Packer einen elegant gearbeiteten zierlichen Kabinettschrank herein. Meine Freude über dieses prächtige Möbel war so groß, daß ich es sogleich an einen repräsentativen Platz im Salon stellen ließ, denn es sollte dem Eintretenden als erstes ins Auge fallen. Schließlich wurden nur ganz wenige Dichter vom Herzog Carl August mit derlei Aufmerksamkeiten bedacht, und da ich seit heute offenbar zu diesen wenigen gehörte, wollte ich schon zeigen, was ich hatte, und mit der herzoglichen Wertschätzung nicht hinter dem Berg halten.

Als der Kurier und die Träger gegangen waren, betrachtete ich in aller Ruhe das kleine Paradestück, zog die Schubläden auf und fand einen Brief des Herzogs. Er gratulierte mir zur *Agnes von Lilien*, wünschte, daß ich noch viele Romane schrieb, und hatte darum eigens einen Sekretär mit vielen Schubfächern für mich ausgewählt, damit ich all meine kommenden Manuskripte darin bequem unterbringen konnte. Das war mehr als eine schöne Geste, mit der er seine Erwartung als Leser an mich zum Ausdruck brachte. War doch die Neugier auf das nächste Buch die Anerkennung an sich. Ich setzte mich an meinen Sekretär, um sogleich einen Dankesbrief zu schreiben, und dachte, daß ich wohl die einzige Frau eines Hofbeamten war, die sein Dienstherr, der Herzog, mit einem solchen Geschenk beehrte. Ich hatte zwar kein Geld mit in die Ehe gebracht, aber mit einemmal zeigte sich, daß ich ideell gesehen gar keine so schlechte Partie für meinen cher Wilhelm war.

Seit meiner Scheidung wußte ich, daß den Gesprächen in einer kleinen Residenzstadt mehr Beachtung geschenkt wurde als jeder offiziellen Bekanntmachung. Nicht nur, daß sich alles um den Hof drehte, nein, es floß auch alles wieder dorthin zurück und ließ aus so manch beiläufigem Geschwätz eine Staatsaffäre werden. Immer wurde ein Blick hinter die Kulissen erwartet, denn nichts war unterhaltsamer, als Internes aus erster Hand zu erfahren. Dessen war ich mir bei all den nachmittäglichen Teestündchen sehr wohl bewußt und stellte mich darauf ein, denn ich war ja nicht nur als Autorin, sondern auch als Frau des Kammerrats von Wolzogen geladen. Gleich, ob unter vier oder mehr Augen geplaudert wurde – ob es noch so gemütlich und noch so vertraut zuging –, ich vermied es strikt, mich über Abwesende zu äußern, noch dazu, wenn sie das allgemeine Interesse auf sich zogen. Aber auch über mich wollte ich so wenig wie möglich sagen und sparte den so beliebten Themenkreis um Krankheit und Gesundheit aus. Was ging es die Leute an, wo es mich zwickte, mit welchen größeren und kleineren Übeln ich zu kämpfen hatte, was mir der Arzt empfahl oder welche Salben ich benutzte. Je weniger Privates sie wußten, um so weniger konnten sie weitertragen.

Vor allem sprach ich nie über Geld. Sobald dieses Sujet auch nur entfernt berührt wurde, bemerkte ich selbst in der schläfrigsten Runde eine erwachende Aufmerksamkeit. Dabei kam es nicht auf eine Summe an, die man möglicherweise unbedacht im Gespräch fallen ließ. Zahlen wurden ohnehin nicht erwartet. Es war allein der Ton, aus dem die Schlüsse über die finanziellen Verhältnisse gezogen wurden. Sprach man beiläufig oder gar zu selbstverständlich vom Geld, wurde das nicht nur als leicht protzig empfunden, sondern weckte auch bei dem, der sich einschränken mußte, den Neid. Ehe man sich versah, galt man in der Stadt als die Frau mit dem dicken Portemonnaie, worin nicht unbedingt ein Verdienst gesehen wurde. Auch in einem sorgenvollen Ton vom Geld zu reden, machte keinen guten Eindruck, denn damit schloß man sich von vornherein aus den Benefizkreisen aus und wurde zu jenen gezählt, die sich um die Wohltätigkeit drücken wollten oder es tatsächlich zu nichts gebracht hatten. Wie auch immer der Geldton angeschlagen wurde, er endete in einem Mißklang. Und natürlich erwähnte ich nichts, was Rückschlüsse auf die Dotation des Mannes zugelassen hätte. Gerade die Frauen von Hofbeamten rechneten ständig mit und stellten insgeheim Vergleiche an, was ich mir und sie sich nicht leisten konnten. Unter diesen Umständen war es das Klügste, die allgemeine Teuerung zu beklagen. In der Entrüstung darüber rückte man zusammen und fühlte sich nahe. Da kam Sympathie auf.

Schließlich war es auch geraten, sich über die Familienmitglieder bedeckt zu halten. Natürlich hoffte so manche begeisterte Schiller-Freundin, daß ich sie mal so richtig in den Suppentopf gucken ließ. Was der große Poet aß, wann er schlief, wann er arbeitete, wie seine Krankheit wirklich hieß und wie oft in der Woche der Arzt kommen mußte. Jedesmal lächelte ich höflich und bat, ihn selber zu fragen, bis es sich herumgesprochen hatte, daß ich für derartige Auskünfte nicht zuständig war und die lästigen Fragen nicht mehr gestellt wurden.

Eigentlich ließ sich bei alldem nur noch über Unverfängliches wie Kinder, Hund und Garten reden. Doch Damengeplauder dieser Art gehörte zum allgemeinen Papperlapapp, und ich verabscheute nichts so sehr, als sich gegenseitig zu langweilen. Sicherlich wäre es für eine Autorin naheliegend gewesen, über Literatur zu sprechen, war dies doch immer ein beliebtes Thema. Aber in Weimar über Literatur zu reden, mündete zwangsläufig in ein Gespräch über Literaten. Da es sich bei letzteren im gewissen Sinne um meine Kollegen handelte, schien mir auch hier dringlichst Zurückhaltung geboten. Schon ganz gern hätte ich etwas über die neusten Arbeiten von Goethe, Kotzebue, Schiller, Herder, Wieland oder Vulpius sagen mögen, nur wäre es sofort als Zustimmung für diesen und Ablehnung gegen jenen hinausgetragen worden. In einer kleinen Stadt mit still verfeindeten Dichterkreisen zu leben, verlangte kein geringes Geschick. Jedes Parteinehmen hätte die Zerstrittenen nur noch weiter auseinanderdividiert, und die Gegensätze aus nichtigem Anlaß zu vergrößern, nützte keinem. Nein, über Literatur ließ sich nur reden, wenn man die Literaten nicht zu Nachbarn hatte.

So sprach ich meist über etwas, das weit unpopulärer war, aber doch nicht weniger amüsierte: über unsere Philosophen. Natürlich nicht über meinen geliebten Königsberger Apoll und so ernsthafte Dinge wie seinen kategorischen Imperativ, wohl aber über seine kritizistischen Schüler. Am Teetisch alles nach dem Ich und Nicht-Ich des Herrn Fichte einzuteilen, hatte einen hohen Unterhaltungswert. Seine neuste Bestimmung des Menschen aus dem Satz zu deuten: »Ich nenne mich ich und dich du; du nennst dich ich und mich du; ich liege für dich außer dir, wie du für mich außer mir liegst« – das waren so die köstlichen Nachmittagsrätsel zum Zuckergebäck, die die Gespräche auf Höhen hoben, wo man niemandem ins Gehege kam. Zudem brachten sie mich in den Ruf, eine ganz im Geistigen lebende Frau zu sein. Das war das beste und gefiel mir. So ließ es sich im geheiligten Weimar unter all den Erben des Lichts gut aushalten. Man war dabei und stand trotzdem fern aller Zwistigkeiten. Für mich und Wilhelm nicht die schlechteste Position.

Überrascht war ich von Dalberg. Er ließ mich zum Crayonnieren bitten. Ich wußte von Goethe, daß die Fürsten Künstler übers Land schickten, damit sie Zeichnungen von Berühmten für sie anfertigten. Daß der Coadjutor mich in diese Kategorie erhob, war nicht nur recht schmeichelhaft, sondern auch eine geschickte Form, sich mir wieder anzunähern. Goethe lehnte inzwischen zwar ab, sich crayonnieren zu lassen, weil zu viele ihn mit diesem Ansinnen behelligten und er damit nicht länger seine Zeit vergeuden wollte. Zu mir war noch niemand deswegen gekommen. Doch seltsam mutete mir Dalbergs Wunsch schon an: Erst wich er einer Heirat aus, weil er angeblich für die häuslichen Glückseligkeiten nicht geschaffen war, dann ließ er lange nichts von sich hören, schließlich gratulierte er Schiller zu seinem neuen Roman *Agnes von Lilien* und wollte auch noch in jeder Zeile dessen Meisterhand gespürt haben und nun, da die Autorin Caroline von Wolzogen allerorts im Gespräch war, baute er mir offiziell diese kleine Ehrenpforte, mit der er sich privat wieder ganz elegant in Erinnerung brachte. Vielleicht wollte er aber auch das Private damit vergessen und mich fortan nur noch als eine lesenswerte Autorin betrachten, die Beachtung verdiente. Wie auch immer – es konnte einer Schriftstellerin nicht schaden, wenn ein mächtiger Mann ihre Bücher schätzte. Wenn jedes Walzertänzchen so endete, durfte man schon recht zufrieden sein.

Ich war neugierig, was Dalberg in Auftrag gegeben hatte. Der Künstler erschien pünktlich. Er hatte sich eine Woche vorher angemeldet, so daß ich darauf eingestellt war, mich zeichnen zu lassen. Er erklärte mir lang und breit, daß Dalberg keine einfache Skizze und schon gar keine Studie wünsche, sondern eine ausgeführte Zeichnung in Auftrag gegeben hatte. Nicht mit Bleistift oder Kreide auf Papier, nein, in feinster Form, mit Silberstift auf Pergament. Der Herr Coadjutor scheute keine Kosten. Vielleicht hatte er die Absicht, die Zeichnung seiner kleinen Bildergalerie einzuverleiben. Möglicherweise sollte es aber auch nur ein Blatt der Erinnerung sein, das irgendwann zwischen den Deckeln eines Folianten verschwand. Wahrscheinlicher schien mir, daß er damit seinen Gästen demonstrieren wollte, daß sich die Verfasserin der *Agnes von Lilien* extra für ihn hatte crayonnieren lassen, denn ich sollte eigenhändig meinen Namen unter das Bild setzen. Mir sollte es recht sein, wenn er sich auf diese Weise als Liebhaber der Literatur ausweisen wollte.

Während ich für den Goldschatz nahe dem Fenster geduldig Modell saß, hatte ich Zeit, über seine Motive nachzudenken. Ich unterhielt mich mit dem Zeichner und erfuhr von ihm, daß er auch für andere hohe Herren unterwegs war und bislang nicht nur Dichter, sondern auch Schauspieler, Philosophen und Tänzerinnen zur vollsten Zufriedenheit seiner Auftraggeber crayonniert hatte. Je länger ich mit ihm sprach, desto bereitwilliger gab er mir über die Berühmten Auskunft, und ich zweifelte nicht, daß er zum Zwecke der Unterhaltung auch noch die eine und andere Geschichte erfand. Plötzlich ging die Tür auf, und Adolf stürzte weinend ins Zimmer. Wilhelmine versuchte, ihn zurückzuhalten, damit ich nicht gestört wurde, doch er warf sich schreiend auf den Fußboden und wollte das Zimmer nicht verlassen. Ich versuchte ihn gemeinsam mit Wilhelmine zu beruhigen, aber je mehr wir auf ihn einredeten, desto heftiger schlug er um sich und lief vor Zorn blaurot an. So etwas hatte ich an ihm noch nie erlebt. Der Zeichner sah uns zu und war sichtlich bemüht, ein Lachen zu unterdrücken. Wilhelmine brachte rasch Adolfs Lieblingsspielzeug, sein Schimmelpferdchen, herein, aber er stieß es mit den Füßen weg und schrie, als hätte er es darauf abgesehen, den Zeichner mit seinem Geschrei aus dem Haus zu treiben. Ich nahm Adolf trotz seines Widerstandes auf den Schoß, rüttelte und schüttelte ihn ein bißchen, um ihn wieder in den Zustand eines wohlerzogenen Knaben zurückzuversetzen. Es half nichts. Offenbar hatte er sich vorgenommen, zu schreien und ein Störenfried zu sein. Ich stand auf, trug ihn im Raum umher, sang ihm ein Liedchen, gab ihm Schokolade, aber auch das führte nicht zu dem gewünschten Erfolg. Adolf wollte sich nicht von mir tragen lassen. Er zerrte wütend an mir und schlug um sich, bis ich ihn endlich absetzte. Doch auch das schien ihm nicht recht zu sein. Er drusch auf seinen Schimmel ein, riß den Stuhl um, auf dem ich gesessen hatte, und weil sich das Kind wie ein kleiner Wildeber aufführte und nicht zu beruhigen war, blieb mir nichts anderes übrig, als die Sitzung abzubrechen.

Der Zeichner wollte warten, bis das Söhnchen der Frau Dichterin wieder brav war, denn er wollte pünktlich seine Arbeit abliefern, um Seine Exzellenz, den Herrn Coadjutor, nicht zu verärgern, zumal er sich noch mehr solcher lohnenden Aufträge von ihm erhoffte. Mir war das alles sehr unangenehm, denn ich zweifelte nicht daran, daß dieser Vorfall in sein Geschichtenarsenal von den Berühmtheiten aufgenommen werden und seine Runde machen würde. Aber Adolf steigerte sich so sehr in seinen Jähzorn hinein, daß ich spürte, er würde sich erst wieder beruhigen, wenn der Fremde das Haus verlassen hatte. Ich versprach ihm einen neuen Termin. Mißmutig nahm er sein Zeichenbrett, ging zur Tür und sagte: »Man darf bei Kindern nichts durchgehen lassen. Ordentlich eins hintendrauf, das bringt so einen kleinen Hosenhuster wieder ins Lot.«

Das waren die Ratschläge von tüchtigen Vätern, wie ich sie liebte und wie sie mir gerade noch gefehlt hatten. Ich wußte zwar nicht, welcher Teufel in meinen kleinen Liebling gefahren war, aber irgendwie hatte ich das Gefühl, Adolf in letzter Zeit etwas vernachlässigt zu haben. Andauernd Gäste im Haus, die Mutter ständig zu Besuchen unterwegs und er immer bei Wilhelmine – dagegen wehrte er sich. Wilhelmine war zwar ein liebes treues Hauswesen, auf das ich mich immer verlassen konnte, und er besaß auch ein Zimmer mit den schönsten Spielsachen. Es mangelte ihm nicht an Schaukelpferden, Trommeln und Peitschen. Jüngst erst hatte ich ihm in einer imposanten Größe die Arche Noah mit all ihren Tieren gekauft, aber ich mußte einsehen, es war kein Ersatz. Ich mußte mich wieder selbst um ihn kümmern. Dalberg mußte sich noch ein bißchen gedulden. So war das eben, wenn eine Frau mit Kind sich auf dem Autorenfeld tummelte.

Die Frachtpost brachte zwei große hölzerne Kisten für den Herrn Kammerrat von Wolzogen. Als Wilhelm abends nach Hause kam und auf dem Absender »Cotta, Tübingen« las, rätselten wir, was der Verleger ihm senden könnte. Er hatte weder Bücher noch Atlanten oder Almanache bestellt. Neugierig öffnete er die Kisten, sah schwere Eisenstangen, Metallplatten, Kupferstreifen, Drahtrollen, Schrauben und Verankerungen und wußte nicht, was das alles zu bedeuten hatte. Schließlich fand er unter all dem Metall den Begleitbrief. Cotta bat ihn, beiliegende Blitzschutzeinrichtung nach dem Franklinschen System auf Schillers Gartenhaus anbringen zu lassen. Da er erfahren hatte, daß Herr Kammerrat von Wolzogen freundlicherweise seinem Autor die immer unerfreuliche Leitung des Hausumbaus abgenommen hatte, wollte er dieses Geschenk für Schiller gleich in die richtigen Hände legen. Die Kosten für die Montage sollte er dem Absender getrost in Rechnung stellen. Wilhelm nahm eine Auffangstange aus der Kiste und sagte: »Sieh dir das an, das ist der Ruhm. Wenn dir dein Verleger erst einmal einen Blitzableiter anbringen läßt, dann kannst du dir ausrechnen, was du ihm wert bist. Dann sollst du fern aller Gefahren leben und lange für ihn schreiben.«
Natürlich wußte Wilhelm, daß es sich anbot, auf der höchsten Stelle des Hauses, über der Turmstube, in der

163

Schiller saß und dichtete, einen Blitzableiter zu installieren, aber er stöhnte auch, weil in letzter Zeit eins zum anderen kam. Seit der Umbau begonnen hatte, war er fast jedes Wochenende in Jena. Oft kam er erst Sonntagabend zurück, hatte kaum noch eine freie Stunde für sich, hastete montags schon wieder ins Amt, wo er sich neuerdings um die Finanzen des Herzogs zu kümmern hatte und sich allerorts Sparmaßnahmen ausdenken mußte, um sich als fähiger Tresorier zu empfehlen. Wilhelm war ziemlich erschöpft. »Verwandtschaft in der Nähe zu haben, ist eine anstrengende Sache«, sagte er. »Jetzt kann ich mich auch noch darum kümmern, wie die Kisten nach Jena kommen. Unser Dichter sitzt in seiner Schreibstube, grübelt in den höheren Sphären und bringt schöne Gedanken über das Großmenschliche zu Papier. Er hört nichts, erfährt nichts, und am Ende wird er glauben, die Musen hätten ihm den Blitzableiter aufs Dach gesetzt. Jetzt will er auch noch Küche und Waschhaus in ein Extragebäude verlegt haben, damit er nicht von Dämpfen und Gerüchen belästigt wird. Ein Badehäuschen soll es auch noch geben. Und das alles soll natürlich möglichst nichts kosten. Mehr als 500 Taler will er beim besten Willen nicht dafür ausgeben. Das kommt nur, weil ihm keiner zu sagen wagt, und er es auch nicht hören will, wieviel Zeit mich dieses ständige Herunterhandeln der Preise kostet. Er glaubt eben wie deine Schwester, wir alle müßten für ihn dasein.« Dem war nicht zu widersprechen. Freundschaftsdienste waren seit jeher eine höchst undankbare Sache. »Solche Geschichten enden meist auf die gleiche Weise«, sagte ich. »Du opferst deine Zeit, rackerst dich ab, und wenn etwas nicht ihren Wünschen entspricht, wird es dir vorgeworfen.«

»Noch ist unser Dichter mit allem zufrieden«, meinte Wilhelm. »Aber warten wir's ab.«

Bislang war mir gar nicht bewußt, daß sich die Damen der Feder in schreibende und darstellende Dichterinnen einteilen ließen. Letztere tauchten immer häufiger bei allen Arten von Geselligkeiten auf, setzten sich in Szene und sorgten für Gesprächsstoff. Ständig führten sie das große Werk im Munde, an dem sie schrieben, von dem aber noch keiner eine Zeile gesehen hatte. Selbstverständlich hatte ein namhafter Verleger bereits Interesse an ihrem Werk bekundet und auch schon erste Verhandlungen mit ihnen geführt. Um das Besondere des dichtenden Berufsstandes herauszuheben, rauchten sie Pfeife, was ein gewisses Aufsehen erregte und auf Gedankentiefe hinweisen sollte. Noch mehr gefielen sich die darstellenden Dichterinnen in der Pose der Madame Récamier. Verführerisch hingelehnt ins Fauteuil, auch wenn es sich nur um einen unbequemen steiflehnigen Sessel handelte, warfen sie ein paar Bonmots in die entzückte Runde und ließen sich als eine Diva des Wortes bewundern. Sie traten so auf, wie man es im allgemeinen von einer Dichterin erwartete, die anders als eine gewöhnliche Frau zu sein hatte: extravagant im Aussehen, eloquent und empfindsam, leicht versponnen und leicht überspannt, jeder praktischen Seite des Lebens abgewandt, dafür empfänglich für alles Schöne, mal vom Sinnlichen und mal vom Übersinnlichen angehaucht und immer in irgendeine Affäre verstrickt.

Darüber unterhielt ich mich mit Amalie von Imhoff und Sophie Mereau. Goethe hörte uns amüsiert zu. Er hatte zu einem Souper in sein Haus geladen, um mich in den

Kreis seiner dichtenden Freundinnen aufzunehmen. Ich saß im Salon unter der großen Büste der Juno und hörte mir eine Lobrede auf meinen Roman an. Vor der jungen Imhoff und der vornehmen Mereau tat das natürlich besonders gut. Zu seiner Freude zählte er uns zu den schreibenden Dichterinnen, deren Arbeiten ihn beschäftigten. Fräulein von Imhoff hatte er erfolgreich den Bau des Hexameters beigebracht und konnte jetzt ihr großes episches Gedicht *Die Schwestern von Lesbos* zum Druck vorbereiten. Bei Sophie Mereau spürte er immer aufs neue, wie eine Frau in der Poesie um das Gleichgewicht ihrer Seele rang, und in meiner *Agnes von Lilien* hatte er so viel Modernes gefunden, daß ich ihm als der leibhaftige Gegensatz zum Sinn fürs Antike erschien. Er erhob das Glas auf seine dichtenden Freundinnen, die ihm Einblicke in die Welt des Weiblichen gaben, auf die er nicht verzichten wollte. Wir tranken ihm zu und waren fröhlich. Der Geheimrat hatte eine schöne Tafel für uns decken lassen, ließ prächtige Forellen servieren und dazu einen sehr guten Riesling reichen. An seiner geschätzten Gläserabfolge hatte sich nichts geändert. Selbst die sorgfältig beschrifteten Tischkärtchen fehlten nicht, obwohl nur wir drei zu Gast waren. Überhaupt konnte ich keinerlei Niedergang oder gar Verwahrlosung in seinem Hause bemerken.

Lotte war zwar der Meinung, eine Frau von Stand täte gut daran, unter den gegebenen Umständen das Haus des Geheimrats zu meiden. Sie hatte mir geraten, die Einladung abzusagen, doch ich ging unvoreingenommen mit Goethe um und kümmerte mich nicht um das allgemeine Gerede. Was ging es mich an, daß er mit einer Nicht-Gemahlin zusammenlebte, die Lottes Patentante nur die

»Mamsell Vulpius« und seit kurzem bloß das »Kreatürchen« nannte. Angeblich war sie die Tochter eines Trinkers, schluckte selber wie ein Specht und liebte den Tanz an der Scheune. Von Lotte hatte ich gehört, daß die Vulpius eine ganz gewöhnliche, ungebildete Person war, nicht die einfachsten Regeln der Rechtschreibung beherrschte und jedem auf der Straße Ohrfeigen androhte, der etwas gegen sie sagte. Neulich soll sie in Roßla sogar ein paar Schuhe durchgetanzt haben. Ihr Sohn August hatte angeblich jüngst im Club von der Klasse seiner Mutter siebzehn Gläser Champagner-Wein getrunken und fand Spaß daran, mit Mama Christiane über die Dörfer zu ziehen und an allen Volksbelustigungen teilzunehmen. Ein ganze Palette von Untaten konnte Lotte mir aufzählen. Aber so war es nun einmal: die Mutter ging zum Kuhschwof, der Sohn zum Hammelschießen, und der Vater dichtete am Mahomet. Es waren schon recht ungewöhnliche Verhältnisse im Hause des Geheimrats, aber er mußte ja wissen, was ihm guttat. Einige sahen in der Tatsache, daß er so entsetzlich dick geworden war und seine kurzen Arme gestreckt in die Hosentaschen hielt, deutliche Anzeichen seines schlechten Lebenswandels. Angeblich trank er und verluderte, seit er in die Fänge dieser Person geraten war. Doch ob man ihn bedauerte oder bemäkelte – er hatte sich nun mal entschieden, mit ihr eine Ehe ohne Zeremonie zu führen, und immerhin hatte die Vulpius ihm schon vier Kinder geboren. Drei waren nach der Geburt gestorben, und nur einer, sein August, war ihm geblieben. Adolf hatte schon des öfteren mit ihm gespielt, und ich konnte nichts von einem alkoholischen Wildfang am Goethe-Sohn bemerken.
Seit meiner Scheidung wußte ich, wie schnell man ins Ge-

rede kam und wie wenig ein Außenstehender eine Ehe, ob mit oder ohne Zeremonie, beurteilen konnte. Vielleicht brauchte so ein kopfgesteuerter, vernunftbeladener Mann das Gegenteil, den Ausgleich zu Hause, und es gefiel ihm, wenn er nach einer anstrengenden Denkarbeit ohne viel Worte lustvoll ins Fleisch greifen und in die brünstige Sinnenwelt abtauchen konnte. Wielands Frau, die ihm vierzehn Kinder geboren hatte, hatte ja auch nie ein Buch von ihrem Mann gelesen, und trotzdem wäre er ohne sie verloren gewesen. Vielleicht trieb die Männer von Geist überhaupt eine besondere Lust zum Banalen um. Womöglich war es auch für Goethe eine Form, seine Balance zu finden, und er konnte in den Armen des unbelesenen Naturkindes sich freier fühlen als im Bett einer hochintelligenten Frau. Ich fragte mich bloß, wieso andere dazu kamen, ihm vorzuschreiben, wo er sein Glück zu suchen hatte.

Freilich war Lotte in einer schwierigen Position, und ich begriff, daß sie zu ihrer geliebten Patentante halten wollte, die die Trennung von Goethe nur schwer überwand. Frau von Stein stand Lotte nun mal näher als der Geheimrat. Trotzdem war alles Parteinehmen in Herzenssachen anderer grundverkehrt. Lotte nahm mir ganz gewiß übel, daß ich mich nicht am allgemeinen Boykott des Goetheschen Hauses beteiligte, aber in die Rolle einer Tugendschwester oder gar eines Moralapostels wollte ich mich von niemandem drängen lassen. Goethe schätzte meine *Agnes* so hoch, daß ich mich nun zum Kreis seiner dichtenden Freundinnen zählen durfte. Und wenn behauptet wurde, in seinem Hause herrsche eine wüste Schlampampenwirtschaft – ich konnte nichts davon feststellen. Wir wurden aufs vorzüglichste bewirtet und sprachen über die retardierenden Momente des epischen Gedichts. Alles andere war Gewäsch und konnte mir gestohlen bleiben.

Um mich war einfach einmal alles schön. Nichts tat mir weh. Mich plagten weder Zuckungen noch hatte ich irgendeine jener heimtückischen kleinen Beschwerden, die einem das Dasein so nachhaltig verleiden konnten. Ich war so gesund, daß ich gar nicht bemerkte, daß es eine Gesundheit gab. Adolf gedieh prächtig, man konnte fast sagen lehrbuchgemäß. Wilhelm hatte ein Amt mit Zukunft, und mein Kredit für die Einrichtung war zurückgezahlt. Es gab für mich keine Konflikte, ich mußte mich gegen nichts zur Wehr setzen, hatte keine Sorgen, und trübes Wetter, das mir stets aufs Gemüt schlug, nahm ich nicht wahr. Es schien, als sei ich von einem großen, warmen Strom auf eine Insel des Behagens gespült worden, wo es nichts anderes zu tun gab, als sich jeden Tag zu freuen, daß es so war. Ich wußte zwar, daß alles der Veränderung unterlag, aber offensichtlich ging es im Leben wie in der Liebe zu: Man mußte wenigstens einmal erfahren, wie schön es sein konnte. Es war herrlich, einmal so mit sich zufrieden zu sein und vor allem nichts gegen seinen Willen tun zu müssen. Das eröffnete einen vollkommen anderen Blick auf die Welt. Ich sah sie schöner als vorher. Das Trostlose und Häßliche ging an mir vorüber. Ich hielt mich nicht damit auf, als wäre es ein Gesetz, daß eine schöne Stimmung auch eine schöne Umgebung schuf und ein glücklicher Mensch darum auch eine glückliche Hand haben mußte. Ich wurde zwar nicht jünger, und von schöner konnte bei mir ohnehin keine Rede sein, aber ich fühlte mich unendlich wohl und glaubte zu spüren, daß sich meine Haut glättete und straffte. Selbst die gestrenge Frau Mama mit ihrem ewig prüfenden Blick bestätigte mir ein jugendliches Aussehen, was sie für eine Frau von fünfunddreißig Jahren höchst ungewöhnlich fand. Ich genoß den Zustand von morgens bis abends, als wollte ich mir damit ganz bewußt Reserven anlegen. Schöne Zeiten mußten voll genossen und wie kleine Hochs in die Seele eingelagert werden, damit man dann, wenn es anders kam, etwas hatte, wovon man zehren konnte.

Ganz überraschend erschien Schiller. Er fuhr im Wagen Goethes vor, woraus ich schloß, daß er hier in Weimar zu Gast beim Geheimrat war. Diesmal brauchte ich nicht zu befürchten, daß Pläne und Zeichnungen ausgerollt wurden, denn der Umbau war beendet, und er saß bereits als glücklicher Besitzer eines Gartenhauses in seiner neuen Turmstube und dichtete sich emsig voran. Er sagte mir, daß er in den vergangenen zwei Wochen leider mit einem Katarrhalfieber im Bett liegen mußte. Dabei hatte er jedoch genug Zeit gehabt, über mich nachzudenken, und darum wollte er nur einmal kurz hereinschauen, um seiner Kollegin Schwägerin ins Gewissen zu reden und sie zu einer neuen Arbeit zu ermuntern. Alle Welt erwartete von mir den zweiten Roman. Immerzu wurde er danach gefragt. Jetzt mußte ich zeigen, daß ich zu Steigerungen fähig war und die gierige Lesewelt mit neuem Stoff befriedigen konnte. Er wußte, ich hatte das Talent dazu, nur durfte ich jetzt nicht meine kostbare Zeit mit irgendwelchen nebensächlichen Dingen vertun, sondern sollte mit Fleiß und Ehrgeiz an den neuen Roman gehen. Ich brauchte ihm nur zu sagen, wenn er fertig war. Er hatte Möglichkeiten, ihn vorabzudrucken, und konnte auch mit dem Verleger einen guten Vertrag darüber abschließen. Wer einmal zu Erfolg auf der literarischen Bahn gekommen war, der mußte konzentriert weiterarbeiten und mit allergrößter Selbstdisziplin sein Reservoir ausschöpfen, bis er sein Ziel erreicht hatte.

Es war ja rührend, daß er mir neue Ufer zeigte und mich vor allem für fähig hielt, sie auch zu erreichen. Aber wir waren zwei grundverschiedene Naturen. Er mochte mit eiserner Disziplin und festgefügtem Willen ans Werk gehen, mochte sich selbst unter Druck setzen und das letzte sich abverlangen – ich hatte eine andere Art, mich den Dingen zu nähern. Ich wollte mich hinträumen zu ihnen und mir nicht ein hartes Tagespensum auferlegen oder in stillem Heroismus den Kopf zerquälen. Ich wollte spielerisch meine Figuren entwerfen. Sie mußten mir wie kleine Traumgestalten erscheinen, Vagabunden des Geistes – mal waren sie da, zeigten sich, verweilten und verschwanden dann wieder. Aber immer beschäftigten sie mich, auch wenn ich mich nicht mit ihnen befaßte. Ein Strom des Unbewußten mußte sie mir heranführen, dann erst konnte ich ihnen Gestalt geben, etwas von meinem Leben einhauchen und sie in Worte fassen. Ehrgeiz, sie festzuhalten, besaß ich nicht. Meine *Agnes* war weder durch Willen noch durch Ehrgeiz und schon gar nicht durch Disziplin entstanden. Sie war von allein gekommen, war herbeigeträumt worden aus purer Lust, den ganz anderen Teil von mir zu entwerfen, als ein abgespaltenes Etwas, das ein eigenes Leben besaß und doch ich selbst war. Daran hatte ich Spaß, und ohne Spaß fiel mir nichts ein und konnte ich auch nicht schreiben. Das machte ich Schwager Friedrich klar. Wir hatten zwei ganz verschiedene Herangehensweisen. Seine Art zu schreiben war nicht meine Art zu schreiben. Er mochte die erfolgreichere Art praktizieren, dafür war er auch ein Genie. Mir genügte meine Art, und dafür war ich kein Genie. Er mochte sich mit höchster Willenskraft alles abringen – für mich galten andere Gesetze. Ich hatte einen anderen Boden als er. Eine Nachtigall nährte sich anders als ein Biber.

Er sah das ein. Dennoch bat er mich, nicht zu lange mit dem neuen Roman zu warten. Mein Name stand hoch im Ansehen, und die *Agnes* war so erfolgreich, daß bereits Raubdrucke in Prag und Wien kursierten. Cotta gab in Kürze ein *Taschenbuch für Damen* heraus, und Schiller meinte, es wäre schön, wenn ich dafür wenigstens eine größere Erzählung schreiben könnte. »Mal sehen, was sich ergibt«, sagte ich und sah ihm an, er verstand mich nicht. Aber zumindest hatte er begriffen, daß andere anders als er waren, und eine solche Einsicht war für ein Genie schon ein Riesenschritt nach vorn. Trotzdem, ich fand es vom Schwager sehr nett, daß er sich um meine literarische Zukunft Gedanken machte.

Wochen später saß ich im Ankleidezimmer, und Wilhelmine brachte die große Gala, denn in wenigen Stunden wurde der *Wallenstein* im Hoftheater uraufgeführt. Ich sah in den Spiegel und war zufrieden mit der Arbeit des Haarkräuslers, der mir einen Tituskopf frisiert hatte. Die kurz gelockte Frisur stand mir gut. Auch meine Lieblingsohrringe, die großen Perlmutt-Tropfen, hatte ich schon bereitgelegt, als plötzlich Adolf mich aufgeregt in den Garten rief. Ich sagte ihm, daß es jetzt nicht ginge, aber er gab keine Ruhe. Ich unterbrach das Ankleiden, warf den Frisiermantel über und folgte ihm. Vor einem Schneeball-

strauch blieb er stehen. Ich dachte, er wollte mir die herrlichen weißen Schneebälle zeigen, denn es war der einzige
Strauch, der um diese Jahreszeit in unserem Garten
blühte. Doch plötzlich glaubte ich, mein Herz müsse stehenbleiben. Unter dem Strauch lag Grigri. Er war tot.
Adolf kniete sich neben ihn und streichelte weinend sein
Fell. Ich sah in die großen schwarzen Dackelaugen, die
mich immer so neugierig und treu betrachtet hatten. Sie
glänzten noch, aber sie glichen zwei leeren Spiegeln, die
die Unendlichkeit auffingen. Mir rannen die Tränen über
das Gesicht. Seit Wochen hatte Grigri kaum noch laufen
wollen, und da er sich unter diesen Strauch geschleppt
hatte, begruben wir ihn auch an dieser Stelle. Wir blieben
noch eine Weile stehen, dann gingen wir schweigend ins
Haus. Plötzlich erinnerte ich mich daran, daß ich ja zur
Aufführung des *Wallenstein* mußte. Wilhelmine half mir
in die große Gala. Adolf wich nicht von meiner Seite.
»Nun ist Grigri tot«, sagte er. »Und wer spielt jetzt mit
mir?« Die Frage erschreckte mich ein wenig. Ich sah auf
meinen Junius, der unglücklich und traurig vor mir stand,
und ich begriff, daß ich ihn eigentlich nicht allein lassen
durfte. Aber was sollte ich machen? Für lange Erklärun-
gen war jetzt keine Zeit. Ich puderte rasch mein Gesicht
nach, doch Adolf umklammerte mein Bein und flehte
mich an, nicht schon wieder wegzugehen. »Nicht heute«,
sagte er. »Bitte nicht heute.«
»Morgen bleibe ich den ganzen Tag bei dir«, entgegnete
ich, doch diese Aussicht schien ihn wenig zu trösten. Im
Grunde genommen hatte er ja recht. Ich machte mir Vorwürfe, fühlte mich als eine schlechte Mutter, die ihr Kind
in einem Augenblick allein ließ, wo man es nicht alleinlas-
sen durfte. Einen Moment lang geriet ich geradezu in Pa-

nik. Ich wußte nicht, was ich tun sollte. Einerseits wollte ich mich wieder umziehen und zu Hause bleiben, andererseits mußte ich gehen, denn bei einem so wichtigen Ereignis wie der Uraufführung des *Wallenstein* konnte ich nicht fehlen. Das hätte ich Schiller nicht antun können. Zu viel und zu oft war darüber in der Familie geredet worden. Außerdem hatte mir schon vor Tagen der Herzog gesagt, daß er neugierig sei, wie eine Dichterin über den *Wallenstein* urteilen würde, und mich deswegen für nächste Woche zu einem Essen gebeten. Ich versuchte, Adolf zu erklären, warum dieser Abend so wichtig war, sagte, daß Karl und Ernst, die Kinder seines Onkels Friedrich, jetzt auch allein zu Hause waren, spürte, daß dies alles nicht überzeugen konnte, und suchte nach einer plausibleren Begründung. Ich hörte die Equipage vorfahren. Augenblicke später stand Wilhelm im Raum, zeigte auf die Uhr und drängte zur Eile, denn im Hoftheater nach dem Herzog zu erscheinen, konnte er sich nicht leisten. Als ich Adolf umarmen wollte, riß er sich los und rannte zu Wilhelmine.

Ratlos verließ ich das Haus, wollte noch einmal zurück, doch Wilhelm beendete meine Unschlüssigkeit, indem er mir eilig in die Kutsche half und sofort Galopp fahren ließ. Nach einer Weile bemerkte ich, daß ich in der Aufregung meine Ohrringe und den ganzen Schmuck vergessen hatte. Wilhelm war es zwar noch nicht aufgefallen, aber bei ihm konnte ich wenigstens sicher sein, daß er mich deshalb nicht als gelehrte Gemse bezeichnen würde. Ich erzählte ihm, was geschehen war, und er meinte: »Morgen werden wir mit Adolf eine schöne lange Spazierfahrt machen.« Ich war mir auf einmal nicht so sicher, ob der Augenblick einem Kind nicht mehr bedeutete als irgendein fernes Morgen, und fühlte mich schuldig und schlecht.

Wir erreichten das Theater, das bis auf den letzten Platz besetzt war, so spät, daß ich weder den Herzog noch Goethe begrüßen konnte. Ich setzte mich neben Lotte und Schiller, der schon sichtlich nervös auf uns gewartet hatte. »Wo bleibst du denn? Der Herzog hat schon zweimal nach dir gefragt«, sagte er ungehalten.

»Adolf wollte mich nicht gehen lassen«, entgegnete ich, und Schiller sah mich an, als ob ich von einer anderen Welt wäre.

Frau von Stein betrachtete die Dinge wohl zu freundlich, wenn sie meinte, ich hätte mich aus dem Bann des Genies gelöst. Ganz so einfach war es nicht. Es kostete schon doppelte Anstrengung, an Schillers Seite den Glauben an die eigenen Fähigkeiten nicht zu verlieren, und manchmal fragte ich mich, ob es überhaupt noch Sinn hatte, eine eigene Zeile zu Papier zu bringen. Immer wieder drängte sich der Vergleich mit ihm auf, der mir zwar nicht zustand und den ich auch nicht wollte, der sich aber aus der unmittelbaren Nähe ganz von selbst ergab. Abgesehen davon, daß er sich von Stück zu Stück steigerte, wurde mir allein schon die Schnelligkeit, mit der er schrieb, zum Vorwurf. Ich kam mir faul und unbegabt vor. Bedachte ich, wieviel Zeit ich für eine Geschichte brauchte, wie schwer es war, beim Erzählen nicht das sinngebende Moment zu verlieren, die Figuren so zu führen, daß sie glaubwürdig blieben, lebensecht handelten und nicht zu papiernen Schattengestalten verblaßten – bedachte ich diesen ganzen geistigen Kraftaufwand, dann kam mir meine eigene schriftstellerische Existenz als eine vergebliche Mühe vor, denn ich sah sehr deutlich den Unterschied: Er schrieb mit promethischem Feuer und ich mit dem Gänsekiel.

Im Gegensatz zu ihm fehlte mir etwas sehr Entscheidendes: die Mission. Ich spürte keinen inneren Auftrag, mich über das Wort dem lieben Vaterland mitzuteilen und Ideale zu postulieren, an denen andere emporwachsen konnten. Mir fehlte der innere Drang, der das Schreiben zum Lebensbedürfnis und somit zu einer Notwendigkeit machte. Ich wollte keinen von meiner Sicht auf die Welt überzeugen, wollte niemanden bekehren, weder aufrütteln noch anklagen oder gar die verirrte Menschheit aus ihrer selbstverschuldeten Unmündigkeit führen. Ich glaubte ohnehin nicht mehr daran, daß man den alten Adam ändern konnte. Ob man sich bis zur Selbstauflösung an den Worten wundrieb oder mit letztem Einsatz am Schreibtisch saß – die Menschen besserten sich dadurch nicht. Man konnte ihnen den Aufstieg zu ihren Möglichkeiten zeigen, bestenfalls ihr Urteil bilden und ihnen ein Empfinden für Größe geben – letztlich blieb es schmückende Girlande. Im tiefsten Wesen konnte kein Wort sie verändern. Vielleicht mochte dies bei einigen wenigen glücken – doch für die Masse war nur im Unverstand das Leben schön.

Gerade jetzt nach dem *Wallenstein* fand ich, daß die Nähe zu einem Genie auch etwas Deprimierendes haben konnte. So sehr ich bewunderte, was er schrieb, so löste doch gerade dieses dramatische Gedicht Zweifel in mir aus, ob es nicht sinnvoller war, die Feder wegzulegen und das Tintenfaß für immer zuzustöpseln. Ich gehörte nun mal nicht zu den Begnadeten, die der Poesie ihre Gesetze gaben. Ordentliches traute ich mir schon zu, aber Außerordentliches war nicht im Kalkül. Irgendwie hatte ich den Eindruck, das Genie nahm mir alles ab. Was ich sagen wollte, formulierte Schiller viel besser und brachte es auf den Punkt. Es wäre legitim gewesen, meine dichterische Stimme in ihm aufgehen zu lassen, zumal wenn mir seine Worte aus dem Herzen sprachen. Vielleicht war es für mich überhaupt ratsamer, statt am Schreibtisch in der Sonne zu sitzen. Ich fragte mich sogar, ob unter diesen Umständen Lotte nicht das viel Wichtigere tat – ihm die Last des Alltags abzunehmen, damit er sich ungestört den großen Gedanken widmen konnte.

Vieles ging mir durch den Kopf. Doch dann wiederum sagte ich mir wie zur Selbstermutigung, daß das, was *ich* schrieb, er nicht schreiben konnte, denn ich war ich, und er war er. Ich freute mich fast, als mir bewußt wurde, daß er noch nie einen Roman geschrieben hatte. Diese Lücke, die mir wie eine kleine, aber wohltuende Unvollkommenheit vorkam, schien mir der Beweis zu sein, daß es auch für ihn Dinge gab, zu denen er keinen Zugang, keine Lust, keine Ausdauer, vielleicht sogar kein Talent hatte. Das ließ mich aufatmen und gab mir Mut. Mein Schreiben war also doch nicht ganz umsonst, denn ich hatte andere Ausdrucksmittel als er. Schließlich hatten auch kleine Lichter neben großen ihre Existenzberechtigung. Allein schon aus dem Grunde, weil kein Licht dem anderen glich. Außerdem war an seiner Seite jeder nur ein kleines Licht, und ich wußte, daß es auch bei den kleinen Lichtern noch viele Abstufungen gab. Gewiß, es war ein schwacher Trost, aber bestimmte doch illusionslos meine Position. Mit dieser Einsicht galt es zu leben. So weit mußte man erst einmal kommen, denn auch dazu brauchte es Größe. Insofern hatte Frau von Stein vielleicht sogar recht: Ich hatte mich aus dem Bann des Genies gelöst. Aber ganz sicher war ich mir dennoch nicht.

Ohne es zu ahnen, beendete Wilhelm meine Selbstzweifel. Er überraschte mich mit der Nachricht, daß er nach Rußland reisen mußte. Ich erschrak. Ausgerechnet nach Rußland, in diese ferne Tartarei! In dieses Riesenreich, wo es oft gar nicht auffiel, wenn einer verschwand. Von wo man hörte, daß die Sitten rauh und die Menschen roh waren und alles dem Jähen und Unberechenbaren unterlag. Er wäre nicht der erste gewesen, der aus Rußland nicht zurückkam. Mir wurde himmelangst, und ihm war dabei auch nicht recht wohl. Aber er sagte mir, daß sich daran nichts ändern ließ, denn der Herzog hatte ihn für eine besondere Mission ausgesucht. Eigentlich durfte Wilhelm nicht darüber reden, handelte es sich doch um einen Geheimauftrag, aber mir, seiner Frau, wollte er schon sagen, worum es ging. Ich sollte es wissen und alles streng für mich behalten, sonst gefährdete ich seine Position. Der Herzog Carl August schmiedete Zukunftspläne für seinen Sohn Carl Friedrich. Der Erbprinz sollte reich heiraten. Das war gut für ihn und noch besser für sein kleines Sachsen-Weimar. Der Zar von Rußland, der für kurze Zeit einmal der Schwager Carl Augusts gewesen war, hatte viele Töchter. In zweiter Ehe war er mit einer Prinzessin von Württemberg, einer vernünftigen Schwäbin, verheiratet. Nun sollte Wolzogen erkunden, welche Möglichkeiten bestanden, die Tochter des Zaren, Großfürstin Maria Paulowna, als Gemahlin für den Weimarer Erbprinzen zu gewinnen. Wolzogen schien ihm der geeignete Mann. Er hatte schließlich in Württemberg studiert und eine Zeitlang dort am Hofe gedient, brachte einen Hauch von Heimat mit und war im Umgang mit Menschen gewandt und vertrauenswürdig. Er hatte das nötige Fingerspitzengefühl, um zu erkunden, wie die Dinge am Zarenhof standen und ob man sich Chancen für eine derartige Heirat in Weimar ausrechnen konnte.

Es mochte ja ehrenvoll für Wilhelm sein, daß der Herzog ihn mit dieser sensiblen Mission betraute, aber ich konnte mich nicht freuen, denn ich wußte, daß dies eine Trennung für längere Zeit bedeutete. Wilhelm hingegen nahm die Dinge, wie sie waren, und wollte nicht lange über Gefahren nachdenken. Schließlich lag Rußland nicht jenseits der Zivilisation. Kotzebue und Klinger lebten dort, und bei dieser Reise kam es nur auf eins an: mit guten Nachrichten zurückzukommen. Trotzdem überlegte Wilhelm für den Fall, daß ihm etwas zustoßen sollte, wer die Vormundschaft für Adolf übernehmen könnte. Er hätte sie gerne seinem Schwager Schiller übertragen, aber der war so häufig krank, daß er ihn nicht auch noch damit belasten wollte. Außerdem wäre das auch mir nicht recht gewesen. So schrieb Wilhelm seinem Freund Truchseß auf der Bettenburg, der sie annahm, und traf von Stund an Reisevorbereitungen. Ich ließ alles stehen und liegen, um ihm dabei behilflich zu sein.

Bei Goethe hatte ich etwas sehr Praktisches gesehen: eine Bettstelle aus Holz, Bast und Segelleinen, die in drei Teile zusammengeklappt als Koffer mit auf die Reise genommen werden konnte. Ich gab einem Schreiner einen Eilauftrag, denn auf der langen Reise nach Rußland schien es mir mehr als geraten, für alle Fälle sein eigenes Bett dabeizuhaben.

Lotte hatte ihr drittes Kind bekommen. Ich wollte zu ihr fahren, um zu gratulieren, wie es sich für eine mitfühlende Schwester gehörte, und wollte auch die Modalitäten des bevorstehenden Umzugs mit ihr besprechen, denn der Herzog hatte nach dem *Wallenstein* den Wunsch geäußert, daß Schiller nach Weimar ziehen möge. Er hatte ihm sein Jahresgehalt auf 400 Taler erhöht, und die liebe Schwägerin Caroline war selbstverständlich so gut, sich um eine Wohnung zu kümmern. Geräumig, ruhig und mit Blick in den Garten, so daß sie den Ansprüchen eines erfolgreichen Dramatikers genügte. Beim Perückenmacher Müller hatte ich auch schon ein entsprechendes Domizil für ihn gefunden, ließ es derzeit herrichten und wollte der stolzen Dichtersgattin sagen, daß sie die Packwagen bestellen konnte, sobald der Tüncher seine Arbeit beendet hatte.

Da stand ganz überraschend die Chère mère in der Tür. An der Hand Lottes Söhne Karl und Ernst und begleitet von der Amme, die das Neugeborene trug. Der Anblick war ungewöhnlich und verhieß nichts Gutes. Die Mama war völlig aufgelöst und verzweifelt, denn Lotte hatte plötzlich ein Nervenfieber bekommen und lag im Delirium. Nun brachte sie mir die drei Kinder, damit ich sie versorgte. Ich muß alles andere als ein freundliches Gesicht gemacht haben, denn sie sagte in einem fast anweisenden Ton: »Schiller arbeitet an einem neuen Stück, der *Maria Stuart*, und kann sich jetzt unmöglich seinen Kindern widmen. Da mußt du einspringen, denn ich übernehme schon die Nachtwachen an Lottes Bett.«

Ich fühlte mich so überfahren, daß ich gar nicht wußte, wie ich im Augenblick reagieren sollte. Lottes Delirium klang schon recht beängstigend, und ich wollte auch gerne helfen, zumal in dieser prekären Situation, aber ich ärgerte mich doch ein wenig, mit welcher Selbstverständlichkeit mir das abverlangt wurde. Keine Frage, keine Bitte, kein Gedanke, daß auch ich vielleicht etwas zu tun haben könnte und mir dies all meine Pläne durcheinanderbrachte, nein, allerheiligste Familienpflicht: immer zu Diensten des Genies. »Weiß Schiller, daß du mir die Kinder bringst?« fragte ich, und sie sagte: »Nein. Ich wollte ihn nicht mit diesen Dingen behelligen, geschweige denn mit einer Frage belästigen. *Ich* habe das entschieden, denn er hat zu dichten und darf dabei so wenig wie möglich gestört werden.«

Ich sah, die teure Frau Mama hatte vollkommen Lottes Position übernommen. Jetzt bauten nicht mehr nur eine Frau, sondern zwei Frauen, Mutter und Tochter, ein Schongehege um ihn. Vielleicht wollte er es so, denn er mochte ja alles Doppelte, aus dem eine gesteigerte Kraft kam. Selbstverständlich mußte ein Genie vor den profanen Einflüssen des Alltags geschützt werden. Es war ihm nicht zuzumuten, daß es einmal seine Gewohnheit verließ und sich auf eine neue Situation einstellte. Ein Genie brauchte seine Ordnung und seine Regelmäßigkeit und mußte jede Minute für die Arbeit nutzen, um keinen einzigen Augenblick einer höheren Eingebung zu versäumen. Denn bei ihm waren die Götter zu Gast. Keine Frage, daß die Mama so dachte. Doch für meine Begriffe wäre die Welt nicht zusammengebrochen, wenn er nach dem großen Erfolg des *Wallenstein* einmal eine Pause eingelegt und sich mit seinen Kindern befaßt hätte. Ich war mir fast sicher, daß er es sogar getan hätte, wenn nicht die Chère mère, die jetzt an Lottchens Stelle den Haushalt führte, ihren geliebten Schwiegersohn von allem abgeschirmt hätte, was ihn an seiner unsterblichen Dichtung hindern konnte. Weder mit einer normalen Vaterpflicht noch mit einer Nachtwache am Bett seiner kranken Frau durfte er behelligt werden. Er sollte gar nicht spüren, daß Familie auch mit Sorgen verbunden sein konnte. Familie besaß ein Mann wie er nur, damit sie ihm Freude machte, ihn umhegte und umsorgte und ganz für ihn da war. In ihrem Kult um den Schwiegersohn gab sie mir indirekt zu verstehen: Alles, was ihn betraf, war übergeordnet. Alles, was uns betraf, untergeordnet, im besten Falle noch beigeordnet. Ich wäre nicht verwundert gewesen, wenn sie anstatt von Schillers Familie bloß noch von Schillers Zubehör gesprochen hätte.

Plötzlich spürte ich: Es war wie früher. Die Mama stand vor mir und bestimmte, was ich zu tun hatte. Sie ordnete an, daß ich zur Stelle sein mußte, damit er ungestört dichten konnte. Sie wünschte, daß er geschont wurde, und ich hatte mich zu fügen. Das ärgerte mich. Doch es war der denkbar ungünstigste Moment, jetzt darüber ein Wort zu verlieren. Ich sah auf meine beiden Neffen und das zehn Tage alte Nichtchen, wußte um die Ausnahmesituation und sagte mir, einer mußte sich ihrer ja annehmen, wenn die Mutter delirierte und der Vater mit der Menschheitsdichtung befaßt war. Ein Glück nur, daß ich mit Wolzogen nicht nach Rußland gefahren war, denn sonst hätte die Mama jetzt ein Problem gehabt. Sie unterwies mich kurz in der Pflege des Neugeborenen, sagte, ich sollte darauf achten, daß die Amme ihm alle drei Stunden die Brust gab, sieben bis acht Mal in vierundzwanzig Stunden sollte es schon sein, denn sie wurde gut bezahlt. Dann stieg sie in die Kutsche, um nach Jena zurückzufahren. Spätestens wenn die Nachtwache begann, wollte sie bei Lotte sein. Ich wagte die Bemerkung, daß Schiller schließlich auch noch zu Hause war und sich um seine kranke Frau kümmern konnte, doch die Mama meinte: »Das fehlte noch, daß er die Nachtwachen übernimmt und am Ende auch noch zusammenbricht. Niemand von uns, nicht einmal der Arzt hat ihm gesagt, wie ernst Lottchens Zustand wirklich ist. Du weißt, er hat eine labile Gesundheit, und danach haben wir uns zu richten.« Dann fuhr sie los, und ich stand da – vier Kinder im Haus und Wolzogen in Rußland. Eine prächtige Situation für eine Autorin. Wilhelmine kümmerte sich um das Gepäck, das der Kutscher hereingetragen hatte. Karlchen und Ernst suchten Adolf, um mit ihm zu spielen, und ich wies der Amme ein Zimmer zu. Glücklicherweise besaß ich noch Adolfs Wiege und ließ sie rasch herrichten, um für das Neugeborene wenigstens ein Bett zu haben.

Kaum daß ich mich nach Tagen einigermaßen in die neue Situation gefunden hatte, kam Courierpost von der Mama. Sie teilte mir mit, daß Lotte fieberfrei und außer Gefahr, aber noch immer ohne Besinnung war. Da der Arzt gesagt hatte, daß sie nach ihrer Genesung eine lange Zeit der Schonung brauchte, meinte die Mama, daß der Umzug nicht weiter hinausgeschoben werden sollte, und bat mich, ihr meine Wilhelmine zu schicken, damit sie beim Einpacken half. Lottes Magd und der Diener schafften es nicht alleine, und Schiller war kein fremdes Gesicht im Hause zuzumuten. Außerdem ertrug er keine Leute in seiner Umgebung, die zur Arbeit angehalten werden mußten. Wilhelmine kannte er und wußte, daß sie tüchtig und umsichtig war. Mehr als zehn Tage brauchte ich sie nicht zu entbehren.

Das war der Gipfel. Nun hatte ich schon seine drei Kinder

im Hause und sollte auch noch auf meine Magd verzichten. Wie sie sich das vorstellte! Nur weil er kein fremdes Gesicht ertrug, sollte ich die Kinder unbeaufsichtigt lassen und mich um eine Ersatzmagd kümmern. Reizend, rundum reizend! Ich war gespannt, was sie sich in ihrer Verehrung für ihn noch alles einfallen lassen würde. Es hätte mich nicht gewundert, wenn die Frau Mama mit nächster Courierpost mich aufgefordert hätte, alles stehen und liegen zu lassen und selber zu kommen, um für ihn Gluck auf dem Klavier zu spielen. Le belle imagini d'un dolce amore. Ich war auf alles gefaßt.

Statt dessen kam ein Brief von ihm. Ein kurzer knapper Geniegruß: Liebe! Lotte ist auf dem Weg der Besserung. Morgen hole ich die Kinder ab. Karl und Ernst nehme ich zu mir, und das Jüngste kommt zu Frau von Stein. Du sollst nicht meine Kinder hüten, sondern einen neuen Roman schreiben. Du weißt, wie sehr ich darauf warte. Aber trotzdem: Hab Dank für deine Hilfe.

Das klang schon ganz anders. Je öfter ich die wenigen Zeilen las, desto mehr rührten sie mich an. Auf einmal war er mir sehr nahe, denn ich spürte, er schätzte meine Autorschaft wirklich. Keiner in der Familie traute mir so viel zu wie er. Keiner setzte in mich so hohe Erwartungen. Er war der einzige, der darauf drängte, daß ich etwas Neues schrieb. So deprimierend die Nähe des Genies blieb, so ermutigend war sein Glaube an mich. Ach, Fréderic le Grand, poëte allemand, es war schon gut, daß es ihn gab.

Früher als erwartet kam Wilhelm aus Rußland zurück. Er reiste wie ein kleiner Fürst mit mehreren Packwagen voller Truhen, Kisten und Koffern. Im Hause herrschte

Freude und Jubel. Adolf wich nicht von der Seite seines Vaters, und ich stellte mich darauf ein, daß Gospodin Wolzogen mir in den nächsten Tagen alles über den Zaren und Mütterchen Rußland erzählen würde. Doch dann erfuhr ich, daß er nur gekommen war, um sich neue Instruktionen zu holen, und gleich noch einmal zu den Ufern der Newa aufbrechen mußte. Ich war enttäuscht. Doch Wilhelm sah nicht den geringsten Anlaß zur Traurigkeit, sondern meinte gutgelaunt: »Wenn mir die zweite Mission glückt und alles zur Zufriedenheit des Herzogs gelingt, dann wird es für Adolf und dich nur zum Besten sein. Dann haben wir drei ausgesorgt.«

Das allerdings klang vielbedeutend, und ich spürte sofort, wie falsch es gewesen wäre, Wilhelm zu bedauern. Einen Mann, der auf das Wohlergehen seiner Familie bedacht war, durfte man in seinem Elan nicht aufhalten. Im Gegenteil: er mußte ermutigt und bewundert werden. Schließlich arbeitete er an unserem Glück. So dehnte ich die Wiedersehensfreude bis zum Tag des Abschieds aus, ließ mir die Sorge um sein Wohlergehen auf der langen Reise nicht anmerken, packte in seinen Bouteillenkorb noch ein paar Erinnerungsstücke aus der heimischen Rhein-Mosel-Region und versprach ihm, Haus und Hof gut zu hüten, so daß er ohne Sorge um seine Lieben ins Russische Reich fahren konnte.

Tags darauf ließ ich sein großes Porträt in Öl direkt gegenüber der Eingangstür aufhängen, damit er optisch allgegenwärtig war und jeder beim Betreten des Hauses auch vom abwesenden Majordomus lächelnd begrüßt wurde. Dann setzte ich mich an meinen Sekretär und begann, an einer Erzählung zu schreiben. Eigentlich hätte ich an dem neuen Roman arbeiten müssen, den alle von mir erwarteten. Doch gerade diese Erwartung belastete mich. Ich spürte, daß ich den Erfolg meiner *Agnes* übertreffen mußte. Der Zwang, mich steigern zu müssen, lag wie ein großer Druck auf mir, lähmte, verunsicherte und nahm mir alle unbekümmerte Erzähllust. Schon der Gedanke an einen neuen Roman ließ nichts als zermürbende Selbstzweifel aufkommen – diese ständigen stillen Fragen, ob ich noch ein zweites Mal so gut sein konnte, oder ob ich mich nicht doch mit dem ersten Roman so verausgabt hatte, daß alles, was dem folgte, nur ein fader Aufguß sein konnte und fehlschlagen mußte. All diese Zweifel nahmen mir den poetischen Sinn, nahmen das Leichte, Spielerische und Spontane. Ich hatte nur noch Angst zu enttäuschen. Es war furchtbar, unter einem Erwartungsdruck schreiben zu müssen. Wieland hatte seinerzeit gemeint, ich solle meine Bescheidenheit ablegen, und mir vielleicht damit sagen wollen, daß ich nicht meine Fähigkeiten unterschätzen und anderen nicht mehr als mir selber zutrauen sollte. Aber ich konnte mir noch so viel Ermutigung zusprechen – ich spürte, es brauchte einen großen zeitlichen Abstand, um all diese Erwartungen loszuwerden. Meine *Agnes* mußte in mir abklingen, bevor ich mich an einen neuen Roman setzen konnte. Darum kamen mir die Erzählungen in ihrer kleinen kurzen Form gerade recht. Sie schienen mir wie Vorübungen, wie ein Atemholen vor dem nächsten großen Anlauf.

Die Umstände dafür waren günstig, denn ich konnte mir den Tag so einteilen, wie ich wollte. Alle Verpflichtungen waren mit der Abreise des Hausherrn drastisch reduziert. Ich brauchte nur noch dorthin zu gehen, wo ich nach dem Protokoll als Frau des Kammerrats von Wolzogen zu erscheinen hatte, so daß ich mich fast ungestört von morgens bis abends mit dem Gegenstand meiner Erzählung befassen konnte. Ich überlegte mir Inhalt und Aussage, bewegte mich ungezwungen – quodlibetorisch, wie es Humboldt stets nannte – auf meine Figuren zu, ließ mich von Eindrücken der Erinnerung leiten, bis plötzlich die Konturen einer Schweizergeschichte sich abzeichneten und *Walter und Nanny* als lebendige Wesen vor meinen Augen standen. Die Liebe zwischen den beiden ließ ich durch den egozentrischen Weltmann Robert in Gefahr geraten. Und dies nur, um mich fragen zu können, ob eigentlich die einst so beständigen Werte wie Treue und Vertrauen nicht immer mehr dem Unbeständigen wichen. Lag doch neuerdings darin für viele der Reiz und die Romantik. Obwohl sich die Erzählung fast zu einer kleinen Novelle ausweitete, hatte ich das Manuskript in wenigen Monaten beendet und brachte es noch warm aus der Feder Schwager Friedrich, weil ich wußte, wie sehr er darauf wartete.

Statt Teegebäck für Lotte und Schokolade für die Kinder nahm ich diesmal ihrem grand papa ein Fäßchen Eisengallustinte mit, damit er nicht immer mit der billigen Kopiertinte schreiben mußte, und guten Buchholtzischen Siegellack. Ich wußte, daß ihn solche Kleinigkeiten freuten. Fröhlich betrat ich das Haus, aber Gottfried, der Diener, gebot mir, leise zu sprechen und führte mich zu Lotte. Sie war gerade dabei, Schiller verschiedene Abführtees zu kochen und frische Leibumschläge vorzubereiten. Ich erfuhr, daß er schon seit Tagen mit einem Lendenreißen im Bett lag. Auf meine Frage, warum sie mir nichts davon gesagt hatte, meinte sie kurz angebunden, daß die Krankheit bei ihm doch fast eine Normalität sei, so daß sie mich eher benachrichtigen müßte, wenn es ihm gutging. Es war mir nicht neu, daß er sich mit einem Verdauungsleiden herumschlug. Er nannte es das häusliche Übel, die gallige Ruhr, die in seinen Eingeweiden tobte, doch Dr. Stark hatte eine chronische Verstopfung, einen Alvus obstructa, diagnostiziert und diverse Brechmittel und Palliative verabreicht, die die Schmerzen lindern sollten. Ich wußte auch, daß Goethe vor einiger Zeit dem Schwager im Theater eine eigene Proszeniumsloge hatte einbauen lassen, damit er allein saß und ungesehen blieb, wenn die Schmerzen kamen, und vor kurzem hatte Frau von Stein ihm einen Billardtisch geschenkt, um ihn zu mehr Bewegung zu veranlassen. Auf ihren Rat hin trank er Eselsmilch und Selzer Wasser, aber all das half nicht, und das Übel wurde täglich schlimmer.

»Bei ihm verrichtet die Natur fast keines ihrer notwendigen Ämter anders als künstlich«, meinte Lotte und sah nach, ob er nicht gerade schlief. Sie winkte mich in sein Zimmer. Wie immer versuchte er, seinen Zustand zu verbergen, und sagte nur, daß ihn die Schmerzen verfolgen wie die Furien den Orest. Ohne ein weiteres Wort über seine Krankheit zu verlieren, fragte er mich, ob ich die Erzählung mitgebracht hätte. »Sie liegt draußen auf dem Tisch.«

»Wenigstens etwas Erfreuliches«, entgegnete er. »Ich sehe sie gleich durch, und dann geht sie zu Cotta ab.« Ich schaute auf die Reihe von Vomitiven, die auf dem Nachttisch standen, Kupfervitriol und Brechweinstein, sah auch den Eimer am Bett stehen und fand alles nur trostlos. Trotzdem bemühte ich mich, ein heiteres Gesicht zu zeigen. Er wollte keine Hospitalatmosphäre um sich haben, und Leichenbittermienen an seinem Bett ertrug er nicht. Doch irgend etwas Ermutigendes daherzuzwitschern, dazu konnte ich mich nicht überwinden. Ich hatte zwar mitbekommen, daß er schon wieder an einem neuen Stück, der *Jungfrau von Orleans*, arbeitete, aber mich jetzt danach zu erkundigen, schien mir unpassend. Auch mein Fäßchen Eisengallustinte hatte ich wohlweislich draußen gelassen, denn alles, was unter den gegebenen Umständen an Arbeit erinnerte, trug nicht zur Besserung seines Zustands bei. Glücklicherweise gab es im fernen Rußland den fernen Wolzogen, der immer für eine erbauliche Mitteilung gut war, und so sagte ich ihm, daß Wilhelm geschrieben hatte und grüßen ließ. Zar Paul, der kaum noch Menschen zu sich ließ, hatte Wilhelm empfangen und ein längeres Gespräch mit ihm geführt. Schiller wollte mehr darüber wissen, doch auf einmal wurde er kreidebleich, und ein konvulsivisches Zucken ging durch seinen Körper. Die Krämpfe begannen. Mir schien, als würde er plötzlich aus seiner Erscheinung zurücktreten und ein Fremder werden.

Ich verließ das Zimmer. Lotte saß nebenan und war so demonstrativ in das Studium des *Moniteur* vertieft, daß ich spürte, sie wollte um nichts auf der Welt auf Schillers Zustand angesprochen werden. Ich konnte sie verstehen. Immer nur von körperlichen Leiden umgeben zu sein, immer nur Pflegedienste verrichten zu müssen und keine Aussicht auf Besserung zu haben – das nahm den Lebensmut. Um etwas Erfreuliches zu sagen, hätte ich mit ihr über den jüngsten Erfolg der *Maria Stuart* reden können. Wir hätten ein bißchen schadenfroh über Herder herziehen können, dessen mißliche Töne nirgendwo Anklang fanden. Außer ihm hatte bis jetzt niemand die *Stuart* ein »garstiges Weiberstück« genannt und Schiller vorgeworfen, daß er vornehme Weiberschwächen zum Gegenstand eines Trauerspiels mache. Doch war ich für Lotte in diesen Fragen nicht mehr kompetent. Über Kunst sprach sie nur mit ihm. Von der guten Stein wußte ich ja bereits, daß ihr geliebtes Patenkind zunehmend schöngeistige Allüren annahm, weiß Gott wie großtat und nur noch das gelten ließ, was das Genie sagte. Sie sprach nur noch mit seinen Worten. Ich gönnte Lotte diesen kleinen Genuß, denn viel mehr Freuden hatte sie ja nicht. Wenn sie ihn nicht zu ihrem Abgott gemacht hätte, wäre das Leben an seiner Seite wohl nicht zum Aushalten gewesen. Ein bißchen Dünkel stand ihr als Gattin eines solchen Dichters schon zu. Es hatte natürlich auch keinen Sinn, sich mit Lotte über Frankreich und die große Politik zu unterhalten. Denn seit es bis nach Weimar gedrungen war, daß die Pariser Nationalversammlung ihrem Heldengemahl den ehrenvollen Titel eines Citoyen français verliehen hatte, sprach sie selbstverständlich nur noch mit ihm über die gallischen Nachbarn und den kleinen Herrn Bonaparte. Das Thema »Kinder« wiederum wollte ich nicht berühren. Jedesmal, wenn das Gespräch darauf kam, warf sie mir vor, daß ich meinen Adolf zu sehr verhätschelte, und was dann an Ermahnungen folgte, kannte ich schon.

Um nicht ganz ins große Schweigen zu verfallen, bat ich sie, mir doch einmal das silberne Kaffeeservice zu zeigen, das Schiller als Anerkennung für den *Wallenstein* von der Herzogin Luise geschenkt bekommen hatte. Lotte führte mich an den Schrank und öffnete voller Stolz die Kästen, die mit grünem Samt ausgeschlagen waren und in denen die prächtigen Stücke lagen. Ich war beeindruckt. Mir schien, als blitzte mir der blanke Reichtum entgegen. Lotte nahm jede Tasse und jeden Teller heraus, drehte und wendete sie, zeigte mir die Kanne, die Zuckerschale und den Sahnegießer, alles mit getreppten Füßen, geschwungenen Rändern und reichen Rocaillen, alles schwerprächtig, und ich fragte mich, was sich die Herzogin dabei gedacht hatte. Solch ein Service konnten Schillers doch gar nicht benutzen. Sie luden ja ohnehin kaum Gäste zum Kaffee ein, weil Kaffee viel zu teuer war. Außerdem durfte auf diesen herrlichen Kuchentellern nicht irgendeine gewöhnliche Zuckerschnitte liegen. Zu diesem kostbaren Service paßte nur erlesenes Gebäck, feinste Confiserien und ausgesuchte Pralinés. Doch dafür fehlte im Schillerschen Haushalt das Geld. Luxusgenüsse waren im kargen Poetenbudget nicht vorgesehen. Das fürstliche Geschenk war eigentlich zu nichts nutze, außer daß es im Schrank stand und Platz wegnahm. Wenn sie es wenigstens hätten verkaufen können. Aber mit einem Ehrenpräsent des Hofes, über das die Zeitungen berichtet hatten, ließ sich das natürlich nicht machen. Hätte ihn die Herzogin mit Bargeld beglückt oder veranlaßt, sein Jahresgehalt zu erhöhen, wäre dem Schwager gedient gewesen, und er hätte sich freuen können. Poeten brauchten nichts zum Repräsentieren, sondern zum Leben. Lotte mußte den gleichen Gedanken gehabt haben, denn als sie die Schatullen schloß und ihren Silberschatz in den Schrank zurückräumte, sagte sie: »Hoffentlich ist Schiller nicht so lange krank und kann bald wieder arbeiten. Du weißt ja, Rücklagen haben wir nicht.«

Wochen später, nachdem meine Erzählung im *Damenkalender* erschienen war und mir eine stattliche Anzahl von Leserbriefen bescherte, brachte mir Schiller den neusten Messekatalog und forderte mich auf, ihn mir unbedingt anzusehen. Er fand, daß es an der Zeit war, gegen

die zunehmende Trivialisierung des Geschmacks anzugehen. Jetzt, da ich mich als eine erfolgreiche Romanautorin
und Erzählerin etabliert hatte, sollte ich einmal gehörig
gegen die Ausbreitung des Unverstandes zu Felde ziehen. Er hatte ja schon vor Jahren versucht, diesen Sudlern
heimzuleuchten, die im Verein mit gewinnsüchtigen Ver-
legern das Ansehen der Literatur auf den Hund brachten,
und sich empört, daß immer mehr von diesen Schund-
scribenten, die es auf nichts als den geilen Kitzel abgesehen hatten, auf der Theaterbühne Einzug hielten. Es hatte
wenig genutzt, und vielleicht war auch die Zeit dafür
noch nicht reif gewesen. Doch jetzt, da eine neue Welle
von Geschmacksverderbern hereinbrach und jeder Sitten-
strolch sich Autor nennen durfte, jetzt sollte ich meine
Stimme erheben. Dies um so mehr, da ich ein großes
Ansehen unter den weiblichen Lesern hatte und gerade
Frauen für diesen Lesekitzel so empfänglich waren.
Nachdem er gegangen war, blätterte ich in Ruhe den
Katalog durch. Eine Flut von Autorennamen und Ro-
mantiteln schwappte mir entgegen, die ich in dieser
Vielfalt noch nie wahrgenommen hatte und die mir alle
unbekannt waren. Seite um Seite Ritter-, Räuber- und
Schauerromane, die sämtlichst als große Werke angeprie-
sen wurden und für die kein Superlativ zu schade schien.
Ich hatte nichts gegen Autoren, die schrieben, wie ihnen
der Schnabel gewachsen war, und dabei gar nicht merkten, daß sie ihre Beschränktheit vor aller Augen ausbrei-
teten. Auch die anderen, die glaubten, ihre Beschränktheit zum Maßstab aller Dinge machen zu müssen, störten
mich nicht, denn sie taten keinem weh. Selbst Autoren,
die womöglich nur darum gern gelesen wurden, weil ihre
Geschichten so fröhlich vor sich hin plätscherten, fügten

sich in die breite Palette zwischen gutem und schlechtem Geschmack ganz unauffällig ein. Doch Schiller ging es um die anderen, die es einzig auf die Sensation abgesehen hatten, die wild drauflos schrieben, kopflos, freihändig, vierfüßig, und nichts als schrillen Unflat über die Menschen auskippten. Ich kannte ihre Bücher im einzelnen nicht, wußte aber um die Machart. Bei ihnen wurde unablässig geraubt und geplündert, entführt und genotzüchtigt. Meuchelmörder, Giftmischer, Geheimbündler, Gauner und Geister waren ihre Hauptfiguren, Gewalt und Grauen ihr Gegenstand. Hauptsache, es ging gruselig zu. Oder wenigstens dreckig, dumpfig, kotig, schmierig, schlüpfrig, blutig und zotig. Hauptsache, Gestank und Fäulnis, Flechte und Grind, Moder und Schimmel, und immerzu Gosse – das fand Zuspruch und hatte Konjunktur. Ich wußte, daß Schiller die Gefahr sah, aus dem Schönen, Wahren und Guten könnten zunehmend verstaubte Kategorien werden. Es könnte als allgemeines Eiapopeia belächelt werden, das mehr für den Himmel denn für die Erde taugte, ins Gestern mehr als ins Heute paßte, und nur noch als Gegenstand frommer Sonntagspredigten seine Berechtigung haben. Er befürchtete, es könnte zu guter Letzt sich alles verkehren und noch soweit kommen, daß diejenigen, die sich auf den Niedergang nicht einließen und daran zu erinnern wagten, daß das Schöne, Wahre und Gute die Bestimmung und der Zweck des Menschen sei, als lächerliche Figuren hingestellt wurden, unkende Uhus, die in den Hörsaal der Ethik, aber nicht in die Welt paßten.

Im Prinzip hatte Schiller schon recht, daß man nicht schweigend hinnehmen durfte, wenn jeder enthirnte Frosch den Parnaß stürmte, die Musen vergewaltigte und anschließend als hoffnungsvoller Literat gepriesen wurde. Irgendwo mußte der Weg nach unten seine Grenzen haben, wenn nicht alles ins Rohe und Würdelose abgleiten sollte. Dennoch hatte ich Bedenken. Unwillkürlich dachte ich an Wieland, der seinerzeit gemeint hatte, daß meine Stimme ihr ganz eigenes Gewicht haben werde, aber ich überlegte, ob es überhaupt sinnvoll und der Sache dienlich war, lautstark gegen das Niedrige und Gemeine anzugehen. Denn in dem Moment, wo ich es tat, nahm ich es wahr und festigte seine Existenz. Um die Auseinandersetzung mit dem Schmutz zu führen, mußte ich mich auf den Schmutz einlassen, und hier lag die Crux. Allein dadurch, daß ich ihn wahrnahm und mich ernsthaft mit ihm beschäftigte, wertete ich ihn auf. Jede Art der Auseinandersetzung, und sei es die schärfste Attacke, verschaffte ihnen, zumal wenn sie noch aus dem geniereichen Weimar kam, zusätzliche Beachtung und bestätigte sie letztlich in ihrem minderwertigen Geschreibe. Sie nicht wahrzunehmen, schien mir nach wie vor die einzig richtige Antwort zu sein. Immerhin gab es Dinge, die waren so unwürdig und so niedrig, daß man allein schon mit der Erwähnung den eigenen Namen beschmutzte. Außerdem fragte ich mich auch, woher ich das Recht nahm, anderen vorschreiben zu wollen, was sie zu lesen oder nicht zu lesen hatten. Es mußte schon jeder selber wissen, womit er seinen Geist beschäftigte und seine Zeit totschlug. Ich war nicht der Volkserzieher und konnte niemandem die eigene Verantwortung für seine Bildung abnehmen und ihn zur selbsttätigen Vernunft zwingen. Ein bißchen was mußte die Krone der Schöpfung, der zweibeinige Flügellose, schon selber tun. Wenn andere im Primitiven, Peinlichen und Geschmacklosen ihr Ergötzen fanden, dann sollten sie. Warum mußte ich mich über Dinge aufregen, die außerhalb meiner Wahrnehmung lagen. Den Lesern der Ritter-, Räuber- und Schauerromane ging es weder um die Literatur noch um die Kunst, sondern einzig um den Kitzel. Als Autorin war ich ihnen ohnehin kein Begriff, so daß meine Entrüstung und meine Ermahnung bei ihnen nicht ins Gewicht fiel. Und diejenigen, die mich lasen und die mich kannten, hätten sich gewundert, wieso ich meine geistige Energie an eine so niedrige Materie verschwendete, zumal ich immer gesagt hatte, daß es darauf ankam, sich mit großen und würdigen Gegenständen zu befassen. Nicht daß ich mich vor einer Polemik fürchtete. An den passenden Worten fehlte es mir dafür nicht. Aber ich mochte mich einfach nicht so tief herabziehen lassen und einer Sache Beachtung schenken, die keiner Beachtung wert war.

Als ich Goethe einen Brief von Wolzogen überbrachte, kamen wir zufällig auf den Messekatalog zu sprechen. Er wußte bereits von dem Wunsch, den Schiller an mich herangetragen hatte. Auch er hatte schon des öfteren mit ihm über den Dilettantismus und die zunehmende Verrohung des Geschmacks debattiert. Er gab mir recht. »Die Beschäftigung mit dem Gemeinen depotenziert. Wenn Sie das Schlechte schlecht nennen«, sagte er, »was ist da gewonnen? Nennen Sie allerdings das Gute schlecht, ist viel geschadet. Doch Schelten bringt nichts. Am besten sich um das Verkehrte gar nicht kümmern, sondern immer nur das Gute tun.«

Ich hatte den Geheimrat verstanden: Einen guten Roman zu schreiben, war wirksamer als jede Polemik.

Überraschend ließ mich der Herzog zu sich bitten. Ich erschrak, denn ich dachte sofort an Wilhelm und fürchtete, daß irgend etwas passiert sein könnte. Irgend etwas Schlimmes, das mir kein anderer als nur der Herzog mitteilen wollte. Ich machte mich innerlich auf das Äußerste gefaßt, denn aus Rußland kamen in letzter Zeit nur schlechte Nachrichten. Der Zar war vor wenigen Wochen gestorben – einem Halskrampf erlegen, wie die Zeitungen schrieben –, doch wurde bereits von einem Mord gemunkelt. Noch immer beschäftigte das Schicksal Kotzebues die Gemüter, der an der Grenze von Kosaken verhaftet und nach Sibirien verbannt worden war. Inzwischen war auch ruchbar geworden, daß es in Rußland eine »Geheime Expedition« gab, die wahllos Menschen verschleppte und sie in sibirischen Sümpfen und Steinbrüchen elendiglich enden ließ. Eine Gänsehaut lief mir über den Rücken, denn ich wähnte Wilhelm in der düstersten Höhle des düstersten Nordens. Alles Grausame und Katastrophische drängte sich mir an, und dieses Rußland stand plötzlich wie eine drohende Festungsmauer vor mir, hinter der alles verschwand, alles versickerte und auf mysteriöse Weise abhanden kam. Und was bedeutete schon im Reich der Dämonen und Steppen ein kleiner Weimarer Kammerherr?
Ich hatte Mühe, meine Aufregung zu verbergen. Der Herzog begrüßte mich, und ich wagte kaum, ihn anzusehen, um nicht schon in seiner Miene meine Ahnung bestätigt zu finden. Er bat mich, Platz zu nehmen, und sagte, daß er mit mir eine Angelegenheit besprechen wolle, die äußerst delikat behandelt werden müßte. Es beträfe meinen Herrn Schwager. Ich atmete so hörbar auf, daß ich fast erschrak. Carl August hatte erfahren, daß Schiller an einem neuen Stück, der *Jungfrau von Orleans* arbeitete. Schon

196

öfter hatte er den Autor gebeten, ihn vorab seine Stücke lesen zu lassen, denn er wollte wissen, was demnächst im Hoftheater zur Aufführung anstand. Der Schwager hatte jedesmal strikt abgelehnt, der Bitte nachzukommen. Nun aber brachte er mit dem neuen Stück Serenissimus in eine prekäre Situation. Ein Stück, in dem die Heldin eine Jungfrau war, konnte derzeit nicht aufgeführt werden, nicht, solange die Jagemann, die bereits ihren Anspruch auf diese Rolle angemeldet hatte, in gesegneten Umständen war. Carl August bat mich, den Schwager zu überreden, ihm das Manuskript einige Tage zu überlassen, damit er die Pucelle d'Orleans perlustrieren könne.

Das also war's. Ich sollte dem Herzog Schillers Manuskript beschaffen, damit er es perlustrieren konnte. Perlustrieren! Wie vornehm er sich ausdrückte. Hieß es doch nichts anderes, als es durchzusehen, um einen Vorwand zu finden, es zu diesem Zeitpunkt nicht spielen zu lassen. Für mich war es ja im Grunde recht schmeichelhaft, daß er mir einen so großen Einfluß auf Schiller zutraute. Trotzdem fragte ich ihn, warum er diesen Umweg machte und nicht selbst mit ihm sprach. Carl August wollte die Sache freundschaftlich regeln, wie er mir sagte. Er fürchtete, daß er womöglich den falschen Ton treffen könnte, während eine Poetin wie ich sich auf das Sensorio eines Poeten einzustellen wüßte, ohne gleich Dissonanzen zu erzeugen. Die aber wollte er vermeiden, weil er in einem guten Verhältnis zu Schiller leben wollte, zumal er sein Werk hoch schätzte. So blieb denn die heikle Mission bei der Schwägerin Wolzogen. Natürlich nahm ich mir vor, mein ganzes diplomatisches Geschick zu entfalten, um den Herzog nicht zu enttäuschen, denn schließlich war er ja auch Wilhelms Dienstherr.

Ich weihte erst einmal Lotte ein, weil sie im Unterschied zu ihrem Mann die praktische Seite einer Sache sofort erkannte. Es ging ja um keinen Kniefall, sondern nur darum, dem Herzog einen Gefallen zu tun und das Stück zu einem späteren Zeitpunkt aufführen zu lassen. Dieses kleine Entgegenkommen kostete Schiller nichts, und ein gutes Einvernehmen mit dem Hof konnte für die ganze Familie nur von Nutzen sein. Es brachte langfristig mehr als den Triumph eines abendlichen Gelächters im Theater. Lotte sah das ein, und ich trug dem Schwager das Anliegen des Herzogs vor. Schiller tobte: Noch bestimme er, welches Stück er wann aufführen ließ! Es sei nicht die Sache des Herzogs, sich da einzumischen! Wie käme er überhaupt auf die Jagemann? Er hätte an die schwangere Jagemann überhaupt nicht gedacht. Er wolle die große Unzelmann aus Berlin für die Rolle der Johanna, und noch bestimme er die Besetzung! Und dann hätte er doch mal gern gewußt, wie Goethe dazu stand.

Ich gab ihm zu verstehen, daß der Herzog Goethe bewußt heraushalten wollte. Der offizielle Weg über die Theaterdirektion würde aus der diskreten Angelegenheit eine Affäre machen, und genau das wollte Serenissimus vermeiden. Darum erwartete er ja, daß Schiller selbst den Grund für eine Verschiebung der Aufführung lieferte.

Soweit kam es noch! Der Schwager war empört. Plötzlich, als er so aufbrausend vor mir stand, erinnerte ich mich an das Bild vom Einhorn, das wild heransprengte. Ich wich nicht aus. Er hatte ja nicht unrecht. Noch besetzte der Autor die Rollen, aber ich sah auch die besondere Situation: Es war nun mal eine kleine Residenz, und jeder wußte, daß die Jagemann die Geliebte des Herzogs war. Wenn sie hochschwanger die Jungfrau spielte, lachte ganz Weimar. Und das wollte Carl August verhindern. Sein Wunsch, ein bißchen auf seine Empfindlichkeiten Rücksicht zu nehmen, war ja noch keine Zensur, geschweige denn ein Eingriff in das Stück. Es ging ihm lediglich um den Zeitpunkt der Aufführung. Das mußte sich doch machen lassen, zumal er bislang vom Hof noch mit nichts Derartigem behelligt worden war. Im Gegenteil: Der Herzog hatte ihn gefördert, nach Weimar geholt und jetzt erst sein Jahresgehalt erhöht. Andere Fürsten waren da weit weniger spendabel. »Gib ihm das Manuskript zu lesen«, sagte ich, »dann ist der Herzog beruhigt. Anschließend ändert sich nur die übliche Reihenfolge. Du läßt das Stück zunächst drucken, sagst offiziell, du möchtest erst einmal erproben, wie es auf den Leser wirkt, und dann bringst du es auf einer angesehenen Bühne zur Aufführung. Damit ist unser sterblich verliebter Herzog aus seiner Verlegenheit, und du hast dir nichts vergeben. Außerdem kannst du gleich einmal zeigen, daß du überall gern gespielt wirst und auf Weimar nicht angewiesen bist. Er weiß zwar längst, was er an dir hat, aber es kann nicht schaden, es ihm bei dieser Gelegenheit wieder einmal vorzuführen. Weder für dich noch deine Familie.«

Schiller war anzusehen, daß er meine Argumente zwar zutreffend, aber letztlich nicht überzeugend fand. Wohl mehr aus der Einsicht heraus, daß er sich Serenissimus' Bitte nicht widersetzen konnte, übergab er mir widerwillig das Manuskript. Ich brachte es dem Herzog und teilte ihm die Modalitäten mit: »*Die Jungfrau von Orleans* wird erst bei Unger verlegt und anschließend in Leipzig uraufgeführt. Vielleicht aber auch in Hamburg oder Berlin. Die Theater streiten sich noch.« Carl August bedankte sich fast überschwenglich für meinen Einsatz, und ich war froh über den für alle Beteiligten annehmbaren Ausgang.

Die Freude hätte nicht größer sein können: Wolzogen hatte die Verlobung des Erbprinzen mit der Tochter des Zaren zustandegebracht und wurde nach seiner Rückkehr dafür so reichlich belohnt, daß sich über Nacht meine düsteren Vorstellungen von Rußland verloren und mir die öden Steppen wie glitzernde Goldgruben erschienen. Er wurde zum Geheimrat ernannt und sein Gehalt um fast das Zehnfache erhöht. Als der designierte Oberhofmeister der jungen Großfürstin bekleidete er schon jetzt den Rang eines Ministers, bekam freie Tafel und freie Equipage und führte den Titel Exzellenz. Es war prächtig. Äußerlich hatte er sich zwar zu seinem Nachteil verändert. Er war dick und rund geworden, aber was machte das schon bei einem Mann aus, der mit beiden Füßen im Glück gelandet war. Daß das erste Jahr im neuen Jahrhundert mit einem so steilen Aufstieg des Ehemannes beginnen könnte, hätte ich mir nie träumen lassen. Ein Jahrhundert so zu eröffnen, war verheißungsvoll. Gleich welche Bücher ich noch schreiben würde, gleich was jetzt kam – von der Warte einer Geheimrätin ließ sich gelassen und heiter in die Zukunft schauen. In dieser Höhe war nichts zu befürchten, und es leuchtete alles wie Morgenrot. Jeden Tag brachte ich Wilhelm Franzowitsch ein kleines eheliches Ständchen dar, achtete darauf, daß ihm ein häusliches Vivat laut entgegentönte, und Adolf, der reich mit Spieluhren, Bildern und Pelzen beschenkt worden war, fühlte sich wie ein kleiner Zarewitsch, der jeden Abend von seinem weliki odjetz neue Heldengeschichten hören wollte.

Selbstverständlich mußte ein solches Ereignis gefeiert werden. Bevor ich die Offiziellen zur großen Gesellschaft ins Haus bat, meinen ausziehbaren Mahagonitisch und meine vierundzwanzig Stühle einweihte, lud ich erst einmal die Familie ein. Dies war mir ein ganz besonderer Genuß, denn niemand von meinen lieben Nächsten hätte Wilhelm eine solche Karriere zugetraut. Vor allem nicht meine Mutter. In dem unbemittelten Wolzogen, der ohne feste Einnahmen in der Welt herumfederte, hatte sie nur einen windigen Patron gesehen und mich an seiner Seite schon im Armenhaus gewähnt. Ich ließ sie mit Wolzogens neuer Prachtkarosse abholen, damit sie gar nicht erst in die Verlegenheit kam, sich die Equipage des Herrn von Beulwitz auszuborgen. Außerdem sollte sie eine sinnliche Anschauung davon bekommen, daß es noch einen zweiten Schwiegersohn gab, der durchaus erfolgreich war. Er dichtete sich zwar nicht über das Jahrhundert hinaus, aber er hatte eine einflußreiche Stellung erlangt. Ohne ihn ging an Weimars Musenhof nichts mehr.

Wilhelm unterhielt die Familienrunde so heiter und interessant wie noch nie, aber er hatte ja von uns allen auch das meiste erlebt. Ich sah ihm an, wie gut es ihm tat, sich gerade an diesem Tisch als Kenner des russischen Kaiserhofes auszuweisen, denn wer drang schon aus der Weimarischen Kolonie in das Allerheiligste des Zarenreiches vor. Nun brauchte er seinem Studienfreund nicht mehr von großen Plänen vorzuschwärmen, sondern bewies ganz schlicht – was einer kann, das wird er auch. Lotte schien sichtlich beeindruckt, daß sich ihr Cousin, den sie doch immer nur für einen Mann der Praxis hielt, in eine ehrwürdige Exzellenz verwandelt hatte. Da ihr von jeher Titel und Ämter Respekt einflößten, lauschte sie geradezu hingebungsvoll Wilhelms Worten. Dies wiederum tat mir sehr gut. Nun sah sie, es gab außer ihrem Johann Christoph Friedrich auch andere tüchtige Männer auf der Welt, und das holte sie hoffentlich ein bißchen von ihrem hohen Dichtersgattinnen-Roß herunter.

Und doch – als ich Schwester und Schwager so nebeneinander vor mir sitzen sah, muteten sie mir wie zwei alte Leidensgefährten an. Hofrat Schiller mit Frau. Adler und Spitzmaus. Er ärmlich, blaß und bescheiden wie immer, sie leicht verhärmt, müde und abgespannt. Die Schatten unter ihren Augen, die faltigen Gesichtszüge – alles deutete auf Erschöpfung und eine tiefe Unzufriedenheit mit ihrem Leben hin. Vielleicht hatten sie sich vorher gerade gestritten. Vielleicht war wieder sein häusliches Übel, der Alvus obstructa, im Anzug, der sich in letzter Zeit immer häufiger durch einen Ausbruch von schlechter Laune ankündigte. Vielleicht aber stand ihnen durch Wilhelms Erzählung die Mühsal ihrer eigenen Existenz deutlicher denn je vor Augen. Es war ja nicht zu übersehen, es lagen Welten zwischen der höheren Beamtenschaft und der freien Schriftstellerei. Sicherlich brauchte es Geschick und diplomatisches Talent, um an einem fremden und dazu noch so mächtigen Hof Vertrauen zu erlangen. Aber für eine geglückte Brautwerbung so hoch dotiert zu werden, daß man ein Leben lang ausgesorgt hatte, stand doch in keinem Verhältnis zu dem, was Schiller leistete. Er schrieb ein großes Stück nach dem anderen, setzte Maßstäbe in der Kunst und war noch immer auf Zuwendungen angewiesen. Konnte mit nichts fest rechnen, durfte nichts erwarten und mußte für jede Hochherzigkeit dankbar sein. Wenn ich bedachte, wie groß sein Ruhm und wie klein sein Einkommen war, dann konnte jeder nur dem Himmel danken, kein Genie zu sein. Im Gegensatz zu Wilhelm hatte der Schwager nichts zu verteilen, nichts zu verfügen, war ganz auf sich alleingestellt, ohne Einfluß, ohne Macht und eigentlich das Opfer seines eigenen Produkts. Weil es ein geistiges Produkt war, wurde er von allen als ein geistiges Wesen wahrgenommen und ihm ein geistiger Status zuerkannt. Der trug ihm zwar Verehrung und Bewunderung ein, aber darüber wurde oft vergessen, daß Genie nicht nur die Wirkung, sondern auch der Mensch war, der essen, wohnen und sich kleiden mußte. Er war zwar gerade zum Professor ordinarius ernannt worden, doch damit ehrte die Universität mehr sich selbst. Sie hätte besser daran denken sollen, daß Schiller eine große Familie hatte. Während er hier saß und ihm diese Stunden an der kostbaren Arbeitszeit fehlten, liefen Wilhelms Bezüge unablässig weiter. Tag und Nacht, an Sonn- und Feiertagen, ob er krank war oder sich auf seinen Gütern erholte – immer regnete es gleichmäßig warm auf ihn herab. Das hätte Schiller gut gebrauchen können, aber der Mut, für sich selbst zu stehen, wurde eben nicht honoriert.

Ich fand, es war an der Zeit, für eine Aufmunterung zu sorgen. Wenn ihm schon die Vorzüge des Beamtenstandes unerreichbar blieben, dann sollte er doch wenigstens einen Status bekommen, der seinen Kindern halbwegs die Zukunft sicherte. Jetzt war eine günstige Gelegenheit, ihm den Adel zu verschaffen. Lotte war dann auch endlich wieder am Hofe zugelassen, konnte tanzen, zu den Redouten gehen und an allen Hochzeitsfestlichkeiten des Erbprinzen, die demnächst ins Haus standen, teilnehmen. Goethe war ja schon vor Jahren baronisiert worden, und wie ich hörte, bewarb sich jetzt Herder darum und hatte gute Aussichten. Schillers Verdienste waren nicht geringer. Er brauchte nur den richtigen Fürsprecher am Hofe. Und zur Zeit gab es keinen besseren als Wilhelm. Er mußte es nur so einfädeln, daß dem Schwager keine Unkosten entstanden und der Herzog ihn gebührenfrei in den Adelsstand erhob. Das mußte die erlauchte Schatulle doch wohl hergeben. Solange Geld für den Einbau immer neuer Geheimtreppen im Schloß vorhanden war, durfte ein solches Geschenk für einen solchen Mann nicht zuviel sein. Ich sagte Lotte und dem Schwager nichts davon. Wenn es gelang, sollte es eine Überraschung werden.

Nachdem sie gegangen waren, erörterte ich mit Wilhelm die Chancen eines solchen Unternehmens. Er versprach mir, sich gleich bei Serenissimus dafür einzusetzen, und ich war gespannt, wie mein neuernannter Geheimrat seine erste Amtshandlung lösen würde.

Daß man in einer Kleinstadt keinen Augenblick lang anonym sein konnte und unter allgemeiner Beobachtung stand – das kannte ich schon aus meiner Schwarzburg-Rudolstädtischen Weltresidenz, wo all die Thüringer Heringsnasen aus den Fenstern schauten. Doch hier, im heiligen Weimar, dieser Sechstausend-Seelen-Siedlung, kamen die geistigen Zwistigkeiten dazu, die das Leben in der Enge noch enger machten. Ein einzelnes Genie an einem Ort mochte einer Kathedrale gleichen, die alle bewunderten und auf die alle stolz waren. Vier Genies an einem Ort waren eine Katastrophe. Sie schufen um sich herum ihre eigenen Kreise, die alles auseinanderdividierten, Fronten errichteten und unwillkürlich Pole zu Gegenpolen machten. Herder hinter der Kirche war eifersüchtig auf Schiller, weil er Goethes engster Freund geworden war. Schiller wiederum verstand Herder nicht, weil er gegen die Kantsche Philosophie zu Felde zog und in ihr nichts als Bübereien sah, und Wieland, der Doyen der Dichter, saß auf seinem Gut Oßmannstedt und amüsierte sich darüber, daß das Publikum alles dankbar aufleckte, was ihm Goethe und Schiller hinwarfen. Trotz dieser Gräben, die mir manchmal durch nichts als Eitelkeit aufgerissen schienen, wäre ich gern öfter mit Herder und Wieland zusammengekommen. Herder schätzte meine Schriftstellerei und sprach sich überall anerkennend über meine *Agnes* aus. Wieland hatte mich schon mehrmals um eine Mitarbeit an seinem *Merkur* gebeten. So gerne ich das ehrenvolle Angebot auch angenommen hätte, ich konnte es nicht, denn dann hätte ich Schiller brüskiert, der meine Erzählungen für seine Zeitschrift haben wollte. Dies mußte ich ihm um so mehr gestatten, da er sie vor dem Erscheinen kritisch durchsah. Ich zählte nun mal zum Goethekreis und war damit Partei. Sicherlich war es nicht die schlechteste Partei, aber leider eine, die ständig neue Neider anzog.

Allerdings begriff ich immer weniger die Feindseligkeit, die Goethe entgegenschlug. Er konnte tun und lassen, was er wollte – alles war von Häme begleitet. Zwar hatte sich die Aufregung über Donna Vulpia gelegt, aber sah man sie einmal zufällig en famille, wurde gleich vom Heiligen Geist, der gebenedeiten Jungfrau und dem Christuskind gesprochen. Hielt Goethe im Gelehrtenverein einen Vortrag über Farben und Pflanzen, hieß es hinter vorgehaltener Hand, er wolle Meister aller Künste sein. Ging er in Gedanken versunken die Straße entlang, warf man ihm eine erhabene Ministermiene vor. Stieg er aus seinem Wagen und vergaß womöglich einen Gruß zu erwidern, wurde ihm reichsstädtischer Stolz nachgesagt. Reagierte er als Direktor des Theaterwesens mit einem amtlichen Erlaß, sprach man gleich spottend vom Doktor und Exadvokaten, und jetzt, da er das Mittwochskränzchen gegründet hatte, war die Aufregung besonders groß.

Plötzlich echauffierte man sich darüber, daß er eine Elite um sich sammelte, die glaubte, etwas Besonderes und Besseres zu sein, und allen zeigen wollte, wer in Weimartown den Ton angab. Ich fand das schon recht ärgerlich. Was hieß da Elite?! Vielleicht stellte sich das mancher so vor, als säßen ein paar Auserwählte an Goethes Tisch, pflegten ihren Dünkel und heckten sich neue Theorien aus. Und über allem thronend der Geheime Rat des guten Geschmacks, der einem Verein selbsterhobener Geister die Richtung wies. Mag sein, daß Elite denen zum Vorwurf wurde, die nicht dabei waren und sich um den Genuß der Zugehörigkeit betrogen fühlten. Mag sein, daß man eine Gruppe immer dann als Elite verdächtigte, wenn sie etwas wahrnahm, was andere nicht wahrnahmen, und sich mit Dingen beschäftigte, die den meisten sinnlos erschienen. Jeder hatte nun mal einen anderen Blickwinkel und ein anderes Interesse, und es wäre wohl das Ende jeder Bewegung gewesen, wenn alle das gleiche gesehen, das gleiche gedacht und das gleiche getan hätten. Doch Goethe versammelte zum Mittwochskränzchen nicht irgendwelche auserkorenen Lichtgestalten, die meinten, vom Himmel herabgefahren zu sein, sondern lediglich seine Freunde. Mit ihnen saß er gerne zusammen, weil er sich in ihrem Kreis nicht langweilte und sicher sein konnte, daß sie ihm gewogen waren und nicht alles gleich nach draußen trugen, was bei ihm am Tisch gesprochen wurde. Ließ er einen Riesling servieren, wollte er hinterher nicht hören müssen, es hätte bei ihm kuhwarmen Sachsenwein gegeben.

Goethe hatte eigens für das Mittwochskränzchen Statuten ausgearbeitet, die wir – Schiller, Lotte, die Imhoff, die Egloffsteins, Einsiedel, Meyer, die Wolfskeel, die Göchhausen, Wolzogen und ich – einstimmig annahmen. Das Wichtigste war, nicht über Politik zu reden, denn Gespräche über Politik zerstörten die Harmonie. Darin waren wir alle einer Meinung: Ob wir uns an diesem Tisch über die große Politik aufregten oder nicht – es war für die Katz. Wir hatten ohnehin keinen Einfluß darauf. Das hatte mir Wieland erst vor kurzem bei einem Souper der Herzogin gesagt: »Wer sich einbildet, etwas zu wirken und in die Speichen des Rades zu greifen, das die Nemesis unaufhörlich wälzt, ist ein Thor und wird, wenn er nicht beizeiten klug wird, zerquetscht.« Diesen Satz hatte ich mir gut gemerkt und war froh, daß Schiller und Goethe es genauso sahen. Wenn der kleine Herr Napoleon die Revolution kurzerhand für beendet erklärt und sich zum Ersten Konsul ernannt hatte, dann konnten wir das zwar gut oder auch schlecht finden, oder uns gar darüber zerstreiten, aber wir änderten nichts an der Tatsache. Und wozu sich immer die Themen von außen aufzwingen lassen? Wir waren doch nicht das Echo, geschweige denn das Sprachrohr der Politiker, die oft nur eine klägliche Stimme hatten und etwas daherkrächzten, das weder einer Aufmerksamkeit noch einer Auseinandersetzung wert war. Und wir wollten uns auch nicht den Kopf zerbrechen über das, was kommen könnte. Feststand – die Revolution hatte die Paradoxien nicht gelöst, und auch Napoleon konnte sie nicht aus der Welt schaffen. Das Liliengeschmeiß war zwar weg, aber niemand wußte, was uns jetzt ins Haus stand. Sich damit vor der Zeit nervös zu machen, brachte nichts, und die kostbaren Stunden mit bangen Überlegungen zu belasten, war vergeudete Zeit. Wozu sich schon jetzt den Mut nehmen, der später bestimmt noch einmal nötig war. Darum erschien es mir auch völlig legitim, in politisch bewegten Zeiten im Hause eines Dichters über das Versmaß des Trimeters zu sprechen. Das hatte nichts mit Elite zu tun, sondern gehörte zur Arbeit eines Poeten, die ihm der Korse nicht abnehmen konnte. In der Welt ging es nun mal arbeitsteilig zu.

Doch nicht einmal über Versfüße wollten wir im Mittwochskränzchen sprechen. Wir wollten überhaupt nicht reden oder gar tiefschürfende Gedanken austauschen. Nicht diskutieren, nicht debattieren, nichts problematisieren, sondern nur zusammensitzen, einen guten Wein trinken und singen. Alle vierzehn Tage uns treffen, singen und die cour d'amour pflegen. Eigens dafür hatten Goethe und Schiller ein paar Lieder geschrieben, und die stimmten wir begeistert an. Das war die beste Antwort auf alles, was verdrießlich stimmte. Wein trinken und singen und das kleine Alltägliche, das so stillheimlich an der Seele nagte, hinter sich lassen. Nicht grübeln, nicht rätseln, alles weit von sich wegschieben, sich fortschwingen und in eine andere Gefühlslage wechseln – das war es, was allen sichtlich guttat und was auch mir fehlte. Einmal nicht gescheit sein müssen und nicht den großen Sinn suchen, sondern sich den Kopf freisingen von allem, was ihn beschwerte. Für ein paar Stunden sich in einer schönen Stimmung dahintreiben zu lassen: aussteigen, ausspannen, vergessen, trinken – wenn das Elite war, wollte ich gern jeden zweiten Mittwoch elitär sein.

Allmählich kam ich mir wie eine leibhaftige Hinterlassenschaft vor und lebte im Zustand einer Reisewitwe. Wilhelm Friedrich Ernst Franz August in der Welt und Friederike Sophie Caroline Auguste zu Hause als treue Verwalterin des ehelichen Basislagers; dazwischen meilenweite Entfernungen und hin und wieder Nachricht durch Kurier – ich hätte mir Schöneres denken können. Diesmal war er mit dem Erbprinzen in Paris, damit sich der junge Herr vor seiner Heirat in der Hauptstadt des Universums noch einen Weltschliff holte, und ich saß am Kamin, pflegte meine engelsreine Seele und hatte wieder keinen, mit dem ich abends reden konnte. So schön Wilhelms Erfolg auch war, so angenehm er auch unsere finanziellen Verhältnisse gestaltete – was nützte mir das ganze Geld, wenn der Mann, der es brachte, ständig abwesend war? Mir fehlte die heitere Atmosphäre, aus der oft eine sternhelle Stimmung stieg, die aus allem hochriß, über alles hinaustrug und für Augenblicke das Gefühl gab, das Ziel aller Wünsche erreicht zu haben. Für mich bestätigte es sich wieder, daß Geld nicht alles war. Vorerst mußte ich mich wohl darauf einstellen, eine Partie Whist mit mir selbst zu spielen. Und das bei meiner Lust, ein geselliges Wesen zu sein! Bevor ich zu Bett ging, verweilte ich jedesmal kurz vor dem Ölporträt, von dem Wilhelm herablächelte, wünschte auch ihm eine gute Nacht und war froh, daß ich wenigstens nicht von Gipsbüsten träumen mußte. Darin lag an sich schon ein Lebensgewinn. Aber es änderte nichts an dem Gefühl, verheiratet und trotzdem verlassen zu sein.

Nicht daß ich mich gelangweilt hätte. Im Gegenteil. Zu tun gab es genug. Ich mußte mich um Adolfs Ausbildung kümmern. Schließlich sollte er einmal ein gebildeter

Mann und kein grober Knollen werden. Gute Hauslehrer waren rar, und die Suche nach ihnen kostete Zeit. Vormittags konzipierte und mundierte ich Briefe. Wenigstens einer von uns mußte die Verbindung zu Verwandten und Freunden aufrechterhalten. Besondere Mühe gab ich mir diesmal mit einem Brief an Dalberg, der Kurfürst und Erzkanzler des Deutschen Reiches geworden war. Bei dieser Gelegenheit dankte ich ihm, daß er sich beim Kaiser in Wien für Schillers Adelsdiplom eingesetzt hatte. Auf den Goldschatz konnte man sich eben verlassen. Wenn er schon zu häuslichen Glückseligkeiten nicht geschaffen war, so hoffte ich doch, daß er zum Vater des Vaterlandes desto besser taugte. Doch wie auch immer: einen Walzer hätte ich schon ganz gern wieder einmal mit ihm tanzen mögen. Danach wäre mir jetzt zumute gewesen.

Nachmittags schrieb ich an meiner neuen Erzählung, und abends ging ich manchmal zu Goethe und betrachtete durch das Auchische Teleskop oder den siebenfüßigen Herschel den Mond. Der Blick auf Paris allerdings wäre mir lieber gewesen. Goethe begriff nicht, was mich in diese Stadt zog, und schilderte mir mit freudigem Behagen seine Reise über Tübingen, Hechingen, Balingen und Wellendingen nach Tuttlingen, wo er interessante Gesteinsschichten gefunden hatte. Aber fürs Mineralogisieren hatte ich kein Faible. Ich wollte einmal aus dem täglichen Kleinleben ausbrechen, alles hinter mir lassen, eine andere Luft atmen, andere Menschen sehen und von einer rauschenden Sozietätswoge überflutet werden. Aber mehr als die schöne Vorstellung davon, schien mir nicht vergönnt zu sein.

Häufig saß ich bis zum Dunkelwerden am Schreibtisch. Vom Hinträumen zu den Figuren hatte ich mich längst verabschiedet, seit ich für Cottas *Damenkalender* Erzählungen schrieb. Nie hätte ich gedacht, daß ich zu einer solchen Disziplin fähig sein könnte. Aber ich brauchte mich nicht dazu zu zwingen. Sie kam von selbst und fiel mir um so leichter, da ich damit das Warten auf Wilhelm produktiv machen konnte. Ich war sogar froh, daß es einen äußeren Zeitdruck gab, der mich zwang, meine Gedanken konzentriert auf einen Gegenstand zu richten. Gleichzeitig sah ich aber auch, wie wichtig es war, in einer Ehe seine eigene Welt zu haben. Gerade jetzt, da ich meinen vierzigsten Geburtstag gefeiert hatte und die Perioden eines höheren Alters in immer kürzeren Abständen auf mich zukommen sah, jetzt, da es aufwärts bergab ging, wurde mir dies deutlicher denn je. Auch wenn ich sehnlichst auf Wilhelms Rückkehr wartete, so war es doch *meine* Zeit, die dabei verging, und es lag an mir, ob ich sie vertrödelte oder verseufzte. So ein Tag, so ein gewöhnlich grauer Schöpfungstag mochte lang oder kurz sein, einer Ewigkeit oder einem Flohsprung gleichen – in ihm lag doch immer nur das Zeitmaß, das ich ihm selber gab. Darum galt es, ihn so auszufüllen, daß man abends mit einem guten Gefühl zu Bett ging. Das erhielt die eigene Kraft und die eigene Lust, und beides konnte ich nur aus mir selber schaffen. Was ich tat oder nicht tat, war meine und nicht Wilhelms Sache, denn kein anderer – nur ich war zuständig für mich. Auch in der schönsten Zweisamkeit konnte man die Verantwortung für sich nicht dem Ehemann aufladen oder ihm gar die Schuld für die eigenen Versäumnisse geben. Insofern war ich froh, daß ich etwas besaß, das unteilbar mir selber gehörte, eine Arbeit, die mein ganzes Wesen erfüllte, und stellte mich innerlich darauf ein – er in der großen Welt und ich am Schreibtisch, und jeder dort, wo er seine Bestätigung fand.

Wie schon die Male zuvor konnte Schiller auch diesmal meine neue Erzählung pünktlich an Cotta senden. Stundenlang sprach ich mit dem Schwager über *Edmund und Emma* und spürte, daß wir uns über meine Phantasiegeschöpfe von Mal zu Mal wieder näherkamen. Die literarischen Helden schienen überhaupt nur der Anlaß zu sein, um das Allgemeine zu betrachten und so wie früher über Gott, die Welt und den Schnupftabak zu reden. Manchmal hechelten wir mit stillem Vergnügen die schreibenden Allerweltsschwätzer durch, machten uns lustig über die Möchtegerngenies, die in Friesjacken und Charivaris, die Brust bis zum Bauchnabel nackt und mit mähnenartigen Haaren durch worldwide Weimar spazierten oder die meinten, ein Filzhut à la Rubens mache schon den großen Künstler aus. Wir mokierten uns über die buntscheckigen Philosophen oder rätselten, weshalb Rezensenten alles Schwülstige mit dem Epiphonem »Pfui, du Bock!« kommentierten. Jüngst unterhielten wir uns lange über Herder, dessen Tod uns sehr naheging. Vor kurzem noch hatte der Schwager mit ihm gesprochen. Ohne es zu wollen, waren sie wieder bei Kant gelandet, und Herder hatte gesagt: Eines können Sie mir getrost glauben, teurer Freund, die jetzige Philosophie ist der Mist, um den Acker zu düngen, der Frucht bringen soll. Als solche wollen wir ihren Wert gelten lassen, aber sie nie als Frucht selbst ansehen. Mit diesem Kompromiß hatte er sich verabschiedet. Schiller fand diese Bemerkung so genial, daß er nicht widersprechen wollte. Jetzt war er darüber im nachhinein froh, denn für uns beide stand fest – Herder war ein großer Dichter und nicht so ein Kanzelpauker, wie man sie neuerdings allerorten in den Kirchen erlebte.

Fast hatte ich ein schlechtes Gewissen, daß ich Schwager Friedrich so viel von seiner kostbaren Zeit nahm, zumal ich wußte, daß ihn die Schmerzen oftmals an der Arbeit hinderten. Doch jedesmal, wenn ich gehen wollte, bat er mich, noch zu bleiben. »Es gibt Menschen, die umweht eine poetische Luft, in der man immer frei atmet«, sagte er. »Ich wußte schon, warum ich dich immer in meiner Nähe haben wollte.« Nach all der Zeit war dies schon ein recht bemerkenswertes Geständnis, daß mir natürlich ge- fiel und mich auch in gewisser Weise beruhigte. Denn ich sah jetzt, ich hatte ihm nicht seine Magie zerstört, wie er nach meiner Heirat behauptet hatte. Wenn es denn so war, daß mich eine poetische Luft umgab, in der er frei at- men konnte, wollte ich ihm gerne diese Freiheit schen- ken. Mir tat es nicht weniger gut, daß jemand zuhörte, gedanklich mit mir mitging, den Faden aufnahm und wei- terspann.

Diese gewaltige Entdeckung eines beidseitigen Vorteils stimmte uns heiter. Da mir Goethe geraten hatte, nicht immer dieses teure Pyrmonter Wasser in der Apotheke zu kaufen, sondern öfter ein Glas Portwein zu trinken, um die Gesundheit zu stärken, brachte ich meinem Schwager ami mehrere Flaschen davon mit. Wir saßen in seiner Ar- beitsmansarde wie in einem schönen Genist, tranken auf meine rhetorische Poesie und seine Geschäfte und waren vergnügt wie nie. Er las mir eine allererste Szene aus dem *Wilhelm Tell* vor, den er gerade begonnen hatte, um zu prüfen, wie der Text auf mich wirkte. Als ich ihm so zu- hörte, sah ich wieder den Räuber-Dichter mit dem Dachs- ranzen vor mir, den wir beim Kantor Unbehaun einquartiert hatten und der von sich sagte, er besäße nichts als die Kraft zum Vortrefflichen. Gleich bei unserem ersten Picknickgespräch hatte mich der Rebell fasziniert, und jetzt lauschte ich ihm so begeistert wie damals. Außer daß er älter geworden war, hatte sich eigentlich nichts an ihm verändert, und ich wußte auch warum – er hatte sich seine Ideale und seinen Sinn für Größe erhalten.

An einem verschneiten Dezembertag fiel Wilhelm wie eine Sternschnuppe vom Himmel. Wir feierten in unserer alten Kleeblattrunde Silvester und tranken darauf, daß der Alt-Räuber geadelt worden war. Ich schenkte ihm eine Petschaft aus vergoldetem Kupfer, in deren geschnittenen Stein ich sein Wappentier, das aufsteigende Einhorn, hatte einarbeiten lassen. Nun konnte er seine Briefe standesgemäß siegeln. Ich hoffte, das gab ihm ein doppelt freudiges Korrespondenzgefühl. Auch Wilhelm trug zur Ausrüstung unseres geadelten Schwagers bei, und überreichte ihm ein hellvergoldetes Tintenfaß, auf dem Deckel zwei Täubchen, die Vögel der Aphrodite. Wie immer, wenn Schiller etwas bekam, das nicht nur schön war, sondern das er auch noch benutzen konnte, freute er sich. Lotte schien sich um Jahre verjüngt zu haben. Sie war selig fröhlich, nicht mehr die Schillern zu sein, sondern Frau von Schiller. Das klang doch gleich ganz anders und öffnete ihr wieder die Türen zum Hof. »So ein Umweg ist nicht für jeden gemacht«, sagte sie. »Durch die Heirat habe ich den Adel verloren und ihn durch seine Leistung zurückbekommen.« Sie küßte Friedrich den Einzigen, der damit auch ein gut Teil der Zukunft ihrer Kinder gesichert hatte, wurde immer ausgelassener, und schließlich glichen wir einer heiteren Punschgesellschaft. Wilhelm sorgte für eine besondere Überraschung: In Petersburg hatte er in der Bibliothek des Generals von Klinger eine bisher unbekannte Handschrift Diderots mit dem Titel *Le neveu de Rameau* entdeckt und meinte, wenn Schiller sie herausgeben wollte, könnte er sie ihm von der nächsten Reise mitbringen. Der Schwager war begeistert und wollte es gleich seinem Verleger mitteilen. Sollte Göschen eine Übersetzung wünschen, würde er das Manuskript Goethe geben, andernfalls die französische Fassung selber edieren und mit einem Vorwort versehen. Herrlich, wenn ein Jahr mit lauter guten Nachrichten zu Ende ging!

Wie in einem kurzen Rausch genossen wir unser Zusammensein, und dann löste sich Wilhelm wieder von der heimischen Scholle, um den Erbprinzen Carl Friedrich zu seiner Braut nach Rußland zu führen. Ich sah ihm an, daß er das Reisen gründlich satt hatte. »Wenn die erlauchten Herrschaften endlich verheiratet sind«, sagte er, »habe ich meine Pflicht fürs große Sachsen-Weimar-Land getan, und keine zehn Pferde bringen mich mehr von zu Hause fort.« Diesmal nahm er Bücher von Schiller mit. Vorleser Storch sollte der Mutter des Zaren Dramen und Gedichte ihres schwäbischen Landsmannes nahebringen. Im stillen hoffte Wilhelm, seinem Schwager ein Jahresgeld vom russischen Hof verschaffen zu können. Schließlich bezog auch Kotzebue von dort eine schöne Summe, und wenn er sich schon so weit in die Welt hinausbegeben mußte, dann wollte er die Ferne wenigstens nutzen, um für seine Nächsten zu Hause zu sorgen. Seine Stimme klang niedergedrückt. Mißmutig stieg Wilhelm in die Kutsche und setzte sich mit dem großen Troß Richtung Petersburg in Bewegung. Ich stand mit Adolf vor dem Haus, winkte

ihm nach und hoffte, daß dies nicht meine eheliche Grund-
beschäftigung bleiben würde.

Nachdem Wilhelm Franzowitsch Weimar verlassen hatte,
schmückte ich mein Zimmer mit all den schönen Kupfer-
stichen, die er mir aus Paris mitgebracht hatte, und dachte
über eine neue Erzählung nach. Schiller brachte mir ein
Buch mit der Aufschrift »Livre de plans«, auf dessen leere
Seiten ich alle meine Ideen und Einfälle schreiben sollte,
damit kein Gedanke verlorenging und ich am Ende alles
zu einem großen Roman verweben konnte. Er erinnerte
mich daran, daß es höchste Zeit wurde, die hungrige Lesewelt mit einem neuen Opus zu füttern. Vor allem sollte
ich meine poetischen Kräfte bündeln, denn er meinte, ich
hätte das Zeug zu einer großen Erzählerin. Darum das
»Buch für Pläne« als kleine Ermahnung eines Freundes
und Kollegen.

Hatte ich noch vor kurzem geglaubt, er wollte mich zu etwas drängen, was ihm ganz selbstverständlich von der
Hand ging, und mir seinen Arbeitsstil aufzwingen, fand ich
jetzt seine Sorge um mein Talent geradezu ermutigend.
Das große Entzücken über meine *Agnes* war verklungen.
Ich war die Frau Geheimrätin, die vor Jahren einen les-
baren Roman geschrieben hatte. Nur der Schwager sah in
mir nicht die Frau Seiner Exzellenz von Wolzogen, sondern die Verfasserin guter Prosa, die längst noch nicht an
die Grenzen ihrer erzählerischen Möglichkeiten gekommen war. Ich spürte, wie wichtig für eine Autorin die
geistige Anteilnahme gerade in den Zeiten wurde, da sie
nicht mehr im Gespräch war, von allen zurückgezogen in
ihrer Stube saß, sich etwas ausdachte, von dem sie nicht
wußte, wie es aufgenommen werden würde, und nichts
als das Gefühl hatte, ins weite Blaue hineinzuarbeiten.

Entgegen meiner sonstigen Gewohnheit sprach ich diesmal mit dem Schwager über die Idee für einen neuen Roman. Im Mittelpunkt sollte eine Frau zwischen Familie und Weltleben stehen. Ich entwarf ihm in großen Zügen die Geschichte meiner *Cordelia*, und er war begeistert, denn er sah in diesem Stoff eine große literarische Spannung. »Schreib, wie du erzählst«, sagte er, »und es wird wieder ein Erfolg werden.« Es war seltsam: Je genauer ich die Details schilderte und je aufmerksamer er zuhörte, desto spürbarer schienen sich meine brachliegenden Kräfte aufzurichten, und plötzlich war mir so, als hätte ich den Roman schon geschrieben. Ich fühlte mich leicht und frei und spürte: Vom aufsteigenden Einhorn kam aufsteigende Lust. In der Tiefe berührten wir uns wieder, und im stillen gestand ich mir ein, daß er eben doch der Liebling meiner Seele war. Er, kein anderer, hatte von Anfang an meinen Sinn für Poesie gespürt.

Sein livre de plans stellte ich auf meinen Schreibsekretär neben ein ganz besonderes Exemplar meiner *Agnes*. Wolzogen hatte es mir vor einiger Zeit mitgebracht. Auf einer Durchreise war er in Berlin von der Königin Luise empfangen worden, und sie hatte von ihm verschiedene Details über die *Agnes* wissen wollen. Er gestand ihr, den zweiten Teil des Romans nicht gelesen zu haben, woraufhin sie dieses prächtige, in Maroquin gebundene Exemplar kommen ließ und es ihm mit der Widmung überreichte: »Dem Gemahl der liebenswürdigen Verfasserin zum Ewigen Schimpf und Schande.« Jetzt sah ich, zwischen dem livre de plans und der königlichen *Agnes* lagen kleine weite Welten. Auch diesmal war keine Zeit geblieben, mit Wilhelm über meine Arbeit zu reden. Wahrscheinlich nahm er sie gar nicht ernst. Für mich war

Schreiben eben Zeitvertreib und eine recht nützliche Beschäftigung, für Schiller war es Dichtung und ernsthafte Arbeit. In diesem Punkte hielt es Wilhelm wohl wie Lotte und die Chère mère. Da war nichts zu machen. Nur gut, daß wenigstens der Schwager anders darüber dachte. So stand wenigstens einer in der Familie mir bei.

Offensichtlich hatte Lotte sich nicht umsonst heimlich Körner in die Brautschuhe getan, als sie zum Traualtar ging. Sie erwartete ihr viertes Kind und sollte viel liegen. Die Anweisung des Arztes machte sie ganz unglücklich, denn schließlich war sie es, die den häuslichen Betrieb aufrechterhielt. Wenn sie ausfiel, brach alles zusammen. Meine kleine tapfere Frau Hofrätin von Schiller glich einem zerzausten Hühnchen und tat mir gründlich leid. Anstatt sich auf das Kind zu freuen, sah sie düster in die Zukunft und hatte nur noch Angst. Angst, daß sie wie nach der letzten Entbindung wieder Nervenfieber bekommen könnte. Angst, daß durch ihre Bettlägrigkeit Schiller nicht nur seine gewohnte Ordnung und Regelmäßigkeit fehlte, sondern vor allem die Schonung, die er jetzt dringend brauchte. Angst, er könnte wieder einen Katarrh, einen Krampfhusten, eine Kolik, eine Kopfgicht oder einen Anfall von Alva obstructa bekommen. Angst, er könnte den *Tell* nicht rechtzeitig beenden und damit ihr mageres Finanzgerüst zum Einsturz bringen. Angst, die Hypothekenschulden nicht zurückzahlen zu können, denn schließlich hatte er 2200 Taler zu vier Prozent vom Pächter Weidner in Niederroßla aufgenommen. Angst, nichts als Angst. Sicherlich war sie in keiner beneidenswerten Situation, und ich wußte auch, daß es zu den ungeschriebenen Gesetzen des Lebens gehörte, daß immer alles Schlimme zusammenkam. Dennoch gab es für Lotte keinen Grund, die Dinge so düster zu sehen. Schließlich waren Wolzogen und ich auch noch da.

Stundenlang saß ich bei ihr und beruhigte die unglückliche Dichtersgattin. Weil ich so ermunternd auf sie wirkte, weil ich eine so belebende Atmosphäre verbreitete und meine Anwesenheit auch den lieben Kindern guttat, sollte ich so oft wie möglich kommen. Sie gab mir ihren Hausschlüssel, beauftragte mich mit kleineren Wegen und Besorgungen, mal zum Markt, dann wieder zur Apotheke und von dort zum Traficanten, und ehe ich mich versah, war ich tagein tagaus für Lotte unterwegs – ganz die gute, treusorgende Familienfee. Allmählich rechnete sie sogar fest mit meinem Erscheinen, verabredete immer alles gleich für den nächsten Tag, terminierte den übernächsten und gab mir morgens, wenn ich kam, stets eine detaillierte Einweisung in den Tag, die ich selbstverständlich genaustens berücksichtigte, um ihre Sorgen nicht noch zu vergrößern: Bis mittags mußte absolute Ruhe im Hause herrschen. Nicht laut sprechen, nicht rennen, nicht rufen, nicht pfeifen, nicht lachen, nicht die Kinder toben lassen, nicht mit den Türen schlagen, nicht mit dem Geschirr klappern, nicht über die Treppen springen und Schiller um Himmels willen nie wecken oder zum Essen rufen, sondern warten, bis er erwachte. Gottfried hatte nichts weiter zu tun, als darauf zu achten, daß kein Bote an der Tür schellte, und mit den Postillionen war abgesprochen, daß sie bis zur Mittagsstunde vor dem Haus des Nachbarn hielten, damit Schiller im Schlaf nicht gestört wurde. Bisher hatte die heilige Hausordnung noch niemand übertreten. Um Lottes Stimmung zu erhellen, erinnerte ich sie daran, daß sie keinen Grund hatte, den

Hauskauf zu bereuen. Hatten sie doch – im Gegensatz zu Goethe – Nachbarn, die sie nicht mit Lärm und stetigen Geräuschen belästigten. Sie wußte doch, wie sehr Goethe unter dem Leineweber Herter litt, dessen Webstuhl nie stillstand. Alles hatte der Geheimrat versucht, um den Klopfgeist loszuwerden. Er hatte ihm sogar angeboten, daß Haus abzukaufen. Vergebens. Goethe mußte mit dieser Geräuschfolter leben. Von daher gesehen hatte Lotte keinen Grund zu klagen. Sie sollte nicht immer nur an die finanzielle Belastung denken, sondern vielmehr die guten Seiten sehen, die ihnen der Hauskauf gebracht hatte.

Tag für Tag pflegte und wartete ich Lottchens Seele, damit sie wieder Mut faßte, und arbeitete der häuslichen Harmonie willen auch an seinem Behagen. Bewußt sprach ich mit ihm nicht über Dinge, von denen zu befürchten war, daß sie ihn niederdrückten. Mit keinem Wort erwähnte ich den Tod Immanuel Kants, weil der Verlust eines Menschen, mit dem man geistig lebte, besonders schwer wog. Vielmehr überlegte ich, wie ich Fridericus magnus in dieser schwierigen Situation erfreuen könnte. Da er am liebsten bei Abendrot schrieb, ließ ich ihm karmoisinseidene Vorhänge nähen und sie vor den Fenstern seines Arbeitszimmers anbringen, die bei Sonnenlicht den Raum in ein rötliches Licht tauchten. Die Vorführung dieses Effekts gelang mir so beeindruckend, daß er mein Werk mit dem begeisterten Ausruf »Genia Caroline!« prämiierte. Nachmittags bereitete ich ihm eine Bavaroise, denn Siruptee trank er besonders gern. Oft setzte er sich zu uns und wurde überhaupt von Mal zu Mal fröhlicher. Mit keinem Stück war er so gut vorangekommen wie mit dem *Wilhelm Tell*. Weil es Schiller gutging, fühlte sich auch Lotte gleich viel besser, und plötzlich sah ich, daß es so war, wie er es sich immer gewünscht hatte und wie es wohl auch meiner Schwester aus Sorge um ihn gelegen kam: Lotte und ich im Haus als sein allgegenwärtiger Senat, dem er sich gerne unterwerfen wollte. Ich dachte nicht darüber nach, ob er mit uns oder dem *Tell* zufrieden war oder wegen des *Tells* mit uns. Ich bemerkte nur, daß er für jede kleine Aufmerksamkeit dankbar war, während es Lotte als fast selbstverständlich ansah, daß ich täglich kam und nach dem Rechten sah. Sie schien es inzwischen als meine familiäre Pflicht anzusehen, mit dazu beizutragen, daß er mit fröhlichem Gesicht aus dem Arbeitszimmer kam und nicht schlechtgelaunt durchs Haus schlich. Freiwillig tat ich ja vieles und auch gern, aber dieser stille Anspruch meiner Schwester ärgerte mich, denn ich spürte, sie folgte damit den Intentionen der Chère mère.

Manchmal glaubte ich, Wilhelm wußte gar nicht, wie gut er es hatte. Für ihn war Verwandtschaft immer nur eine schöne ferne Betrachtung; in der kalten baumlosen Steppe die Vorstellung von einem wärmenden Nest. Ich dagegen war zu Hause, wohnte noch dazu nur ein paar Straßen entfernt, war die gute Schwester in der Nachbarschaft und hatte mich schon auf Grund der räumlichen Nähe um die Lieben zu kümmern. So war es eben: Wer zu Hause blieb, den traf die volle verwandtschaftliche Pflicht. Wer in der Welt war, der konnte ganz seiner Neigung leben, schöne Briefe schreiben und zu allen Fest- und Feiertagen Gottes gute Wünsche senden. Wie gerne wäre ich jetzt an Wilhelms Stelle gewesen. Wie gerne hätte ich alles stehen- und liegengelassen, um auf und davon zu fahren. Ich brauchte wieder ein paar neue Eindrücke und mußte ein paar schöne Bilder in mich aufnehmen, von denen ich lange zehren konnte. Li Humboldt war mit ihren Kindern schon durch halb Europa gereist und hatte mir jüngst erst geschrieben, daß die Sterne in Italien viel heller schienen. Sie war zu beneiden. Bald residierte sie in Rom, bald in Paris, und ich saß immer nur auf demselben Weimarfleck, im selben kleinen Quadrat, mit ein paar Schritten nach hier und ein paar Schritten nach dort, als sollte dies alles gewesen sein. Ohne es zu wollen, mußte ich plötzlich wieder an meine zwei alten stillen Leiden – das trübe Wetter und die Kleinstadt – denken.

Es wurde Zeit, mich wieder meinen eigenen Dingen zuzuwenden, zumal mir Madame de Staël ihren Besuch angekündigt hatte. Sie wollte ein Buch über Deutschland schreiben, wollte wissen, wie eine Schriftstellerin in Weimar, der Hauptstadt der Literatur, lebte, und mit mir über die neusten Romane der Kollegen reden. Daß die französische Weltfrau gerade mich von den Autorinnen kennenlernen wollte, empfand ich schon als sehr schmeichelhaft. Schiller sagte mir, daß sie auch bei ihm ihren Besuch avisiert hatte, aber er fand jetzt weder die Zeit noch gestatteten es ihm die Umstände, sie zu empfangen. Ich riet ihm, es trotzdem zu tun und es sich mit ihr nicht zu verderben. Immerhin hatte sie weit verzweigte Beziehungen, und ihr Urteil wurde allgemein geschätzt. Außerdem besaß sie den Mut, sich mit Napoleon anzulegen. Gewiß, als Tochter des früheren Finanzministers konnte sie sich mehr leisten als andere. Sie war reich, bezahlte, wie man hörte, jede kleinste Dienstleistung in Weimar mit schwerem Gold und kaufte sich die besten Hauslehrer für ihre Kinder. Aber ihre wahre Unabhängigkeit lag im Geist.

Keine der französischen Schriftstellerinnen besaß soviel Scharfsinn wie die Autorin der *Delphine*. Für eine solche Frau mußte sich Schiller ganz einfach Zeit nehmen. Als er dennoch zögerte, schlug ich ihm vor, daß er und Lotte dazukommen sollten, wenn ich für die Staël ein Essen gab. Dann hatten sie keinen Aufwand, und es sah nicht so aus, als hätten sie ihr ausweichen wollen.

Auch auf die Gefahr hin, daß sich Frau von Staël dann nur mit dem Citoyen français unterhalten würde, blieb ich bei meinem Vorschlag und wurde angenehm überrascht. Obwohl Schiller am Tisch saß, sprach sie mit mir über die Situation der Romanschriftstellerinnen in Deutschland. Entgegen meiner sonstigen Gewohnheit hielt ich mich zurück und ließ sie reden. Nicht nur aus Höflichkeit gegenüber dem Gast, sondern weil es ein Genuß war, dieser Frau zuzuhören. Sie sprach nicht, sie trat auf. Wechselte temperamentvoll vom Französischen ins Deutsche und umgekehrt, kam von einem zum anderen, als hätte sie Sorge, nicht alle Seiten der Weltmaterie in der Kürze der Zeit erfassen zu können, sprach über die Zeit und ihre Tonangeber, und mit einmal war sie beim Schönen. Sie meinte, sie könne jedem schon von weitem ansehen, wie er über das Schöne dachte, denn es sei weniger eine abstrakte Kategorie, als vielmehr eine Frage des Anspruchs an sich selbst und der Achtung vor anderen. Wenn sie sah, wie nachlässig und heruntergekommen sich neuerdings die Menschen auf die Straße wagten und den anderen ihr Jammerbild darboten, dann war das der sichere Beweis dafür, daß der Sinn für das Schöne mehr und mehr abhanden kam. Doch wo das geschah, ging es mit der gesamten Kultur bergab, und es war nur noch eine Frage der Zeit, bis die ganze Nation ihren Geist aufgab.

Wenn sie alt geworden war, wollte sie sich darum auch über und über verschleiern, nur den Mund offenlassen, durch ihn die süßesten Zikadentöne erklingen lassen, ihre runzligen Hände durch Handschuhe maskieren und jeden Anblick der Häßlichkeit den Augen der anderen verbergen.

Schiller warf ein, daß das Schöne durchaus eine philosophische Dimension besitze und ein Ausdruck der Freiheit sei, den wir innerhalb der Natur als Menschen genießen. Als hätte sie Sorge, in ein langweiliges Theoretisieren zu geraten, sprang sie auf, setzte sich ans Klavier und spielte das Reiterlied aus dem *Wallenstein*. Wir glaubten, der Schemel müsse umkippen, denn es loderte etwas in ihrem Wesen auf, und sie glich einem cartesianischen Wirbel, der alles mit sich fortreißen wollte. Lotte warf mir einen Blick zu, der mir sagte, daß sie eine solche Frau in Weimartown noch nicht erlebt hatte. Auch Schiller schien sichtlich überrascht von der abrupten Wendung, hörte halb irritiert, halb amüsiert zu, und schließlich begeisterte ihn ihre Darbietung so sehr, daß er mitsang. Ich sah ihm an, er bereute es nicht, gekommen zu sein. Im stillen atmete ich auf. Nichts wäre mir fataler gewesen, als ihn zu etwas überredet zu haben, was er als verlorene Zeit empfunden hätte.

Die Stadt glich einem Fahnenmeer. Alles war auf den Beinen. Erbprinz Carl Friedrich hielt mit seiner Gemahlin Maria Paulowna im Triumph Einzug. Achtzig Gepäckwagen, beladen mit der großfürstlichen Mitgift, folgten ihr. Überall spielten Kapellen zur Begrüßung. Es wurde großer Salut geschossen, und ein prächtiges Feuerwerk illuminierte den abendlichen Himmel. Unter all den Jubelnden hatte ich eigentlich meinen Wolzogen als den strahlenden Sieger erwartet, denn schließlich war er mit seinem Verhandlungsgeschick der Stifter des jungen fürstlichen Glücks. Doch Wilhelm kam krank aus Rußland zurück und stand wie ein geschlagener Held an der Tür. Der Herzog allerdings war derart entzückt, eine so reiche, junge und schöne Schwiegertochter bekommen zu haben, daß er Wilhelms diplomatische Kunst erneut mit einer beträchtlichen Gehaltserhöhung belohnte und ihn darüber hinaus zur Begrüßung mit einem ansehnlichen Geldgeschenk empfing. Auch die Großfürstin hatte offensichtlich ihren korpulenten Oberhofmeister, der inzwischen einem trinkfesten Russen glich, so ins Herz geschlossen und ein so großes Vertrauen zu Wilhelm Franzowitsch gefaßt, daß sie ihn gleich noch zu ihrem Schatullier ernannte, was ihm noch mehr Einfluß sicherte.

Für Goethe hatte Wilhelm russische Kupfermedaillen mitgebracht und für Schiller ein Geschenk des Zaren, einen kostbaren Brillantring. Schiller betrachtete freudig das gute Stück, ließ es aber in der Schatulle und bat Wilhelm, es für ihn zu verkaufen, damit er die restliche Hypothekenschuld, die auf seinem Hause lastete, begleichen konnte. Echte Begeisterung hingegen löste Wilhelm aus, als er dem Schwager die Quellen zum *Demetrius* überreichte. Jetzt brauchte Schiller nur noch einen glücklichen Impetus, und dann konnte er mit der Arbeit am neuen Stück beginnen. Lotte ließ die Gläser füllen, wir tranken in sündlicher Verschwendung Champagner, und Schiller berichtete Wilhelm mit geradezu diebischer Freude von seinem gelungenen Ausbruchsversuch. Entgegen allen Warnungen war er nach Berlin gefahren und konnte sich selbst überzeugen, daß es dort mehr als nur eine Runkelrübenkultur gab. Er war vom König empfangen worden, und Minister Beyme hatte ihm eine Pension von 3000 Talern in Aussicht gestellt. Er wollte ihm auch noch mehr zahlen, denn ein Mann wie Schiller, hatte er gesagt, gehörte nach Preußen, ins Vaterland der Gedanken. Die Chancen waren seit dem *Tell* so groß für ihn wie noch nie. Wir tranken uns alle freudig zu, und ich sah, Wilhelm tat diese Nachricht besonders gut. Zeigte sie doch, daß sein Einsatz für Schiller am russischen Hof mehr als nur eine verwandtschaftliche Geste war.

Auch Lotte konnte mit einem Ereignis aufwarten und brachte ihre jüngste Tochter Emilie Henriette herein. Sie war noch keine fünf Monate alt, putzmunter und gesund. Schiller nahm sich neben Mutter und Kind wie ein glücksstrahlender Paterfamilias aus. Jetzt, da sein Jugendfreund ein so mächtiger und einflußreicher Mann am Weimarer Hof geworden war, hatte er einen ganz besonderen Wunsch. »Sollte ich mich einmal von meinem Malum domesticum nicht mehr erholen«, sagte er, »so bin ich beruhigt, wenn ich weiß, daß du die Vormundschaft über meine Kinder hast, denn dir traue ich es zu, sie alle vier in die Hufe zu bringen.«

Wilhelm wollte ihm diesen Wunsch gerne erfüllen, aber ich fragte mich, warum Schiller gerade an einem so fröhlichen Tag damit anfing. Vermutlich war er von derselben Sorge wie auch ich bewegt und befürchtete, Wilhelm müsse erneut zu einer Reise aufbrechen, so daß dann wieder für längere Zeit keine Möglichkeit zu einem solchen Gespräch gegeben war. Auch in Wilhelm schien die Furcht vor einem neuerlichen Aufbruch gegenwärtig zu sein, denn er dankte dem Himmel, daß die Erbprinzessin erst einmal Weimar kennenlernen wollte und keinerlei

Ambitionen hatte, zu den Krönungsfeierlichkeiten Napoleons nach Paris aufzubrechen. Li Humboldt hatte ihm gerade geschrieben, daß sie rechtzeitig abgereist war, um dieses epochale Ereignis nicht zu versäumen. Aber Wilhelm wollte weder Napoleon noch den Papst Pius sehen oder gar in der eiskalten Notre Dame sitzen. Von der großen Welt kannte er genug. In ihr ging es nicht anders als in der kleinen Welt zu, außer daß die Kulissen dort prächtiger und prunkvoller waren.

Auf dem Nachhauseweg sagte er mir, Schiller habe nie einen Hehl daraus gemacht, daß die Humboldt-Brüder einen natürlichen Hang zur Landstraße besaßen. »Aber ich bin wie Friedrich eine seßhafte Natur. Ich habe mit meinen Rußlandreisen viel Geld und all die hohen Ränge verdient, doch jetzt will ich endlich unter meinen Bäumen sitzen, dich und Adolf um mich haben und mich nicht ständig auf neue Gesichter und neue Situationen einstellen müssen.«

So sehr ich auch Wilhelms Wunsch nach einem beschaulichen Leben verstehen konnte – mit meiner Ruhe am Schreibtisch war es vorbei. Nicht weil wir jeden Abend Gäste hatten. Nein, das Reisen hatte Wilhelms Wesen verändert. Aus Wilhelm war ein penibler Mensch, ja geradezu ein Ordnungsfanatiker geworden. Jede häusliche Unregelmäßigkeit, jede Veränderung war ihm ein Greuel. Am liebsten hätte er die Räume in strenge geometrische Figuren eingeteilt, in deren Schnittpunkten all das liegen und stehen mußte, was immer dort gelegen und gestanden hatte, damit er alles so wiederfand, wie er es verlassen hatte. Wenn morgens seine Strümpfe nicht an dem Platz lagen, wo er sie abends ausgezogen hatte, bekam er einen Tobsuchtsanfall. Ein verstelltes Buch im Bücherschrank trieb ihn zur Verzweiflung, und die Tabaksdose, die auf dem Lesepult fehlte, ließ ihn am Leben leiden. Eine Knitterfalte in einem Hemd, ein Wachslicht ohne Tropfenfänger, eine ungebügelte Serviette, ein geknotetes Schuhband, ein leeres Tintenfaß, eine angeschlagene Tasse, ein unpoliertes Silberbesteck – überall entdeckte er das Liederliche, das ihm wie ein persönliches Unglück, ja geradezu wie ein schwerer Schicksalsschlag anmutete. Seine akribische Lust an der Perfektion paarte sich mit einer Abneigung gegen alle Neuerungen auf so extreme Weise, daß mir mein Wilhelm manchmal wie ein unbekanntes Wesen vorkam.

In seiner Abwesenheit hatte ich zwei moderne Sessel in Auftrag gegeben, die nun endlich geliefert wurden. Ich ließ sie gegen die schweren ausladenden Fauteuils austauschen, die protzig neben dem Kamin standen und alles verdüsterten, denn die neuen Sessel gaben dem Raum etwas Helles und Freundliches. Doch kaum hatte Wilhelm das Novum bemerkt, bekam er einen Jähzornsanfall. Die ganze Zeit über hatte er sich auf seine bequemen Kaminsessel gefreut, und ich warf sie mir nichts, dir nichts über den Jordan. Er packte die neuen Sessel nacheinander, lief mit ihnen durch den Raum und wäre das Fenster groß genug gewesen, er hätte sie zweifellos hinausgeworfen. Er stampfte sie auf den Boden, brüllte mich an, ihm augenblicklich seine alten Sessel wieder herbeizuschaffen und ihm nicht noch einmal mit solchen Einfällen das Leben zu vergällen. Ich sollte mir ein für allemal merken: Das ständig Wechselnde hatte er auf seinen Reisen um sich, aber zu Hause wollte er das Bleibende finden und alles so antreffen, wie er es verlassen hatte.

Da ich einen solchen Wutausbruch an ihm noch nie erlebt

hatte, stand ich mehr überrascht als empört neben ihm und begriff, daß er völlig überreizt war. Bewußt hielt ich mich mit einer Widerrede zurück, weil jedes Wort die Situation nur noch schlimmer gemacht hätte. Ich sah in dieses bläulichrote Gesicht, sah die angeschwollenen Adern und dachte, daß so nur ein kranker Mann aussehen konnte. Glücklicherweise hatte ich die alten Sessel noch nicht der Nachbarin geschenkt, sondern erst einmal auf den Dachboden räumen lassen. Ich rief Wilhelmine. Wir schleppten die Sessel wieder herunter und stellten sie an die gewohnte Stelle neben den Kamin. Türschlagend verließ Seine Exzellenz den Raum, ließ sich den ganzen Abend nicht mehr blicken und war erst am übernächsten Tag wieder ansprechbar.

Innerlich stellte ich mich auf noch so manche heitere Begegnung mit meinem Wilhelm ein, doch eines Morgens stand er im langen Reitermantel vor mir und verabschiedete sich mit einem traurigen Blick. Die Erbprinzessin wollte jetzt Leipzig sehen, und er hatte sie zu begleiten. »Ich werde wohl nie mehr eine längere Zeit zu Hause verbringen dürfen. Queen Carolin, das ist mein Unglück«, sagte er und stieg wie ein vom Schicksal Geschlagener in die herzogliche Karosse.

Ich ging mit Schiller ins Theater. Es wurde *Die unglückliche Ehe aus Delikatesse* gegeben. Ich war gern an seiner Seite, und das jeden Tag lieber. Es war wie ein Aufatmen, wie ein schöner, erholsamer Seelenspaziergang. Kaum daß wir ein paar Worte miteinander gewechselt hatten, waren wir in der anderen, der poetischen Welt. Er erzählte mir, daß er mit Wieland, Rochlitz und Seume ein *Journal für deutsche Frauen von deutschen Frauen* ge-

schrieben herausgab. Ich sollte meine ersten Romankapitel unbedingt dort veröffentlichen. Er war in dem guten Glauben, ich sei eifrig am Werk, denn ich hatte ihm verschwiegen, daß Wilhelm an einer Herzkrankheit litt und die Stimmung zu Hause nicht gerade so himmelhochjauchzend war, daß sie mich zum Poetisieren ermuntert hätte.

Um so mehr freute ich mich, daß bei ihm die Dinge besser standen. Cotta hatte ihm ein ansehnliches Geldgeschenk für den *Tell* übersandt, so daß er nun auch den Rest der Hypothekenschuld tilgen konnte, und mit dem Marfa-Monolog im *Demetrius* ging es auch zügig voran. Vor ein paar Tagen hatte ihm Goethe die Übersetzung von *Rameaus Neffe* zur kritischen Durchsicht geschickt, und er fand sie sehr gelungen. Die gute Stimmung des Schwagers tat doppelt wohl, denn neuerdings wußte ich einen ausgeglichenen Mann an meiner Seite besonders zu schätzen. Wunderbar, wenn ein männliches Wesen nicht überfordert und nicht unterfordert war, sondern von einem Strom der Übereinstimmung getragen wurde, der jeden angenehm umflutete, sobald er sich ihm bloß näherte. Mir schien, der Schwager hatte nicht zufällig das aufsteigende Einhorn zu seinem Wappentier gewählt.

Während er sich die Stücke von Kollegen gewöhnlich nur ansah, um nach guten Besetzungen für die eigene Produktion Ausschau zu halten, lieferten mir die Schauspiele der anderen meist den indirekten Beweis, daß es nur einen wirklich großen Bühnendichter gab, und neben dem saß ich. Das machte mich von Szene zu Szene fröhlicher, und stolz auf ihn war ich ohnehin. Als ich zu ihm hinsah, bemerkte ich, daß er kreidebleich war und zitterte. Ich sagte nichts, aber ich kannte diese jähe Wandlung und wußte, wenn er aus seiner Erscheinung zurücktrat, begannen die Krämpfe. Ich bat ihn, mit mir das Theater zu verlassen, doch er bestand darauf, bis zum Schluß zu bleiben. Seine Unvernunft ärgerte mich. Nach der Vorstellung brachte ich ihn nach Hause. Er schleppte sich ins Bett. Dr. Huschke wurde gerufen, stellte einen krampfartigen Puls fest und verordnete ein Kräuterbad, das Linderung brachte. Am Tag darauf stieg das Fieber. Ich übernahm im Wechsel mit Lotte die Nachtwachen. Wieder einmal saß ich neben seinem Bett, hielt mich mit starkem Kaffee bis in die Morgenstunden halb wach und mußte aufpassen, daß ich nicht vor Müdigkeit vom Stuhl fiel und den Patienten aus dem Schlaf riß.

Kaum daß es ihm besserging, sprach er mit mir über Tragödienstoffe und nutzte wie immer jeden aufblitzenden Gedanken, um die Krankheit zu fliehen, als wollte er sich beweisen, daß es der Geist war, der sich den Körper schuf. »Wenn du über neue Pläne nachdenkst«, sagte er, »halte dich an Märchen und Rittergeschichten. Da liegt der Stoff zu allem Schönen und Großen.« Das war zwar ein interessanter Hinweis, den ich so von ihm noch nie gehört hatte und über den ich gerne mit ihm geredet hätte, doch ich zwang mich, nicht zu antworten. Er brauchte das kleinste Quantum Kraft zur Genesung und durfte sich mit keinem zusätzlichen Wort verausgaben.

Acht Tage saß ich bei ihm. Die einzigen Fragen, die ich ihm stellte, galten seinem Befinden. »Immer besser, immer heiterer«, antwortete er, drückte meine Hand und bat, die Vorhänge zu öffnen, damit er das Abendrot sehen konnte. Der Anblick erfreute ihn so sehr, daß er in der Nacht gut und lange schlief. Wir atmeten auf. Am folgenden Morgen verlor er die Besinnung. Dr. Huschke wartete, bis er wieder zu sich kam. Dann brachte er Champagner, der den Kreislauf beleben sollte. Um von dem Anlaß abzulenken, nahmen Lotte und ich auch ein Glas. Wir tranken ihm zu, denn er sollte in dem Umtrunk ein freudiges Vorzeichen seiner Genesung sehen. Er lächelte, aber ich sah, daß ihm das Schlucken schwerfiel. Ich legte ihm ein angewärmtes Kissen auf die Füße und suchte in seinem Gesicht nach der leicht aufsteigenden Röte, die immer kam, wenn er Champagner getrunken hatte. Es zeigte sich keine Reaktion. Er schlief ein, und ich saß mit Dr. Huschke den ganzen Nachmittag bei ihm. Als er erwachte, setzte plötzlich der Atem aus. Er begann zu röcheln. Ich rief Lotte. Sie nahm seine Hand, und er richtete sich leicht auf. Ich glaubte, es würden neue Kräfte in ihn einströmen, doch sein Kopf fiel zur Seite, und Dr. Huschke stellte den Tod fest.

Lotte stand reglos eine Weile neben mir. Dann ging sie in sein Arbeitszimmer und deckte den Schreibtisch zu. Stunden vergingen, bis wir begriffen, daß wir handeln mußten. Wir wußten nicht, an wen wir uns wenden sollten. Niemand war da. Der Herzog war außer Landes, und Wolzogen mit der Erbprinzessin unterwegs. Goethe wagten wir die Nachricht nicht zu überbringen, denn er war selber krank und mußte geschont werden. Bargeld war nicht im Hause. Weder bei Lotte noch bei mir. Ich schickte einen Sonderkurier zu Wilhelm. Hofbildhauer Klauer nahm unterdessen die Totenmaske ab, Jagemann fertigte eine Zeichnung an, und Dr. Huschke veranlaßte eine Sektion. Die Kirchenbehörde legte fest, daß Schiller als Adliger ohne Vermögen im dafür vorgesehenen Sammelgrab, im Landschaftskassengewölbe auf dem alten Friedhof der St. Jakobskirche zur Mitternachtsstunde beizusetzen war. Ohne Sang und Wort. Den Sarg mit den entseelten Resten sollten Handwerker tragen. Turnusgemäß wären die Vertreter der Schneiderzunft an der Reihe gewesen. Es fanden sich aber ein paar Freunde, die diese Sitte durchbrachen und den Sarg auf ihre Schultern nahmen. Ich schrieb auf das rohe Holz noch rasch in großen Buchstaben Schillers Namen. Als die kleine Schar den Kirchhof erreichte, sprengte in allerletzter Minute Wolzogen heran. Völlig erschöpft stieg er in seinem langen Reitermantel vom Pferd und sah gerade noch, wie der Sarg zu zehn anderen Särgen an Seilen in die Grube hinabgelassen wurde.

Wochenlang warteten Lotte und ich auf ein Zeichen von Goethe. Kein Brief, kein Wort, kein Besuch, nicht das kleinste Zeichen einer Anteilnahme. Ich begriff es nicht. Fast jeden Tag hatte er ihn gesehen, fast all seine Pläne und Vorhaben mit ihm besprochen. Sie hatten zusammen gefeiert, ihre Söhne hatten miteinander gespielt, und nun eine solche Teilnahmslosigkeit. Ich sah Goethe auch nicht auf der Straße. Vielleicht wich er uns aus und mied die Esplanade.

Einen Monat nach der Beisetzung überreichte mir Wilhelmine ein Billett, ein Handzettelchen. »Ich habe noch nicht den Mut fassen können Sie zu besuchen. Wie man sich nicht unmittelbar nach einer großen Krankheit im Spiegel besehen soll, so vermeidet man billig den Anblick derer die mit uns gleich großen Verlust erlitten haben. Nehmen Sie für sich und Ihre Schwester die herzlichsten Grüße aus diesem Blatt und lassen mich ein Wort von Ihrer Hand sehen! Goethe.« Ich regte mich auf. Lotte beruhigte mich. Sie hatte Verständnis für den Geheimrat, denn sie hatte bereits mit der Stein darüber gesprochen, und die hatte ihr gesagt, wir sollten das Goethe nicht übelnehmen. Es sei immer so gewesen. Bei jedem Schmerz, der ihn traf, verstummte er und verschloß sich wie eine Auster. Das mochte ja alles so sein, aber ich fand, es war trotzdem keine Art, so mit Freunden umzugehen, und meine Enttäuschung blieb.

Es trat Stille ein. Täglich ging ich zu Lotte. Überall spürten wir ihn, überall sahen wir ihn, aber weder sie noch ich wagten seinen Namen auszusprechen, als fürchteten wir, seiner Gegenwart eine Existenz zu verleihen, die es nicht mehr gab und die unseren Kummer nur noch größer machte. Was wir auch taten – alles führte uns auf diesen einen Verlust hin und schuf ein Gefühl der Leere, gegen das nur Beschäftigung half. Wir flohen in das nüchtern Pragmatische des Alltags. Vieles mußte geregelt, vieles neu bedacht werden. Die Chère mère kümmerte sich um Lottes Versorgung aus der Witwenkasse, in die sie schon vor Jahren eingezahlt hatte, was sich jetzt als ein Segen erwies. Wilhelm, der Vormund der Schillerschen Kinder, sorgte dafür, daß sie aus der Schatulle der Großfürstin eine jährliche Unterstützung bekamen, so daß die Ausbildung für Karl und Ernst gesichert war. Von einem Studienfreund, Professor Dannecker, der in Stuttgart als Hofbildhauer arbeitete, kaufte er zwei Porträtbüsten Schillers. Eine schenkte er Lotte, die andere bekam ich. Dann machte er sie mit Friedrich Müller bekannt, denn er hielt es für wichtig, daß Schillers Witwe zu den maßgeblichen Beamten des Hofes einen guten Kontakt besaß. Eine persönliche Bekanntschaft mit Fürsten, Herzögen, Erbprinzen und Prinzessinnen war zwar gut und diente dem Ansehen, aber sie sollte auf keinen Fall den Eifer der höheren Beamten unterschätzen und vor allem nicht solcher, die die Dinge mitgestalten wollten und denen es um Macht und Einfluß zu tun war. Müller war der kommende Mann.

Lotte nahm jeden Hinweis dankbar auf, weil sie mit sicherem Instinkt erkannte, daß dies vorteilhaft für ihre Kinder war. Sie sah jetzt nur noch eine Aufgabe: Für die vier so zu sorgen, daß sie eines Tages dem Namen ihres Vaters alle Ehre machten. Einen Kuraufenthalt lehnte sie ab, obwohl sie dringend Erholung gebraucht hätte. Lotte wollte am Ort bleiben. Gerade jetzt durfte es keine neue Unruhe geben. Die Kinder brauchten einen geregelten Unterricht, brauchten ihr Zuhause, in dem alles so weitergehen sollte wie bisher. Ganz bewußt zeigte sie ihnen ihre Trauer nicht. Sie sollten nicht in einer bedrückenden Atmosphäre aufwachsen, die sie ständig an das Unglück erinnerte, ihren Vater so früh verloren zu haben. Sie sollten wie alle Kinder heiter sein und sich freuen. Im Umgang mit ihnen hielt Lotte sich an den bewährten Grundsatz, sparsam, streng und gerecht zu sein, und war sich ganz sicher, daß man Kindern nicht alles erlauben durfte, was natürlich deutlich in meine Richtung gesprochen war. Im Gegenteil, man mußte ihnen ihre Grenzen zeigen, damit sie nicht mißrieten und aus der Bahn schlugen. Sie wollte keine verwöhnten Muttersöhne und keine verzogenen Töchter, sondern Menschen, die fürs Leben taugten. Für dieses Ziel nahm sie die Zügel fest in die Hand, und ich staunte, wie entschlossen sie war.

Besonders wohl tat mir, daß der Goldschatz sein Versprechen einlöste und die Familie meines Schwagers mit einem jährlichen Geldbetrag unterstützte. Auch Cotta, der Verleger, erwies sich als ein wahrer Freund, so daß Lotte keine Not zu fürchten brauchte. Angenehm überrascht war ich auch von Goethe. Er kam zu mir, um mit mir über Schillers literarische Hinterlassenschaft zu beraten, denn er hatte gehört, daß der Verleger darüber mit der Familie einen Vertrag schließen wollte. Außerdem gestand er mir, daß er mit dem schwierigen Versuch befaßt sei, den *Demetrius* zu vollenden. Darin sah ich eine echte Freundestat, die mich mit dem Geheimrat wieder versöhnte. So ging das Trauerjahr vorüber, und alles schien halbwegs wieder in die Bahn gebracht, als sich plötzlich die politischen Ereignisse überschlugen.

Napoleon hatte die preußische Armee bei Jena und Auerstedt besiegt. Stunden später zwängten sich durch die Straßen und Gassen fliehende Soldaten, Reste der Reiterregimenter und Grenadierbataillone, Preußen und Sachsen in schmutzigen, blutnassen Uniformen. Erschöpfte Gestalten, die meist schon Gewehr und Gepäck weggeworfen hatten, um schneller voranzukommen. Die aufgeweichten Hutkrempen hingen ihnen ins Gesicht und gaben ihnen etwas Gespenstisches. Viele brachen in den Straßen zusammen. Die öffentlichen Gebäude verwandelten sich in Lazarette. Im Theater wurden die Schwerstverwundeten behandelt. Wer noch Kraft hatte, klopfte an eine Tür, bat um Wasser und Brot und floh weiter, um nicht in die Hände des Feindes zu fallen. Doch der jagte hinterher, und am Abend erreichten die Sieger die Stadt. Über die Dächer flogen Kanonenkugeln. Die Chasseurs und Tirailleurs zogen ein, besetzten die Häuser und legten Feuer in den Straßen. Der Herzog stand als preußischer General im Feld und hatte Wolzogen beauftragt, in seiner Abwesenheit die Geschicke des Landes zu leiten. Wilhelm hatte die Flucht des Erbprinzenpaares vorbereitet und ordnete nun an, daß Frauen mit Kindern im

Schloß aufgenommen wurden. Er schickte auch mir einen Boten. Ich nahm Adolf und Wilhelmine, lief zu Lotte, die rasch noch Brot und warme Sachen für die Kinder einpackte. Dann eilten auch wir ins Schloß, wo sich bereits viele Schutzsuchende eingefunden hatten. Strohsäcke standen bereit, und wir richteten uns ein provisorisches Nachtlager ein. Schlaf fand keiner. Eine schlimme Nachricht löste die andere ab. Wir hörten, daß die Franzosen das Vieh aus der Stadt trieben, die Pferde requirierten, alles Eß- und Trinkbare beschlagnahmten und allerorts plünderten. Über die junge Frau des Bibliothekars Vulpius waren sie hergefallen, und Rat Kraus, Lottes ehemaligen Zeichenlehrer, hatten sie mißhandelt, weil er die Soldaten am Eindringen in die Akademie hindern wollte. Sie zerschlugen Büsten und Statuen von Klauer, zerstörten johlend die Bilder und Zeichnungen und zerstachen mit ihren Säbeln die Gemälde.

Ich hielt das alles für leichte Übertreibungen, die der Panik des Augenblicks geschuldet schienen. Doch als ich dann am übernächsten Morgen das Schloß verließ und unser Haus betrat, wurde ich eines Besseren belehrt. Mir bot sich ein Bild der Verwüstung. Die Schränke aufgebrochen, das Porzellan, die Vasen, die Gläser in großen Scherbenhaufen auf dem Fußboden; das Silberzeug, die Leuchter, die Kupferstiche, die Gemälde, alles, was Wert hatte, geraubt. Kein Stück Wäsche war mehr da, all meine Kleider zerschlitzt, die Vorratskammer bis auf die letzte Kaffeebohne geplündert, und in unserem Rhein-Mosel-Depot befand sich keine einzige Flasche mehr. Ich starrte auf das Chaos und faßte es nicht. Nur Wilhelms Kaminsessel waren verschont geblieben. Daß sie die Bezüge nicht mit ihren Säbeln zerstochen hatten, und es im

Hause noch etwas gab, wo man sich hinsetzen konnte, dafür war ich im Augenblick fast dankbar. Adolf allerdings kam strahlend aus seinem Zimmer. Sein Klavier, das schöne englische Pianoforte, das ich beim Klaviermacher Schenk hatte arbeiten lassen und auf das wir lange warten mußten, war gänzlich hinüber. Die Saiten zerhauen, die Semitonia zerstört, die Klaviatur herausgerissen. Adolf freute sich, nun für längere Zeit vom Musikunterricht befreit zu sein. »Das Geklimper hat doch nie Spaß gemacht«, sagte er und versuchte, mich mit fröhlicher Miene zu beruhigen.

Ich lief zu Lotte, um nach ihr zu sehen, und war verblüfft. Sie hatte die Wohnung so vorgefunden, wie sie sie verlassen hatte. Nichts war gestohlen, nichts auch nur berührt worden. Lottchen Speck, ihre neue Bediente, die im Hause geblieben war, hatte aus ihrem Versteck heraus alles verfolgt: Als die Soldaten in die Esplanade einschwenkten und an Schillers Haus kamen, ließ ein Offizier das Reiterlied aus dem *Wallenstein* anstimmen, und die Truppe marschierte singend vorüber. Nein, Lotte konnte über die Sieger nichts Schlechtes sagen. Ich atmete auf, daß wenigstens ihre Familie verschont geblieben war. Dies schien ihr aber in keiner Weise verwunderlich, sondern geradezu selbstverständlich, denn sie glaubte fest daran, daß Schillers guter Geist über ihnen schwebte. Sie versuchte, mich damit zu trösten, daß auch die Wohnung der Stein ausgeraubt und demoliert worden war, daß ihr Sohn ihr ein Tuchkleid machen lassen mußte, damit sie überhaupt etwas anzuziehen hatte, und wer sie jetzt besuchte, mußte sein Besteck mitbringen. Doch auch Wieland war ungeschoren davongekommen. Die Franzosen hatten vor seinem Haus eine Wache aufstellen lassen, waren angeblich zahm wie die Lämmer gewesen, und Reichsmarschall Ney war persönlich erschienen, um ihm mitzuteilen, daß sein Haus unter dem unmittelbaren Schutz des Kaisers stand.

Die eigentliche Neuigkeit, die einer Sensation gleichkam, war für Lotte eine ganz andere: Goethe hatte die Tage der Plünderung genutzt, um sich mit der Vulpius stillheimlich trauen zu lassen. Noch dazu in der Kirche, wo Tags zuvor die Toten und Verwundeten lagen! »Der Kanonendonner als Hochzeitslied und sieben brennende Häuser als Fackeln, na ich danke! Zu einem solchen Zeitpunkt eine Zeremonie vorzunehmen, die man nur in den glücklichsten Tagen seines Lebens oder nie feiern sollte – das ist mehr als geschmacklos«, sagte sie. »Dazu wünsche ich ihm kein Glück und schweige lieber.« Ich verstand ihre Entrüstung nicht. Es schien mir vielmehr fair vom Geheimrat, auf diese Weise Frau und Sohn versorgt zu haben. Auch das hochheiligste Genie hatte kein ewiges Leben, sein Nierenleiden wurde auch nicht besser, und bald ging er auf die sechzig zu. Außerdem konnte niemand vorhersagen, was die nächste Zeit noch bringen würde. Wenn ein Mann wie Napoleon Kaiser des Abendlandes werden wollte, gab es schließlich allen Grund, Sorge um die Zukunft zu haben und für sich und seine Nächsten Vorkehrungen zu treffen. Nach drei Tagen Plünderung war ich mir in einem sicher: Die Franzosen schreckten nicht davor zurück, uns ihr Evangelium mit Kanonen zu predigen. Ich verstand Goethe, der gerade jetzt seine familiären Angelegenheiten geregelt haben wollte, und fand, eine vernünftige Entscheidung vertrug jederzeit einen Glückwunsch.

Wilhelm gab mir recht. »Deine Schwester könnte sich

auch langsam aus der Patenschaft der Stein lösen«, sagte er. »Zu einem Zeitpunkt, wo sich alles aufzulösen scheint, hat Goethe sich gebunden. Das spricht doch nur für seinen Charakter.« Das alles war für Wilhelm kein Thema. Weit bemerkenswerter schien ihm, wie Goethe sich über die Plünderung gerettet hatte. Er hatte sich eine Sauvegarde ausgebeten und französische Generäle und Offiziere bei sich aufgenommen. Die Marschälle Ney, Lannes und Augereau logierten bei ihm. Achtundzwanzig Betten in seinem Haus waren belegt, und zwölf Eimer Wein waren nach dem ersten Abend getrunken. »Zweitausend Taler hat ihn die schützende Garde gekostet«, sagte Wilhelm. »Aber dafür ist in seinem Hause nichts zerstört worden. Das nächste Mal halten wir es auch so, denn das scheint mir das klügste: sich selbst zu plündern, damit man nicht geplündert wird.«

Wochen und Monate war ich damit beschäftigt, alle Schäden beheben zu lassen, das Haus wieder einzurichten und Stück um Stück nachzukaufen. Die Schneider waren hoffnungslos überlaufen, die Schreiner und Restaurateure auf Wochen hin mit Aufträgen überlastet. Jeder Neuerwerb war mit langen Wartezeiten verbunden, so daß ich mich vorerst in allem auf das Notwendigste beschränken mußte. Obwohl ich den Ort nicht veränderte, kam mir doch alles wie ein großer aufwendiger Umzug vor. An Poesie war nicht zu denken. Es blieb nicht einmal Zeit für ein paar Eintragungen in mein livre de plans. Inmitten all der Aufregungen bekam Wilhelm auch noch einen starken Anfall von Atemnot. Ich mußte den Arzt rufen. Dr. Herder stellte starke Suffokationen fest und riet, sofort zu einer Atmungs-, Bade- und Bewegungskur nach Wiesbaden aufzubrechen. Der Wiesbadener Kochbrunnen hatte in solchen Fällen schon manches Gute bewirkt. Ich zögerte keinen Augenblick, diesem Rat zu folgen, denn Herders Sohn war ein tüchtiger Arzt und besaß therapeutisches Gespür, was man nicht allen aus dieser Gilde nachsagen konnte. Er ließ Wilhelm zur Ader, verordnete ein Senffuß-bad und kalte Umschläge. All das erinnerte mich an Schiller und lenkte das Gespräch unwillkürlich auf den Schwager. Dr. Herder hatte seinerzeit der Sektion beigewohnt und sagte mir, auch wenn Schiller von seinem letzten Fieber genesen wäre, hätte er nach dem Zustand seiner inneren Organe nicht länger als ein halbes Jahr mehr leben können. Akute Pneumonie mit weit fortgeschrittener eitriger Zerstörung der linken Lunge, dazu die Entartung der Herzmuskulatur und die Darmverengerung – er hätte keine Chancen mehr gehabt. Als er mir den Zustand der kranken Lunge beschrieb, kam mir plötzlich der Verdacht, daß Wilhelm etwas ähnliches haben mußte, denn dieses Röcheln, dieser Husten und diese Erstickungsanfälle – all das war mir nicht unbekannt. Auf einmal wußte ich, daß Wilhelms Krankheit andere Ursachen hatte als seine Dick-leibigkeit, die immer nur belächelt wurde, und sah vieles in einem neuen Licht. Ohne Frage hatte er sich im rauhen Klima des Nordens diese Krankheit geholt. Ob seine Anfälle vom Herzen oder von der Lunge kamen – für mich war es die russische Krankheit, mit der Adolf und ich von jetzt an wohl leben mußten.

Der Herzog genehmigte Wilhelm die Kur in Wiesbaden. Allerdings wünschte er, daß er vorher den Erbprinzen zu den Kapitulationsverhandlungen nach Paris begleitete. Er hätte auch selber hinfahren können, aber jetzt, da Napoleon alles neu auf- und einteilte, hatte sein Sohn als

Schwager des Zaren sicherlich die besseren Karten beim Kaiser der Franzosen. Dennoch wollte der Herzog in einer so bedeutsamen Angelegenheit nicht auf Wolzogens bewährtes Verhandlungsgeschick verzichten. Wenn er meinte, daß es dem Gemüt und der Gesundheit dienlich war, so konnte er diesmal auch seine Frau mitnehmen. Mir erfüllte diese großzügige Geste einen langgehegten Wunsch, doch Wilhelm tobte. »Es ist furchtbar, ständig etwas gegen seinen Willen tun zu müssen und nicht so leben zu können, wie man leben möchte«, sagte er. »Hinterher wird mir der Herzog wieder Geld und Orden geben, aber was nützt mir das alles, wenn mir keine Zeit bleibt, meine Krankheit auszukurieren!« Ich konnte ihn verstehen. Wilhelm tat mir leid, andererseits freute ich mich aber auch auf Paris. Doch er meinte nur, ich solle mir um Himmels willen keine falschen Vorstellungen von dieser Weltpfütze machen. Schon die Fahrt dorthin konnte einem mehr das Fürchten als das Hoffen lehren. Die Wege waren unsicher, die Straßen schlecht und immer mangelte es an Vorspannpferden. Bei starkem Regen mußte man aussteigen und die Kutsche durch den Schlamm schieben. In den Gasthöfen, die an der Route lagen, wurde nichts als gepanschter Wein und altes trockenes Feldkommißbrot angeboten. Die Pariser waren arrogant und ihre politischen Herren Repräsentanten eines beschränkten Verstandes. Jeder Karrenschieber hielt sich für einen homme du grand monde, die Vorstädte waren schmutzig, der Adel verkommen, die Spitzel überall und die Plaisiers nur ein schlaffer Genuß.

So ging es in einem fort. Ich sagte nichts, denn ich spürte, wie gut es ihm tat, seinen Unmut loszuwerden. Ich wußte zwar, daß er es nicht so meinte, zumal er früher ganz anders geredet hatte, dennoch verdarb er mir mit seinem schwarzen Blick die Vorfreude. Noch vor kurzem hatte ich davon geträumt, den fremden Himmel, die fremden Sterne zu sehen. Da wollte ich mich in die rauschende Sozietätswoge stürzen und stellte mir ein bewegtes, tanzendes Leben vor; jeden Tag neue Gesichter, interessante Begegnungen, belebende Gespräche, Explosionen des Geistes gebunden in Worte, wie ich es bei der Staël erlebt hatte. Da hungerte ich nach neuen Bildern, neuen Eindrücken, als wäre meine Seele eine Tabula rasa, die neu beschriftet werden müßte. Doch nun, da die Koffer gepackt waren und ich meinen Adolf zu Lotte gebracht hatte, war die Reiselust dahin, und ich fragte mich, was ich in Paris sollte. Im stillen ärgerte ich mich, daß mir Wilhelm die Freude genommen hatte. Aber dann, als ich mit einem großen Apothekenkoffer in die Kutsche stieg und ihm jede Stunde seine Tropfen reichte und jede zweite Stunde mit Pappelsalbe die Brust einrieb, begriff ich, daß dies keine Reise-, sondern eine Krankenbegleitung war, und verabschiedete mich auch von meiner letzten schönen Vorstellung.

Ernüchtert und mit einem matten Patienten erreichte ich Paris, saß in Faubourg St. Germain und hatte für nichts ein Auge und für nichts einen Sinn. Die Menschen, die Häuser, die Avenuen, das brausende sausende Leben – nichts nahm ich wahr, für nichts war ich empfänglich. Ich sah nur, wie schlecht es Wilhelm ging, und lebte täglich in der Angst, ihn könnte der Schlagfluß treffen. Die einzige Hilfe, die ich ihm geben konnte, war meine Anwesenheit. Ich übersah seine krittlige und grämliche Art, achtete darauf, daß er sich nicht zu sehr aufregte, sondern seine Kräfte schonte, und begleitete ihn stets, wohin er gebeten war. Er war froh, daß ich ihn nicht allein ließ, denn die Angst vor neuen Erstickungsanfällen verunsicherte ihn. Morgens brauchte er viel Zeit zum Ankleiden, weil er seine Bewegungen so ausbalancieren mußte, daß der Atem nie ins Stocken kam. Jeder rasche Gang barg ein Risiko, selbst das langsamste Treppensteigen wurde zur Tortur. Nachts lauschte ich, ob er gleichmäßig atmete und wurde in allem an die Nachtwachen erinnert, die ich am Krankenbett des Schwagers verbringen mußte. Obwohl ich mich gegen jede Assoziation wehrte, erfaßte mich doch eine immer größere Unruhe, die mich so niederdrückte, daß ich nur noch abreisen wollte.

Das Schlimmste für Wilhelm war das Warten, das nutzlose, zermürbende, untätige Herumsitzen in der Ungewißheit, wann Napoleon endlich die Verhandlung anberaumen würde. Doch dem schien es ein Bedürfnis zu sein, die Beauftragten der Besiegten wissen zu lassen, daß er und kein anderer das Maß der Zeit bestimmte. Darüber verging Tag um Tag, Woche um Woche, und nichts geschah. Nichts außer Antichambrieren, Nachfragen hier, Nachfragen dort, wann es denn soweit sein könnte, aber immer hatte der Kaiser Wichtigeres zu tun. Wilhelm litt, und der Erbprinz als Schwager des Zaren fühlte sich gedemütigt. Ich dagegen stellte mich innerlich auf noch größere Erniedrigungen ein. So war es nun mal, wenn ein kleiner Mann wie Bonaparte vom Pferdepürzel direkt auf den Thron fiel.

Acht Monate vergingen, eine lange lähmende Hinhaltezeit, bis endlich über Sachsen-Weimar entschieden wurde. Vom Warten erschöpft ging Wilhelm zur Verhandlung und atmete auf, daß der Weltherr an dem kleinen kargen Herzogtum nicht interessiert war. Mit einem kurzen Federstrich bestimmte Napoleon, daß Herzog Carl August sein Land behalten durfte. Der Erbprinz stürmte mit dieser guten Nachricht nach Hause, und Wilhelm packte noch am selben Abend die Koffer und sagte mit erbsgelbem Gesicht: »Nur gut, daß ich nicht verhandeln mußte. Nun reicht meine Kraft gerade noch bis zum Wiesbadener Kochbrunnen.«

Manchmal dachte ich, das schönste Geld war nicht soviel wert, wie die Atmosphäre, die einen täglich umgab, denn sie prägte die Stimmung und in der Stimmung lagen die geheimnisvollen Antriebskräfte. Es war schon ein Unterschied, ob ich in einer Umgebung lebte, die ermutigte und mitriß oder die bedrückte und niederhielt. Morgens aufzuwachen und die Sonne bereits untergehen zu sehen, um dann auf Menschen zu treffen, die auch nur aschgraue Laune verbreiteten, sich von allem behelligt fühlten, alles für sinnlos erklärten, alles in die ewige Verneinung hinabzogen – das war, als müßte man an fortschreitender Auszehrung leiden. Ehe man sich versah, war man in einer solchen Atmosphäre selber lustleer und ausgepumpt und zu nichts mehr imstande, als nur noch unglücklich zu sein und gesetzmäßig zu unterliegen.
Nach den letzten Monaten hegte ich in dieser Hinsicht böse Vorahnungen für die Zukunft.
Doch schon bald erlebte ich eine Überraschung. Wilhelm kam erholt aus der Kur zurück, und augenblicklich herrschte im Hause wieder eine belebende Atmosphäre, die Freude verbreitete, die bestätigte und bejahte und das unsichtbare Schwungrad antrieb, das die eigenen Kräfte in Bewegung hielt und alles leicht und lösbar erscheinen ließ. Seine Gereiztheit war verschwunden, das Krittlige

und Grämliche passé. Er war wieder voller Unternehmungsgeist, hatte wieder Augen und einen Sinn für mich
und reagierte auf alles so heiter und gelöst, daß ich meinen hellen Blick auf die Dinge zurückgewann. Es schien
mir ganz so, als wäre ich mit meinem auferstandenen Geheimrat neu in der Welt angekommen.

Der Herzog verlieh ihm für die gelungene Pariser Mission den »Hausorden vom Weißen Falken« und schenkte
ihm einen eleganten Jagdwagen. Wilhelm meinte zwar,
daß eine Exzellenz, die ein Tönnchen vor sich hertrug, in
einem schnittigen Jagdwagen einer Witzfigur glich, und
wußte, daß er ihn nicht benutzen würde. Allein daß ein
solches Gefährt als Zeichen erlauchter Wertschätzung
auf dem Hof stand, genügte ihm und stimmte zufrieden.
Nur die allgemeine politische Entwicklung beunruhigte
ihn. Die rasante Teuerung und der Verfall des Geldwertes
schienen ihm deutliche Anzeichen für einen Niedergang.
Er überlegte, ob er sein Geld in Rußland anlegen sollte,
denn dort stand der Zins recht günstig, doch dann entschied er sich für die allersicherste Variante und kaufte
das Gut Bösleben. »Ein Stück Wiese«, sagte er, »ist verläßlicher als jedes Konto. Eigener Grund und Boden trägt
noch immer am gediegensten über die Zeit.« Ich gab ihm
recht, denn alles, was Adolfs Zukunft sicherte, war gut
investiert.

Unbestritten hatte Wilhelm nun die führende Position am
Hofe inne. Seine Post kam mit dem Kammerwagen oder
dem Amtsboten. Alles war wichtig, dringlich, vertraulich,
und die Einladungen türmten sich auf seinem Schreibtisch. Hofbälle, Hauskonzerte, Soupers, Diners, Soireen,
Herrenfrühstück und Thé dansant – er hätte von morgens bis abends unterwegs sein können. Viele dieser Ein-

ladungen waren nur in der Hoffnung ausgesprochen, daß die Gegeneinladung erfolgte, denn so mancher rechnete sich Chancen für seine eigene Karriere aus, wenn er im Hause Seiner Exzellenz von Wolzogen privat verkehren durfte. Es galt darum, sorgfältigst auszuwählen.

Allerdings spürte ich auch, daß wir von wachsender Miß-gunst und Häme umgeben waren. Von Lotte wußte ich, wie über Wolzogen und mich geredet wurde. Gingen wir gemeinsam durch die Stadt, hieß es, da kommt der dicke Geheimrat mit seiner Agnes Lilie, und ich brauchte mich nicht umzusehen, um zu wissen, daß uns scheele Blicke folgten. Statt sich zu freuen, daß er in den Tagen der Plün-derung die Geschicke der Stadt so gut geleitet hatte und von seiner Krankheit genesen war, neideten sie ihm seine Position und zogen über ihn her. Behaupteten hinter vorgehaltener Hand, daß er ein aalglatter Diplomat sei, ein ausgekochter Schlemmersack und schlauer Fuchs, der überall zuerst den Braten roch, und fanden überhaupt, daß es der Familie Wolzogen viel zu gut ging und daß sie viel zu schnell zu Wohlstand gekommen war. Das giftige Ge-tuschel belastete mich manchmal so sehr, daß ich am lieb-sten nicht aus dem Haus gegangen wäre, doch Wilhelm tröstete mich und meinte, ich solle das nicht persönlich nehmen und vor allem nicht verallgemeinern. Denn es waren nur Bestimmte, die so sprachen, nur die höheren Beamten und ihre Frauen. Es war der Adel unter sich, von denen so manch einer gern an seiner Stelle gesessen hätte, weil er meinte, Anspruch auf diese Position zu ha-ben. »Vergiß nicht, daß der Neid zu den sieben Todsün-den zählt«, sagte er mit heiterer Miene. »Von den Neidern kommt keiner in den Himmel. Da sind wir sie los. Das stimmt doch hoffnungsfroh, oder?«

Noch schlimmer wurde das Gerede, als ich Goethe mit seiner Frau zu einem Souper in unser Haus lud. Ich tat dies bewußt und sehr demonstrativ, denn ich fand, es mußte mit der albernen Ausgrenzung der Vulpius ein Ende haben. Nun war sie seine Frau, war ihm mit aller Zeremonie angetraut, und daß sie den Geheimrat noch immer mit »Sie« ansprach, und er sie mit »Du« – was ging mich dieser Privatkram an. Auch daß er sie »Küchenschatz« nannte, war doch kein Grund zur Aufregung. Herder hatte seine Frau »Hausehre« genannt, und Schiller in guten Stunden zu Lotte »Maus« gesagt. Das hatte nichts zu bedeuten. Nichts für Außenstehende, die ja immer alles so genau und alles viel besser wußten. Ach, wie ich sie liebte, diese unkenden Residenzstadtrichter mit ihren kleinen Drecksseelchen und dem erhabenen Geruch von stinkendem Pflanzenharz – Asa foetida. Überall Asa foetida, der Duft des edelguten Bürgers. Die Schopenhauer hatte völlig recht, wenn sie meinte, daß man der Frau, der Goethe seinen Namen gab, ruhig eine Tasse Tee anbieten könne. Aber ihr Wort war für den Hof ohne Belang, denn sie zählte nicht zur Noblesse. Um so lieber nutzte ich einmal Wilhelms Machtposition und setzte ein Zeichen.

Ich war mir sicher, wenn Seine Exzellenz Freiherr von Wolzogen in unserem Hause Goethe mit seiner Gemahlin empfing, würden sich auch andere adlige Häuser dem anschließen und den Boykott gegen ihn beenden. Ich lud Lotte und Frau von Stein dazu, was mich einige Überredungskünste kostete, aber wenn ich schon meine nächste Umgebung davon nicht überzeugen konnte, ließ sich anderswo das Eis erst recht nicht brechen. Da ich wußte, daß Frau Christiane auf Äußeres wenig Wert legte, hielt ich mich in meiner Kleidung betont zurück, um sie nicht zu verunsichern, und legte auch keinen Schmuck an, weil sie Damen mit teurem Schmuck stets verächtlich als »beperlte Weiber« bezeichnete. Alle zusätzlichen Barrieren sollten vermieden werden. Natürlich überlegte ich sehr genau, welche Themen sich für diese Runde eigneten. Einerseits wollte ich Frau Christiane nicht überfordern, andererseits Goethe nicht langweilen. Wilhelm meinte, in so gemischter Gesellschaft konnte man nur ein Thema wählen, das jeden ansprach, und empfahl das Reisen. So erzählte ich von Paris und staunte selber, daß ich so vieles von der Hauptstadt des Universums berichten konnte, obgleich ich mir doch eingebildet hatte, nichts gesehen zu haben. Frau Christiane ergänzte spontan meinen Reisebericht mit einigen lustigen Begebenheiten von ihrer jüngsten Fahrt nach Roßla, wo der Geheimrat ein Gut gekauft hatte, das sie verwaltete, und ich fand, so manche Dame von Stand war um kein Haarbreit amüsanter.

Schon zwei Tage später lud Goethe zu einer Gegenvisite. Wir hätten zu Fuß gehen können, aber Wolzogen fuhr eigens mit seiner Equipage vor und ließ den Kutscher die ganze Zeit vor Goethes Haus warten, damit jeder sah, daß der Oberhofmeister Herrn von Goethe und seiner Gemahlin einen Besuch abstattete. Wir saßen in gleicher Runde. Goethe war wie verwandelt, unterhielt uns gutgelaunt und vermied wie immer bei einer Tischgesellschaft das Politische. Kein Wort von den Franzosen, ihrem Weltkaiser und den Verlusten, die jeder von uns erlitten hatte. Nur die Bemerkung, daß es sich nicht lohne, eine Zeitung zu lesen. Frau Christiane hatte vom Hofkonditor Baum erlesene Torten und Pralinés kommen lassen, es fehlte an nichts, selbst die Gläserfolge war unverändert. Schließlich kam der Hausherr auf seine *Farben-*

lehre zu sprechen, an der er schon seit längerem arbeitete, und teilte uns eine originelle chromatische Erkenntnis mit. »Lieben und Hassen, Hoffen und Fürchten«, sagte er, »sind auch nur differente Zustände unseres trüben Innern, durch das der Geist entweder nach der Licht- oder nach der Schattenseite hinsieht. Blicken wir durch diese trübe organische Umgebung nach dem Lichte hin, so lieben und hoffen wir, blicken wir nach dem Finstern, so hassen und fürchten wir.« Dann begründete er uns in einem launigen Vortrag, weshalb beide Seiten ihr Anziehendes hätten, was Frau von Stein zu der wohlwollenden Bemerkung veranlaßte, daß Goethe trotz seiner Heirat doch der alte geblieben sei.

Fortan waren Lotte, die Stein und ich einmal in der Woche bei ihm zum Frühstück gebeten, und immer fand sich ein anderes Thema. Er betrachtete mit uns seine Kunstsammlungen, Kupferstiche, Münzen, Gemmen und Pasten, ein andermal den Abguß der Minerva von Velletri. Wir sprachen über Wielands Übersetzung der Briefe Ciceros, dann wieder über die Dichtung der Nibelungen, und ein Vormittag erschien mir ergiebiger als der andere. Während er sichtlich dankbar war, daß die führenden Damen der Stadt sein Haus besuchten und keine Vorurteile wegen Frau Christiane zeigten, fühlte ich mich durch diese Gespräche wieder ganz in meinem Element. Ich genoß es, inmitten der brachialen Zeit einmal nur über Kunst zu reden, als sei sie eine Insel, auf die man sich retten konnte, um dem Strom des Banalen zu entfliehen. In diesen Vormittagsstunden durfte ich schöne Seele und schöner Geist sein, und spürte, wie mich wieder alles magisch in die Welt der Poesie hineinzog, wie ich wieder Lust bekam, einem Gedanken die flüchtige Gestalt zu nehmen und aufs Papier zu bannen. Selbst wenn das geschriebene Wort auch nur der Spur eines Fußgängers im Sande gleichen sollte – plötzlich drängte es mich zu schreiben. Mir schien, als hätten diese morgendlichen Gespräche den poetischen Funken aus mir herausgeschlagen. Mein livre de plans war voller Notizen, Ideen und Einfälle, ich fügte sie zusammen, gab ihnen ein Webmuster und begann mit dem ersten Kapitel meiner *Cordelia*. Kaum saß ich am Schreibtisch, lief alles wie von selbst aus der Feder. Ich fragte nicht nach dem Wie und Woher der Einfälle, suchte nicht nach Begriffen und Formulierungen, brütete nicht lange über einem Gedanken, sondern spürte nur, irgend etwas in mir ergriff das Wort. Ich überließ mich ihm wie einem geheimnisvollen Sog, folgte einem reißend stillen Strom, schuf aus mir einen anderen Grund und Boden und wußte auf einmal, auch das Schreiben trug über die Zeit.

Das Kaisertreffen riß mich aus meiner Arbeit. Napoleon und Zar Alexander verhandelten in Erfurt. Alles, was Rang und Namen hatte, hielt sich in der Nachbarstadt auf. Wilhelm begleitete die Erbprinzessin zu ihrem Bruder und war ständig zwischen Weimar und Erfurt unterwegs. Ein Sonderkurier kündigte mir den Besuch Dalbergs an. Ich hatte gerade noch Zeit, die Gästezimmer aufs beste herrichten zu lassen, und suchte mir meine eleganteste Robe heraus. Doch noch wichtiger war, daß Adolf auf den Fürstprimas einen guten Eindruck machte. Ich instruierte meinen Junior, Seiner Exzellenz nicht ins Wort zu fallen, keine gelangweilten Grimassen zu schneiden, wenn er sich mit ihm unterhielt, oder ihm gar vorlaut zu widersprechen, sondern sich anständig zu betragen, damit er seine Eltern nicht blamierte und Dalberg ihn in guter Erinnerung behielt. Dann fuhren schon mehrere prächtige Kutschen vor, Livreebediente sprangen heraus, nahmen vor dem Wagen Aufstellung, öffneten die Tür, der Goldschatz stieg aus und kam mir mit strahlender Hochherrlichkeit entgegen. Ich begrüßte ihn mit Champagner, stellte ihm Adolf vor, auch Wilhelm war pünktlich zur Stelle und die Tafel im Salon bereits festlich gedeckt.

Die Anwesenheit des hohen Logiergastes verwandelte unser Haus in eine fürstliche Residenz. Zwei Wachposten standen vor dem Eingang, Soldaten patrouillierten die Straße entlang, und abends erleuchteten Fackelträger unser Domizil, als sollte weithin sichtbar sein, daß hier ein Großer dieser Welt sein Quartier bezogen hatte. Über Nacht bekam alles etwas vom Glanz und der Gewichtigkeit der Macht und lockte immer mehr Neugierige an. Sie bestaunten die Kutschen, die in der Straße vorfuhren, begutachteten die Pferde und umlagerten das Haus, um den Fürstprimas zu Gesicht zu bekommen. Plötzlich standen auch ungebetene Lieferanten vor der Haustür, die im Auftrage der Geschäftsinhaber ehrerbietigst nachfragen ließen, ob ich besondere Wünsche hätte, und gleich frisches Obst, Forellen und Fleisch mitbrachten, so daß Wilhelmine nur noch auszuwählen brauchte. Mit dem Bezahlen schienen sie es nicht eilig zu haben, vielmehr ließen sie wissen, es war ihnen eine Ehre, in dieses Haus und für diesen Gast liefern zu dürfen. Auch Musiker boten mir ihre Dienste an, so daß der Goldschatz schon morgens bei Hausmusik frühstücken konnte. Kaffee mit Pergolesi – wenn das kein schöner Tagesbeginn war.

Natürlich kam Lotte, um ihre Söhne Karl und Ernst vorzustellen und Dalberg für alles zu danken. Doch er wollte nichts davon hören, denn es war ihm selbstverständlich, die Familie Schillers zu unterstützen. »Das, was er uns gegeben hat, ist mit nichts aufzuwiegen«, sagte er und wandte sich Ernst zu, der seinem Vater so ähnlich sah, daß ihn der Anblick rührte. Draußen drängten schon die Besucher, die dem Stellvertreter Napoleons in Deutschland ihre Aufwartung machen wollten, und Lotte war froh, daß keine Zeit blieb, über die Vergangenheit zu reden.

Im Hause herrschte bloß noch ein Kommen und Gehen. Ich mußte mir zusätzlich Personal mieten, um für die Bewirtung der Gäste zu sorgen. Der Herzog fuhr vor, um den Fürstprimas persönlich zur Großen Jagd einzuladen, die er zu Ehren Napoleons gab. Auch Goethe erschien, um Seine Hoheit zu begrüßen. Ich hatte den Geheimrat noch nie in einem so prächtigen Aufzug gesehen, in Hofuniform mit dunkelblauem Rock, Degen und Ordensband. Goethe kam gerade aus Erfurt, wo ihn Napoleon im Schloß in persönlicher Audienz empfangen hatte. Er wollte nicht viel über die Unterredung sagen, tat, als sei sie die größte Geheimsache der Welt, und ließ nur mit bedeutsamer Miene wissen, daß ihm der Kaiser die höchste Auszeichnung Frankreichs, den Orden der Ehrenlegion, verliehen hatte. Mir schien, der Geheimrat wollte die Audienz noch einmal wiederholen, denn er stand vor uns wie ein kleiner Imperator, der andeutete, daß wir ihm uns nähern durften, um den Großen Stern am Bande zu bewundern. Da ich sah, wie sehr er sich durch diese Auszeichnung geehrt fühlte, sprach ich ihm sofort in aller Form meine Glückwünsche aus, die Höchstderselbige auch huldvoll entgegennahm. Im stillen amüsierte ich mich ein bißchen über den olympischen Jupiter, denn ich hätte nie gedacht, daß ein Orden ihn derart beeindrucken könnte. Aber vor dem Kleinmenschlichen war wohl keiner gefeit.

Am nächsten Morgen rüstete sich Dalberg zum großen Hofball. Er brachte mir ein feines Velinexemplar meiner *Agnes von Lilien* und bat, es für eine jugendliche Freundin, die er sehr verehrte, zu signieren. Eine so schöne Ausgabe meines Romans hatte ich noch nirgends gesehen. Mit generösem Lächeln gestand er, daß er bei meinem Verleger auf eigene Kosten ein kleines Kontingent dieser Luxusausführung hatte drucken lassen, um die Exemplare besonders wertvollen und ihm nahestehenden Menschen zu überreichen. Daß der Goldschatz mir auf diese Weise seine Verehrung bekundete, tat besonders gut, und ich trug seiner jungen Freundin wunschgemäß ein paar herzliche Worte ein. Dann fuhr er in Walzerstimmung zum Ball, zu dem Napoleon ins Erfurter Schloß geladen hatte, und ich bestellte für den nächsten Morgen die Musiker ab, weil ich wußte, daß ich alleine frühstükken würde.

Wilhelm war der Trubel nicht zuviel, im Gegenteil, er fand es sehr ehrenvoll, daß der Fürstprimas durch seinen Logierbesuch dem Hause Wolzogen gleichsam eine höhere Weihe verlieh und nun auch der letzte in diesem Krähen-Götter-Nest sah, daß er sich dem Herzog nicht andienen mußte, sondern noch über ganz andere Verbindungen verfügte. Ich dagegen hätte mir nach all den Aufregungen ein paar Wochen der Ruhe und Kontemplation gewünscht, doch auch als Dalberg abgereist war, schien der Besucherstrom kein Ende nehmen zu wollen. Wilhelms jüngster Bruder Ludwig, der liebe Louis, der vom Prinzenerzieher zum persönlichen Adjutanten des Zaren aufgestiegen war, kam in Begleitung seines früheren Zöglings, Prinz Eugen von Württemberg, und wieder hielten elegante Kutschen vor unserem Haus, die ich vor den Neidern leider nicht verstecken konnte. Es kam Humboldt mit Sohn Theodor aus Rom. Acht Jahre hatten wir uns nicht gesehen, und natürlich gab ich ihm zu Ehren gleich einen Willkommensempfang, zu dem ich all seine Freunde und Bekannten lud. Selbstverständlich als erstes Lotte. Sie war immer bei uns, und es verging wie früher kein Tag, an dem wir uns nicht sahen. Sie brachte Abeken, den Hauslehrer ihrer Kinder mit, und es kamen auch Knebel und Goethe. Der Geheimrat war wieder geschmückt mit seinem Orden der Ehrenlegion, doch Humboldt schien dafür keinen besonderen Blick zu haben. Er war mit sich beschäftigt. Er sollte in Berlin im Ministerium des Innern die Direktion für Kultus und Unterricht übernehmen und wollte viel lieber im schönen Rom bleiben. Li hatte sich zwischen den sieben Hügeln gut eingelebt. Die Strada Gregoriana war inzwischen ein beliebter Treffpunkt für Künstler und Gelehrte. Nein, er wollte nicht in die kalte Sonne Preußens, auch nicht als Geheimer Staatsrat.

Goethe verstand ihn, aber versuchte ihn mit Wolzogen trotzdem umzustimmen. Preußen brauchte jetzt nach seiner schweren Niederlage fähige Köpfe, die den Staat wieder aufrichteten. Außerdem, meinte Goethe, gäbe es ja Möglichkeiten, sich den Rückzug offenzuhalten. Ich mischte mich ein, denn ich verstand Humboldts Zögern nicht. Ich erinnerte ihn an unser nächtliches Gartengespräch, als wir ihn vor Jahren mit Schiller in Burgörner besuchten und darüber debattierten, wie man die Reife zur Freiheit erlangen kann. Nun hatte er doch wahrlich lange genug seine inneren Kräfte ausgebaut, auch noch in einem Essay dargelegt, daß man in einem Staat die Selbsttätigkeit der Bürger entfalten müsse, und jetzt, da er das alles in die Tat umsetzen konnte, jetzt wollte er fliehen, anstatt die Chance zu ergreifen? Das war doch keine Haltung! Wie oft hatte er uns gesagt, wenn es ihn wieder auf die Landstraße hinauszog: »Vor der Welt muß man das Vaterland ehren, auch wenn es eine Sandwüste ist.« Nun war es eine Sandwüste und rief nach Männern, die den Boden wieder fruchtbar machten. Da konnte er doch nicht in Hillalilla-Laune an den blauen Stränden Italiens spazierengehen, wenn er wußte, daß er zu Hause gebraucht wurde. Es war seine Pflicht, den Posten anzunehmen und für die Erneuerung der vaterländischen Scholle zu wirken. »Und mehr als Pflicht, mein lieber Bill, holy duty, wie Kant gesagt hätte.« Humboldt meinte, ich solle weitersprechen, denn Leidenschaft mache Frauen immer schön. Doch ich regte mich auf, weil ich sah, daß er wieder einmal vor lauter Abwägen zu keinem Entschluß kam; ganz der gelernte Jurist, der ständig so vieles von allen Seiten betrachtete, bis er die Entscheidung in der Hauptsache vergaß. Allerdings wußte ich, daß Leidenschaft ihn auch überzeugen konnte.

So ging es die ganze Zeit: Abend für Abend Gäste. Fürst Lichnowsky, Gräfin Bernstorff, Kanzler von Damnitz, Gesandte, Beauftragte, Minister – für die Neider reichlich Nahrung. Wir kauften Adolf ein Pferd und ließen ihn Reitunterricht nehmen. Er war glücklich, nicht mehr auf dem Klavierhocker sitzen zu müssen, und ich freute mich, daß es endlich etwas gab, wofür er sich wirklich begeisterte. Doch schon hieß es, Wolzogen junior würde seine standesgemäße Laufbahn als Herrensohn beginnen, und darum hatte man ihn natürlich auch schon bei Ortelli, im Club und im Kaffeehaus gesehen. Ich ärgerte mich. Nein, ich ärgerte mich, daß ich mich ärgerte, anstatt über den Dingen zu stehen und all den Zwiezungen die Ehre der Wahrnehmung zu verweigern.

Plötzlich bekam Wilhelm wieder Anfälle von Atemnot. Sie wurden von Tag zu Tag heftiger. Herder und Huschke rieten zur Kur. Wir ließen alles stehen und liegen und fuhren nach Wiesbaden. Das milde Klima und der Kochbrunnen hatten schon einmal geholfen. Wilhelm begann sogleich mit der Trinkkur, nahm jeden Morgen einen halben Liter blutwarmes Wasser der Kochsalzquelle zu sich, trank und trank, doch es stellte sich keine Besserung ein. Statt dessen magerte er von Woche zu Woche ab und verfiel zusehends. Eines Morgens schwoll sein Gesicht so an, daß er fast bis zur Unkenntlichkeit entstellt war. Der Brunnenarzt vermutete eine Geschwulst der Atemwege, verordnete zusätzlich Inhalationen, gab Nasenduschen, ließ zur Ader, versuchte es mit Einpackungen, Umschlägen und Vollbädern – alles vergebens. Die Badeärzte waren mit ihrer Kunst am Ende.

* * *

Längst hatte ich mich von dem Gedanken verabschiedet, im Leben könnte es gesetzmäßig zugehen und nach dem Prinzip von Ursache und Wirkung der Prozeß des Handelns in Gang gehalten werden. Inzwischen wußte ich, alles war Zufall, und alles kam jäh. Mag sein, daß am Ende diese Zufälle eine Gesetzmäßigkeit ergaben und den Anschein erweckten, als wohnten ihnen Vernunft und Notwendigkeit inne – ich erlebte sie als irrationale Brüche, die Gräben und Risse hinterließen, zwischen denen man sich seinen eigenen Weg suchen mußte, um überhaupt noch eine vage Ahnung von Kontinuität zu haben.

Hin und wieder mußte ich an die Worte meiner Mutter denken, die damals gesagt hatte, geschieden klingt nach gescheitert, aber verwitwet ist unverschuldet und ehrenhaft. Nun befand ich mich in diesem unverschuldeten, ehrenhaften Zustand und spürte, daß das Leben einer Witwe einem Balanceakt zwischen Gewißheit und Ungewißheit glich, zwischen einem abgeschlossenen Ganzen und einem Rest, der wie ein Neubeginn bewältigt werden mußte. Nicht daß mir das Alleinsein fremd gewesen wäre. Es war mir mehr als vertraut. Aber das Alleinsein hatte jetzt eine andere Qualität, war rigoroser und ausschließlicher geworden. Niemand war mehr da, den ich auch einmal etwas Beiläufiges hätte fragen können, der eine Entscheidung mittrug und mit dem sich etwas Alltägliches bereden ließ. Doch Reflexionen darüber hätten den Zustand nicht verändert. Vielmehr sah ich, daß mir jetzt gar nichts anderes übrigblieb, als den Kreis meiner Möglichkeiten noch einmal neu auszuschreiten.

Ich verkaufte das Haus und verließ die Weltstadt Weimar. Keinen Tag länger wollte ich in einer Umgebung leben, die mich ständig an die Vergangenheit erinnerte. Außerdem war es eine günstige Gelegenheit, sich auf diese Weise elegant und unauffällig vom Hofleben zu verabschieden und sich damit für immer vom Frondienst gesellschaftlicher Langeweile zu befreien. Ich bekam eine Pension, die mir ein bescheidenes, aber regelmäßiges Einkommen sicherte, und richtete mich auf Gut Bösleben ein. Adolf war zudem in der Nachfolge seines Vaters Erbherr auf Bauerbach und Oberharles, so daß kein Anlaß zu der Annahme bestand, daß wir eines Tages hungern mußten.

Lotte hatte mir angeboten, zu ihr ins Haus zu ziehen. Das war eine freundliche Geste und gutgemeint, doch sicherlich wären dann die beiden Männer Hauptgesprächsgegenstand gewesen. Wir hätten uns unablässig gefragt, warum Schiller mit sechsundvierzig und Wolzogen mit siebenundvierzig Jahren sterben mußten, hätten nach der geheimnisvollen Parallelität der Schicksale geforscht und wären, ohne es zu merken, ständig mit der Vergangenheit befaßt gewesen. Ich wollte aber nicht rückwärtsgewandt leben. Zudem boten zwei Witwen unter einem Dach einen doppelt bemitleidenswerten Anblick, sah es doch so aus, als wohnten hier zwei übriggebliebene Damen, zwei Mahnmale aus einer anderen Zeit. Vielleicht hätte man uns auch als Doppelwitwe gesehen, oder als Schillers Spätrosen – ich zweifelte nicht, daß die guten Bürger mit ihren Lästerzungen für uns ein paar ehrenvolle Titel gefunden hätten. Obwohl ich mich mit Lotte wieder so gut wie früher verstand, hätte mich ein Zusammenleben mit ihr aber auch zu dicht an die Familie geführt. Die Mama ging hier aus und ein, sorgte mehr denn je für ihren Liebling und war die große Ratgeberin. Darüber hätte ich hinwegsehen können, wenn dieser Rat nicht vom Gipsbüsten-Beulwitz gekommen wäre, zu dem die Chère mère noch immer enge Beziehungen unterhielt, ja den sie geradezu vergötterte, seit er Kanzler geworden war. Nein, ich wollte meine Unabhängigkeit, was auch in der räumlichen Entfernung dokumentiert werden mußte. Von Bösleben konnte ich in wenigen Stunden in Weimar oder in Rudolstadt sein, und das genügte.

Sorge bereitete mir mein Adolf. Er war jetzt sechzehn Jahre und von prächtig-breitschultriger Statur, war stets auf Abenteuer und übermütige Unternehmungen aus, nur leider hatte er keine Lust zum Lernen. Im Zimmer zu hocken, fand er langweilig. Einen Brief zu schreiben, war für ihn eine Tortur, Latein zu lernen, hielt er für überflüssig, von der Geschichte wollte er nichts wissen, und Bücher stufte er in summa in die Kategorie der Hausgreuel ein. Er verabscheute sie so sehr, daß mir manches Mal schon recht bang um seine Zukunft wurde. Ich sprach mit Humboldt darüber, der Adolfs Vormund war, doch Bill meinte, es hätte wenig Sinn, ständig ermahnend auf den Stammhalter einzureden. Das mache ihn bloß bockig und renitent. Man müsse die Dinge sich auch einmal entwickeln lassen, denn noch immer sei es am wirksamsten, wenn der Nachwuchs von selbst zur Einsicht kam. In diesem Punkt stimmte ich mit Humboldt völlig überein, und so wartete ich auf den Augenblick der Erleuchtung. Trotzdem überlegte ich im stillen unablässig, was ich tun konnte, damit der Herr Sohn endlich begriff, daß aus ihm höchstens ein Hallodri werden konnte, wenn er sich weiter dem Lernen widersetzte. Er aber schwang sich lieber aufs Pferd, zeigte mir, wie er zaumlos reiten konnte, jagte so wild davon, daß mir um Roß und Reiter himmelangst wurde, verschwand hinter einem Wäldchen, tauchte kurze Zeit später wieder auf, galoppierte mir entgegen, warf mir Blumen zu und strahlte, wenn ich verwundert fragte, wann er sie gepflückt hatte. Täglich mußte ich ihn zur Koppel begleiten. Dann führte er mir stolz eine Pesade, ein andermal eine Levade vor und amüsierte sich über meinen ängstlichen Blick. Gewiß machte Adolf auf dem Pferd eine gute Figur, und sein Übermut hatte durchaus seinen Charme, nur für eine gediegene berufliche Laufbahn reichte das leider nicht aus.

Ich wollte mich aber von dieser Sorge nicht beherrschen lassen und widmete mich wieder ganz dem Poetisieren. Schon morgens saß ich am Schreibtisch, hatte einen schönen Blick in die Bäume und konnte ohne Unterbrechung und Ablenkung von außen Zwiesprache mit mir halten. Endlich war die Geschichte der *Agnes von Lilien* ganz in mir abgeklungen und das öffentliche Aufsehen vergessen. Die große zeitliche Distanz hatte den Erwartungsdruck und den Zwang zum Erfolg von mir genommen. Nun wandte ich mich meinem neuen Roman, der *Cordelia* zu, von dem ja schon etliche Kapitel geschrieben waren. Allerdings wollte Cotta vorher noch einige Erzählungen von mir herausbringen und bat mich, erst die Arbeit an diesem Band zu beenden. Ich gab mir alle Mühe, mein Versprechen zu halten.

Stundenlang saß ich am Schreibtisch und merkte, daß nichts weiter geschah, als daß die Zeit ungenutzt verstrich. Ich wartete auf den heiligen Einfall, horchte in mich hinein, aber nichts drängte ins Wort. Ich saß ohne Antrieb, ohne Regung, dumpf und stumpf, ohne Stimmung, ohne Spannung. Ich trank viel Kaffee, betrachtete meine Kupferstiche, verweilte bei dem Faun, der die Nymphe peitscht, blätterte mal in diesem, mal in jenem Buch, um mich von den Gedanken anderer anregen zu lassen, setzte mich ans Klavier, improvisierte mit meinen kümmerlichen Kenntnissen in der Hoffnung, die Klänge könnten irgendwelche schlafenden Empfindungen wekken, ertappte mich dabei, daß ich Gluck probierte – Le belle imagini d'un dolce amore –, ließ mich von einer Erinnerung forttragen, setzte mich wieder an den Schreibtisch, doch der erschien mir bloß wie eine Ruderbank, an die ich wie ein Sträfling gekettet war. Immer waren mir meine Figuren wie kleine Traumgestalten erschienen, Vagabunden des Geistes, die sich herandrängten, kurz blikken ließen, mir eine Vorstellung gaben und dann wieder verschwanden – doch nichts geschah. Kein Bild tauchte auf, kein Satz floß mir in die Feder. Ich begann darüber nachzudenken, was passiert war, und redete mir ein, daß man vielleicht doch eine Mission brauchte, die die Worte von selber formte, und daß auch das kleinste Stück Prosa mehr als ein launisches Quodlibet war. Ich spürte, je ungeduldiger ich auf den glücklichen Impetus wartete, je angestrengter ich ihn herbeizwingen wollte, desto mehr vertrieb ich ihn. Ich grübelte, warum das so war, suchte in mir den Dämon, der alles blockierte, fragte, forschte nach und begriff plötzlich, daß es mit der Poesie nicht anders als mit dem Glück sein konnte: sobald man darüber nachdachte, ob man glücklich war, war man es nicht. Ein glücklicher Mensch dachte nicht über das Glück nach. Plötzlich hatte ich Angst, ich könnte die Reste einer poetischen Stimmung, die irgendwo in mir verschüttet lagen, durch dieses ständige Analysieren endgültig vertreiben, denn ich war mir auf einmal ganz sicher, daß dieses Herumstochern in Dingen, die ihren eigenen Zauber hatten, einer Selbstzerstörung gleichkam. Unerklärbares sollte man nicht erklären wollen. Hätte ich gewußt, wie sich das Poetische heranrufen ließ, hätte ich genausogut auch einen Grashalm erfinden können. Schreiben wie ein Vogel sein Nest baut – das war es. Das war die ganze Kunst und die hohe Kunst. Nein, ich machte mir keine Illusionen, etwas erzwingen zu können, was nur von selber kommen konnte, was mich anwehen mußte und seine eigene Magie besaß. Alles Warten darauf wäre vergeblich gewesen.

Kurz entschlossen brach ich meine Schreibtischarbeit ab, denn ich hatte schon länger den Verdacht, daß es die Umgebung war, die mich lähmte. Zwar hatte ich Ruhe in Bösleben und auch genügend Zeit, doch ich vermißte die geistig belebende Atmosphäre. Niemand war da, mit dem ich hin und wieder ein anregendes Gespräch hätte führen können. Kein Mensch weit und breit, der sich für die größeren Fragen interessiert hätte; keiner, der meine Lust aufs Wort geweckt hätte. Nirgendwo eine Gelegenheit, im Gespräch meine Natur zurechtzurücken und mich so zu entwerfen, wie ich sein wollte. Ringsumher nur brave Bauersleute, Stallknechte und Mägde; dazu ein Verwalter, der mich ständig mit Zahlen traktierte, Gewinne gegen Verluste aufrechnete, und einen Sohn, der den ganzen Tag über Pferde reden wollte. Das war nicht die Atmosphäre, aus der der Funke des Geistes hätte schlagen können. Ich brauchte neue Eindrücke, neue Begegnungen und beschloß, auf Reisen zu gehen.

Natürlich konnte ich Adolf nicht alleine auf Gut Bösleben zurücklassen. Vermutlich hätten dann seine Unterrichtsstunden jedesmal in einem wilden Ausritt mit dem Hauslehrer geendet. So unternahm ich einen letzten Versuch, bei ihm die Lust zum Lernen zu wecken, und besorgte einen Internatsplatz in der Schweiz. Von Pestalozzi hatte ich bis jetzt nur das Allerbeste gehört, und sogar Fichte, der große Kritikus, war von den neuen pädagogischen Methoden begeistert. Ein Aufenthalt in Yverdon kostete zwar eine Kleinigkeit, aber ich wollte an Adolfs Ausbildung nicht sparen und mir nicht nachsagen lassen, ich hätte nicht alles für seine Erziehung getan. Selbst wenn nichts aus ihm werden sollte, brauchte ich mir später keine Vorwürfe zu machen, etwas unterlassen zu haben. Mehr hätte auch Wilhelm für ihn nicht tun können. Außerdem konnte es Adolf nicht schaden, einmal eine Weile von der Mama getrennt zu sein. So kam ich zumindest nicht in den Verdacht, den Liebling wie eine strenge Wärterin von morgens bis abends beaufsichtigen zu wollen. Ich brachte ihn nach Yverdon, hielt mich noch eine Weile in der Schweiz auf, besuchte Kolmar, fuhr nach Frankfurt, nächtigte in Wiesbaden, fand mich wieder in Aschaffenburg, berührte Heidelberg, streifte Dresden und war monatelang unterwegs.

An sonnigen Tagen fuhr ich am liebsten mit heruntergelassenem Verdeck, saß bequem ins Polster gelehnt, ließ die Landschaft an mir vorüberziehen, sah in den Himmel und ging meinen Gedanken nach. Doch auch in der Kutsche saß ich wieder allein, und je länger ich unterwegs war, um so mehr sehnte ich mich nach jemanden, mit dem ich reden konnte. Unwillkürlich mußte ich an die Gespräche mit Schiller denken. Was war er doch für ein anregender Mensch gewesen. Für jeden neuen Gedanken aufgeschlossen, stets den großen Fragen zugewandt und immer mit einem philosophischen Problem befaßt. Wohl keiner seiner Verehrer konnte sich davon ein Bild machen, wie er gelebt und wie er gedacht hatte. Die meisten kannten nur noch seinen Namen und betrachteten die Werke losgelöst von dem Menschen, der sie geschaffen hatte. Doch daß das Genie nur die Wirkung und nicht auch der Mensch sein sollte, damit hatte ich mich noch nie abfinden wollen, und plötzlich kam mir die Idee, einmal aufzuschreiben, wie er wirklich gewesen war. Die Jüngeren konnten sich doch gar nicht mehr vorstellen, daß es Männer gab, die noch andere Ressourcen hatten als ihr Portemonnaie, die auf keinen Posten erpicht waren, sondern alles, was sie sein wollten, aus sich selbst schufen, und deren ganzer Stolz es war, eine freie, unabhängige Existenz zu führen. Jetzt wurden doch alle mit einem Anspruch geboren, und nichts war ihnen dringlicher, als der Gedanke an ihre Versorgung. So manchem Zeitgenossen, der sich für berühmt und bedeutsam hielt und dabei gar nicht merkte, daß bloß der Dämon der Selbstüberschätzung von ihm Besitz ergriffen hatte, konnte es nicht schaden, wenn er einmal erfuhr, wie bescheiden Schiller gewesen war. Welcher Mut dazu gehörte, ohne die Stütze des Amtes zu leben und nur auf die eigenen Fähigkeiten zu bauen; nicht darauf aus zu sein, sich mit der Poesie Rang und Titel zu verdienen, wohl aber eine neue Wirklichkeit zu schaffen. Dachte ich an die Dichter des Augenblicks, die erst nach einer Geldquelle suchten, bevor sie eine Stanze zu Papier brachten, stand mir seine Einmaligkeit noch deutlicher vor Augen. Der Gedanke, diese ganz andere Art zu leben einmal darzustellen, ließ mich nicht mehr los. Er versetzte mich in eine so spannungsvolle Unruhe, daß ich auf der Stelle kehrtmachte, zu Lotte fuhr und ihr vorschlug, eine Biographie über Schiller zu schreiben.

Sie war nicht überrascht, im Gegenteil. Vor allem der Kinder wegen hatte sie schon öfter überlegt, wie man sein Andenken bewahren konnte, nur wußte sie auch, Schiller hätte nie gewollt und ihr nie erlaubt, über ihn auch nur eine Zeile zu schreiben. Außerdem war eine Ehefrau, die ein Buch über die Bedeutung ihres Mannes verfaßte, unglaubwürdig und machte sich zum Gespött. Und noch dazu eine Witwe! Dichterwitwen waren ohnehin eine gefürchtete Spezies. Ihnen schrieb man die Eigenschaft zu, ihren verblichenen Ehegemahl mit immer neuem Lorbeer zu bekränzen, gleich ob er ein großes oder ein kleines Werk hinterlassen hatte. Diesem Gerede wollte sie sich nicht aussetzen, weil er ja wirklich ein Großer war. Das hatte sie nicht nötig. »Dann werde ich seine Lebensgeschichte schreiben«, sagte ich, doch Lotte meinte, so wichtig ein solches Buch über ihn auch sei – keiner aus der Familie könne ein objektives Bild von ihm liefern, weil wir ihm alle viel zu nahe waren. Statt dessen zeigte sie mir einen großen Stapel Briefe, die Goethe an Schiller geschrieben hatte. »Der Geheimrat wollte sie mir schon abkaufen«, sagte sie. »Was er auch vorhat – wir sollten ihn dazu bringen, den Briefwechsel mit Schiller herauszugeben. Wenn dir das gelänge, hättest du viel für Schillers Ansehen getan. Der Geheimrat wäre sein bester Fürsprecher.«

Das leuchtete mir ein. Lotte traute sich jedoch nicht, mit Goethe darüber zu reden. Sie meinte, in Verlagssachen sei sie nicht so versiert, auch im Argumentieren mit dem Geheimrat nicht geschickt genug und überhaupt als Schillers

Witwe viel zu befangen, sich für den Nachruhm ihres Mannes einzusetzen. »Für Kunst und Poesie in der Familie bist du doch jetzt zuständig«, sagte sie. »Nur du könntest das in die Wege leiten. Dich nimmt der Geheimrat in diesen Dingen ernst.« Im stillen mußte ich schon etwas schmunzeln, daß mir meine liebe Loloa, die stolze Dichtersgattin, wieder eine gewisse Kompetenz in Sachen Literatur zusprach. Für den praktischen Nutzen hatte sie eben ein Grundgespür. Trotzdem ließ ich vom Plan einer Biographie nicht ab. Aber jetzt Goethe dazu zu bringen, daß er seinen Briefwechsel mit Schiller herausgab, fand ich gleichfalls ein wichtiges Unternehmen. Ich überlegte nicht lange, besorgte ein Kistchen Feigen, die den Geheimrat stets besonders erfreuten, und ließ mich bei ihm melden.

Monate später wußte ich nicht, wie mir geschah. Wohin ich auch kam, mit wem ich auch sprach – alles war vaterländisch entflammt. Ich fragte mich, aus welchem Versteck das Vaterland plötzlich hervorgeholt worden war. Jeder bekannte sich dazu, jeder liebte es, jeder war ihm entsprungen, jeder sah es als seinen Besitz an, jeder wollte sein Retter sein und führte das Wort stolz im Munde. Sprach ich von der Kunst, war es plötzlich vaterländische Kunst. Ein bekanntes Lied verwandelte sich sogleich in eine vaterländische Hymne, aus ein paar gereimten Zeilen wurden vaterländische Oden. Es schien nur noch ein Thema und ein Ziel zu geben: das Vaterland von der Herrschaft Napoleons zu befreien. Die Jugend, noch vor wenigen Wochen auf nichts als Anspruch und Versorgung aus, drängte ins Feld. Körner schrieb mir, daß sich sein Sohn begeistert den Lützower Jägern angeschlossen hatte. Allerorten wurde für die Freiwilligen gespendet, Silber gegen Eisen eingetauscht, und kein Opfer für das Vaterland schien zu gering.

Ich war zwar nie ein Freund des Weltherrn gewesen, und Knechtschaft war nicht, was ich suchte. Dennoch betrachtete ich diesen Freiheitstaumel mit Skepsis, war doch das Heilmittel oftmals schlimmer als die Krankheit. Vor allem hatte ich Angst um Adolf. Gerade jetzt, wo er ein Studium der Forstwissenschaften in Heidelberg begonnen und von Dalberg auch noch das Kammerherrndiplom bekommen hatte, gerade jetzt, da er auf dem besten Wege war, eine gediegene berufliche Laufbahn einzuschlagen, sollte er in den Krieg ziehen und womöglich noch fürs Vaterland sterben. Das war eine so schreckliche Vorstellung, daß ich Tag und Nacht überlegte, wie ich dies verhindern konnte. Lotte war fein heraus und aller Sorgen ledig. Der Herzog hatte Karl und Ernst vom Militärdienst befreit. Auch Goethes Sohn August, der jüngst erst ohne Prüfung und Examen zum Kammerassessor ernannt worden war, brauchte nicht ins Feld, sondern stand in der Uniform eines Hofjunkers am Schloß und hielt Wache. Daß diese Bevorzugung der Dichtersöhne unter den Weimarern böses Blut machte, blieb nicht aus. Nur hätte ich diesmal viel darum gegeben, wenn Adolf dazugehört und der Neid auch mir gegolten hätte. Doch der Filius lachte über meine Angst und verbot mir, nach irgendwelchen Vergünstigungen für ihn Ausschau zu halten. Forsch erklärte er mir, daß für ihn eine schlaffe Beamtenlaufbahn nicht in Frage kam. Er hatte immer ein Militär werden wollen, und nun schlug seine Stunde.

Solche Äußerungen überraschten mich nicht, denn ich

wußte ja längst, wie Adolf über alles dachte. Jüngst hatte er vor seinem Cousin wieder einmal den starken Mann gespielt und seinem Unmut Luft gemacht: Das Brüten über den Schwarten hatte er gründlich satt. Zu Hause herrschte philosophischer Dusel. Die Mama hockte den ganzen Tag an ihrer poetischen Hobelbank, aber es fiel kein Span ab. Entweder schrieb sie Briefe oder an einem Roman, der nie fertig wurde, und wenn sie nicht schrieb, dann wollte sie immer nur über das Schöne und Erhabene reden. Das war nicht zum Aushalten. Er wartete schon lange auf eine Gelegenheit, um das ganze Musengelaber hinter sich zu lassen. Und von wegen jeden Monat ein Gedicht vom Onkel Schiller auswendig lernen! Das hing ihm zum Halse raus. Dieses ideale Trallala ging ihm aufs Gemüt. Jetzt durfte er endlich mal was Vernünftiges tun und tüchtig draufschlagen. Den Franzmann so weichklopfen, daß er ihn mit dem Rührlöffel über den Rhein jagen konnte. Endlich konnte er sich ins Getümmel stürzen, den Säbel ziehen und jedem, der ihm in die Quere kam, ordentlich eins auf die Mütze braten und zeigen, daß er kein Pfeifenwichs war. Das war etwas anderes, als über einem Buch hocken und einem Gedanken folgen zu müssen. Mochte auch seine Mama Himmel und Hölle in Bewegung setzen – aus ihm wurde nie so ein Bibberknochen, der sich in irgendeiner Amtsstube verkroch, ewig das Gras wachsen hörte und geduckt die Ereignisse abwartete, um sie hinterher mit großen Worten zu kommentieren. Er ging dorthin, wo gefochten wurde, und basta. Ich wußte, es hätte keinen Sinn gehabt, Adolf in eine Richtung zu lenken, die ihm widerstrebte, und aufhalten ließ er sich nicht. Er meldete sich zu den Gardehusaren, und mir blieb nichts weiter übrig, als meine Angst zu verbergen.

Natürlich freute es mich, als er mir schon nach kurzem schrieb, daß er zum preußischen Leutnant befördert worden war. Doch danach hörte ich nichts mehr von ihm. Monate später las ich in der Zeitung, daß Theodor Körner bei Gadebusch gefallen war, und geriet in Panik. Obwohl ich mich zu nüchterner Ratio zwang und mir sagte, daß ich an dem, was kam, ohnehin nichts ändern konnte, war ich doch weit davon entfernt, den Dingen mit einer fatalistischen Haltung zu begegnen. Diese Gelassenheit fehlte mir. Ich schrieb Humboldt, der ins Hauptquartier der Armee berufen worden war, und fragte ihn indirekt, wie ich Adolf vor Körners Schicksal bewahren könnte. Doch der ewig zögernd-zaudernde Bill gehörte plötzlich zur Front der wild Entschlossenen und meinte, es müsse mir um Adolf nicht bange sein. »Das Wagen muß er übernehmen.« Bill war sehr dafür, daß ein junger Mann am Krieg teilnahm, und schrieb mir von seinem Sohn Theodor, der viel jünger als Adolf war und ganz allein als Freiwilliger in sein Regiment kam: »Er hat zwei Pferde im Treffen verloren, zwei Contusionen und eine recht starke Schußwunde bekommen und ist jetzt wieder gesund und lustig bei seiner Schwadron.« Na, heißa! dachte ich und legte den Brief enttäuscht zur Seite. Noch vor Jahren mußte ich ihn überreden, die schönen Strände Italiens zu verlassen und in Preußen seine Pflicht zu tun, und nun dieses heilige Hurra fürs Vaterland. Wenn das keine bemerkenswerte Wandlung war!

Auch Knebel, mit dem ich über Adolf sprach, meinte, man dürfe um das Schicksal des eigenen Kindes nicht allzu ängstlich besorgt sein. »Was man ihm aus dem Weg räumen will, kann gerade zu seinem Vorteil gereichen. Der Mensch ist seines eigenen Glückes Schmied, und wir müssen ihm nicht allzuviel hineinpfuschen, ja zuweilen ihn der Not etwas überlassen.« Es hatte wenig Sinn, mir weiterhin so prächtige Empfehlungen zu holen. Ich bat meinen Schwager Ludwig, den lieben Louis, der unter dem Kommando Herzog Carl Augusts Generalstabschef des 3. Armeekorps war, er möge Adolf zu sich in den Stab holen. Hielt er sich in der Nähe seines Onkels, im Stab Wolzogen auf, war ich beruhigter. Allerdings sollte Louis die Angelegenheit neutral behandeln und gegenüber Adolf nichts von meinem Wunsch durchblicken lassen. Die Unabhängigkeitsbestrebungen eines neunzehnjährigen Rossebändigers sollten um Himmels willen nicht in Frage gestellt werden.

Obwohl ich mir ganz sicher war, daß Schwager Ludwig das kleine Manöver geschickt lancieren würde, blieb doch meine Angst um Adolf bestehen. Voller Ungeduld sah ich den Posttagen entgegen, wartete von Monat zu Monat auf einen Brief oder irgendein Lebenszeichen, doch der Wildling schrieb nicht und machte mich dadurch immer ruheloser. Allmählich wurde ich von so düsteren Vorstellungen heimgesucht, daß ich abrupt mein einsames Landgut verließ und zu Lotte fuhr. In ihrem Haus hatte ich das gewisse Zimmerchen mit schöner Aussicht, daß mir vom Hausherrn einst zugedacht worden war und das ich nun als ein posthumes Quartier ohne schlechtes Gewissen bezog. Wenn auch Lotte keine Angst um ihre Söhne zu haben brauchte, so verstand sie doch wenigstens meine Not, was in dieser Situation schon tröstend wirkte und hilfreich war.

Eines Nachmittags, als wir beim Kaffee saßen, stürzte aufgeregt Lottchen Speck, ihre Bedienstete, herein und sagte, daß alle Bürger zum Marktplatz kommen sollten.

Es werde ein Kurier mit einer Sonderbotschaft aus Frankreich erwartet. Wir ließen alles stehen und eilten zum Markt. Hunderte hatten sich bereits versammelt. Plötzlich bildete sich eine Gasse, ein Reiter sprengte heran und hielt inmitten der Menge. Ich glaubte meinen Augen nicht zu trauen und mußte mehrmals hinsehen, um sicher zu sein, mich nicht zu täuschen und keinem Trugschluß aufzusitzen: Es war mein Adolf. Verschwitzt, erschöpft, aber glücksstrahlend stand er in den Steigbügeln, schwenkte die Fahne und verkündete den Thronverzicht Napoleons. Die Nachricht schien unfaßbar. Es war, als brauchte es eine Weile, um sich dieser neuen Wahrheit anzunähern. Alle standen wie gelähmt, doch dann brach Jubel aus, und die Menge stimmte das Tedeum an. Der Kurier des Landesherrn, Adolf von Wolzogen, der den Parforceritt von Paris nach Weimar gewagt hatte, wurde auf die Schultern gehoben und wie ein Messias gefeiert. Ich war von aller Angst erlöst. Viele kamen auf mich zu und gratulierten mir zu diesem Sohn. Auch Lotte war voller Bewunderung für den unerschrockenen Reiter und fiel mir spontan um den Hals.

Tage später lasen wir in der Zeitung, daß der Rheinbund aufgelöst und Dalberg gestürzt war. Er hatte alle Ämter, Ränge und Bezüge verloren, war nicht mehr Fürstprimas und Großherzog von Frankfurt, sondern Landesverräter, Schranze und Speichellecker, Lakai des korsischen Ungeheuers, Handlanger und Kollaborateur. Lotte wurde kreidebleich, denn sie begriff sofort, was das für sie und die Kinder bedeutete. »Bis jetzt hat Dalberg die Familie mit 600 Talern im Jahr unterstützt«, sagte sie. »Nun sieht es düster für uns aus.«

Es war schon merkwürdig: Je älter ich wurde, desto mehr hatte ich den Eindruck, alles führte wieder zum Anfang zurück. Wenngleich es sich auch um einen Anfang höherer Art handelte, weil zum Angeborenen das Erworbene hinzukam, so schienen sich doch auf geheimnisvolle Weise die früheren Verhältnisse wieder herzustellen. Plötzlich war ich wieder die ältere Schwester, die sich in der Literatur und dem Verlagswesen auskannte, die erfolgreiche Autorin, die in der Familie für Poesie und Kunst zuständig war und auf deren Rat Lotte hörte. Auch bei ihr schienen die vertrauten Eigenschaften, das Scheue und Verhuschte, wieder die gewohnten Konturen anzunehmen, so daß sie wie früher in allem einen fast unbeholfenen, schüchternen Eindruck machte und jede Initiative gern der älteren Schwester überließ. Mit Ausnahme der Kinder. Ihnen gegenüber legte sie nach wie vor eine strikte Entschlossenheit an den Tag und wich keinen Deut von dem bewährten Grundsatz ab, sparsam, streng und gerecht zu sein. Da aber alle vier offensichtlich das Gemüt des Vaters geerbt hatten, schienen sie ganz von alleine zu geraten, und ich war mir nicht sicher, ob dies Lottes Erziehungsleistung minderte oder steigerte. Karl hatte es schon zur gediegenen Position eines Forstmannes gebracht. Ernst war auf dem besten Wege, ein guter Jurist zu werden. Emilie, die Familienschönheit, hatte die besten Aussichten, bald zu heiraten, und Carolinchen, die von Natur weniger begünstigt war und lange, ungeratene Zähne hatte, tat gut daran, Erzieherin werden zu wollen. Sogar der Zusammenhalt untereinander schien sich bei meinen Neffen und Nichten von selbst herzustellen, so daß Lotte sich jetzt endlich auf das andere konzentrieren konnte. Schließlich lebte Schillers Name nicht nur in seinen Kindern, sondern vor allem in seinem Werk fort.

Es war zwar rührend anzusehen, wenn sie abends still-innig seine Gedichte las, aber das war zu wenig. Ich fand, sie mußte sich mehr um seine geistige Hinterlassenschaft kümmern. Denn nur wenn Schillers Name im Gespräch blieb, konnte das auch für seine Kinder, die geliebten Erben, von Vorteil sein. Noch wurden seine Stücke gespielt. Noch kannte man seinen Namen, aber die Zeit war schnellebig und die Menschen vergeßlich. Doch gerade er hatte ja Dinge geschrieben, die ins Unvergängliche wiesen, und diesen Geist galt es wachzuhalten. Als Witwe verfügte sie über die Rechte an seinem Werk, und das war schließlich ein Pfund, mit dem sie wuchern konnte.

Jedesmal, wenn ich sie besuchte, sprachen wir darüber, doch diesmal war Lotte ziemlich verzweifelt und meinte, ich solle mir das alles nicht so einfach vorstellen. »Du weißt ja, ich hätte auch gerne, daß Schillers Briefwechsel mit Goethe erscheint, aber Goethe hat offenbar wenig Interesse daran und läßt die ganze Sache schleifen. Ihn zu erinnern, traue ich mich nicht. Man will ja nicht aufdringlich erscheinen. Außerdem habe ich gehört, er hat ein stolzes Herausgeberhonorar von Cotta gefordert und ihm angedeutet, wenn er es nicht bekommt, wird er alles hinschmeißen. Das nennt sich nun Freund. Am Herausgeberhonorar den Briefwechsel mit Schiller scheitern zu lassen!«

»Das wird sich der Geheimrat gut überlegen«, entgegnete ich. »Schließlich geht es ja nicht darum, euch, den Erben, einen Gefallen zu tun, sondern in der Korrespondenz mit einem ebenbürtigen Freund den eigenen Geist darzustellen. Er weiß doch längst, daß der Platz neben Schiller ein Ehrenplatz ist. Das zählt für ihn mehr, als irgendein Herausgeberhonorar. Er will Titanenbruder sein. Außerdem kann er Honorarforderungen stellen, soviel er möchte – ohne deine Zustimmung geht gar nichts, denn noch besitzt du die Hälfte der Briefe.«

»Vielleicht sollte ich überhaupt auf einen Vertrag mit Goethe verzichten«, meinte Lotte, »denn das sieht so aus, als mißtrauten wir ihm, und dieser Eindruck darf unter Freunden nicht entstehen.« Ach, das herzliebe Gretchen Lengefeld! Sie hatte wieder einmal vollkommen falsche Vorstellungen von dem, was den wahren Besitz einer Dichterwitwe ausmachte und worauf es wirklich ankam. »Was heißt da Mißtrauen«, sagte ich. »In Buchangelegenheiten muß man in langen Zeiträumen denken. Bei mündlichen Vereinbarungen kann sich auch unter Freunden am Ende keiner mehr daran erinnern, was am Anfang gesagt worden ist, und es gibt nur Mißstimmung und Streit. Ob Goethe oder der Herrgott – Vertrag ist Vertrag.« Und dann gab ich ihr zu bedenken: Was war, wenn es Goethe nicht mehr gab und sie mit August verhandeln mußte? Er beriet ja schon jetzt seinen Vater, und es war unüberhörbar, daß August in die Gespräche einen kalten juristischen Ton hineintrug, der dem werten Herrn Papa zwar fremd, aber in diesem Zusammenhang offenbar nicht unangenehm war. Nein, ein Vertrag über den Briefwechsel vertrieb nicht das Vertrauen, sondern erhielt es. Zudem gab ich mir alle Mühe, Lotte auszureden, daß sie zu Goethe als Bittstellerin kam. Sie besaß einen ebenbürtigen Schatz und konnte ihre Forderungen stellen. Schließlich lagen die Dinge ganz einfach: Goethe hatte Schillers Briefe in seinem Besitz, und Lotte besaß Goethes Briefe an ihn. Die Rechte an Schillers Briefen lagen bei ihr, und Goethe hatte die Rechte an seinen Briefen. Wurde die Korrespondenz veröffentlicht, mußte der Gewinn aus dieser Publikation aufgeteilt werden. Die eine Hälfte bekam Goethe, die andere stand Schillers Kindern zu. Darüber mußte mit Goethe und Cotta ein Vertrag geschlossen werden. Das war nicht vermessen und gierig, sondern das übliche Verfahren.

Lotte sah das zwar ein, aber sie wagte dennoch nicht, deswegen beim Geheimrat vorstellig zu werden. Sie scheute sich, ihn damit zu behelligen. Irgendwann rückte unweigerlich das Pekuniäre in den Mittelpunkt, und das war der Pferdefuß. Über alles wollte sie mit ihm reden, nur nicht über Geld. Es war doch bekannt, daß er bei diesem Thema unleidig und knurrig wurde, leicht aus der Haut fuhr und dabei meist so in Wut geriet, daß er einen im Handumdrehen hinauskomplimentierte und nicht mehr sehen wollte. Wer ihn mit Gelddingen konfrontierte, der hatte es sich bei ihm verdorben. Das wollte sie nicht riskieren. Die Stein hatte es ihr erst neulich wieder bestätigt und gemeint: »Auf das geringste, was man nicht ganz in seiner Vorstellung sagt, hat man gleich einen Hieb weg.« Außerdem stand für Lotte fest, daß sie ohnehin mehr fürs Zuhören als fürs Reden, geschweige denn fürs Verhandeln geschaffen war.

Ich ließ einige Monate verstreichen, weil ich glaubte, ihre Zerknirschung sei hausgemacht und würde sich wieder legen. Doch als ich sah, daß sie sich tatsächlich nicht traute, mit Goethe über die Briefwechselangelegenheit zu sprechen, schlug ich ihr vor, die Sache für sie in die Hand zu nehmen. Aufatmend erteilte sie mir alle Vollmachten, und ich kündigte dem Geheimrat meinen Besuch an. Schon einen Tag später empfing er mich mit der gewohnten Herzlichkeit. Seine poetische Exzellenz stand im Staatsrock vor mir und geschmückt mit dem Orden der

Ehrenlegion. Es war ein komischer Anblick. Nicht nur, weil er das Prachtstück zu Hause trug, sondern weil auch die Zeit Napoleons vorüber war und der Weltkaiser längst in der Verbannung saß. Ich fragte nicht nach der tieferen Bedeutung dieses Aufzugs. Meinetwegen konnte der Geheimrat sich die Mitra aufsetzen. Wenn mein Besuch ihm die willkommene Gelegenheit für seinen Auftritt bot und er sich wohl dabei fühlte, sollte es mir recht sein. »Meine gute Frau war zwei Querfinger vom Tode«, sagte er, »aber jetzt ist sie wieder auf den Beinen, und ich kann aufatmen.«

Er führte mich sogleich in sein Kabinett, um mir die Variolithen zu zeigen, die er bei seinem letzten Spaziergang an der Saale gefunden hatte. Ich brauchte nicht zu befürchten, daß seine Begeisterung darüber anhielt, denn er wußte, daß sich meine Leidenschaft für Steine in Grenzen hielt. Außerdem kannte er den Grund meines Besuches und kam etwas umständlich und leicht unwillig auf die Angelegenheit zu sprechen. Ja, er hielt Zwiesprache mit Schillers Briefen und versuchte, einen Modus für die Herausgabe ihrer gemeinsamen Korrespondenz zu finden. Doch das Unternehmen erwies sich als äußerst kompliziert. Es mußte Rücksicht auf die Mitlebenden genommen werden. Auch wollte er die Nachfahren kurz zuvor Verstorbener nicht beleidigen. Allein bei Erwähnung des Projekts reagierten einige schon jetzt äußerst aufgeregt. Der Herzog hatte bereits mehrmals nach dem Manuskript gefragt und gebeten, Einsicht nehmen zu dürfen. Auch mit dem Weglassen war es heikel, äußerst heikel. Man mußte dabei ein schickliches Maß finden und die Balance zwischen dem Privaten und dem Öffentlichen wahren. Abgesehen von manchen Kraftwörtern, die so nicht stehenbleiben konnten, erwies sich das Streichen als ein höchst problematischer Eingriff, der wohlbedacht sein mußte. Schließlich durfte damit der Charakter des Gesagten nicht geändert werden. Alles mußte innerhalb des Zumutbaren und vor allem des Authentischen bleiben. Nein, er hätte nie gedacht, daß ihm das Ganze einmal so viel Mühe abverlangen würde!

Es hörte sich alles nach schier unüberwindlichen Hindernissen an, so daß ich mich unverhofft genötigt sah, ihm Mut zu machen. »Die vertrauliche Korrespondenz der ersten Geister unseres Jahrhunderts hätte für die Nachwelt einen unberechenbaren Wert und könnte ein bedeutendes Werk unserer Literaturgeschichte sein«, sagte ich in hochfeierlichem Ton und ganz seinem Ordensschmuck angepaßt. Ich wußte, daß er ein solches Sätzchen nicht ungern hörte. Natürlich wollte ich ihn zu nichts drängen, fand aber, daß es zehn Jahre nach Schillers Tod eine schöne Geste gewesen wäre, den Briefwechsel mit ihm herauzugeben und auf diese Weise an ihn zu erinnern. Das mußte doch trotz aller Bedenken von einem Mann wie Goethe zu leisten sein. »Schiller hätte in einer ähnlichen Lage auch wie ein Freund gehandelt«, sagte ich, »und ich fühle, daß Sie nicht anders handeln können.« Dieser kleine moralische Seitenappell konnte nicht schaden, denn an seiner Ehre wollte der Geheimrat nie einen Zweifel lassen. »Es ist zwar ein Balanceakt, aber er sollte gewagt werden, und besser, Sie haben jetzt alles in der eigenen Hand, als daß später Fremde über die Herausgabe Ihrer beider Korrespondenz befinden.«

Das leuchtete ihm ein, doch eine gewisse Skepsis blieb. Allerdings versprach er mir nach einer Weile, alles zu überdenken, versank in ein Nachsinnen, und plötzlich meinte er: »Wenn, dann müßten zweitausend Taler Sächsisch herausspringen.« Diese abrupte Wendung ins Pekuniäre verblüffte mich. Der schlaue Fuchs hatte also schon alles durchkalkuliert. Vielleicht stimmte es sogar, daß er aus taktischen Gründen die Veröffentlichung hinauszögerte, damit seiner Forderung nach einem Herausgeberhonorar entsprochen wurde. Ich war auf der Hut. »Mit wie vielen Bänden rechnen Sie?«

»Voraussichtlich werden es vier«, sagte er. Und da nun alles so konkret auf den Münzwert gebracht worden war, nahm ich den Faden rasch auf und meinte: »Das wären dann 8000 Taler. Eine respektable Summe. Die Hälfte davon steht Schillers Kindern zu.« Ich beobachtete seine Miene, achtete auf die kleinste Reaktion, wartete, was er sagen würde, stellte mich innerlich darauf ein, daß er knurrig und unleidig wurde und plötzlich keine Zeit mehr für mich hatte, aber es kam nichts. Er schaute zwar nicht gerade freundlich drein, aber er nahm es ohne Widerwort zur Kenntnis. Da er nun wußte, was ihn erwartete, wollte ich mir weitere Einzelheiten im Moment ersparen, erinnerte ihn aber diskret daran, daß die Halbierung des Gewinns auf vertragliche Füße gestellt werden müsse, und fügte hinzu: »Sobald meine Schwester den Kontrakt mit Cotta unterschrieben hat, händigt sie Ihnen Ihre Briefe aus.« Auch das nahm er kommentarlos zur Kenntnis, und mir schien, es war ihm nicht unlieb, etwas vernommen zu haben, auf das er sich einstellen konnte. Den Zeitpunkt der Herausgabe ließ ich unberührt. Allerdings schlug ich vor, daß nach Abschluß der Herausgabe die Originalbriefe in Gegenwart beider Familien in ein Kästchen gelegt und mit den Familiensiegeln verschlossen bei der Großherzoglich Weimarischen Regierung auf

Dauer verwahrt bleiben sollten. Das gefiel ihm sehr gut. Überhaupt schien er im Laufe des Gesprächs immer gelöster zu werden. Auch ich fühlte mich erleichtert, denn nun waren wir in dieser leidigen Angelegenheit einen großen Schritt vorangekommen.

Plötzlich ging Goethe an sein Repositorium, entnahm ihm einen Umschlag, den er offenbar zwischen den Büchern versteckt hatte und reichte ihn mir mit einem fast konspirativen Lächeln. Da er wußte, daß ich mit dem gestürzten Fürstprimas in Verbindung stand und ihn in Kürze besuchen wollte, bat er mich, diesen kleinen Gruß an ihn mitzunehmen. Offiziell konnte er es sich in seiner Position als Staatsminister nicht leisten, ihm zu schreiben, und der Post war nicht zu trauen. Bei mir konnte er sicher sein, daß der Brief den Adressaten erreichte. Wollte er Dalberg doch wissen lassen, daß er ihm für alle erwiesenen Wohltaten noch immer dankbar war und die Verehrung für ihn die alte bleiben würde.

Ich freute mich, daß ich dem Geheimrat diesen kleinen Dienst erweisen konnte, nahm den Umschlag an mich und schien wohl überhaupt in der Rolle der Mittlerin eine neue Aufgabe gefunden zu haben.

Allmählich wurde mir bewußt, nicht die Stunden waren das Maß der Zeit, sondern die Stimmung. Eine schöne Stimmung dehnte die Zeit, gab ihr eine Eigenschwingung und hielt sie so fest, daß der Eindruck entstand, alles würde immer so bleiben und sich in den endlosen Augenblicken erschöpfen, die vergessen ließen, daß die Zeit nur existierte, um zu vergehen. Doch inzwischen schienen die Stunden nur noch wie in einer Sanduhr abzurieseln. Nichts hielt sie auf, nichts gab ihnen einen Nachhall, nichts schwang sich in ihnen aus. Die Monate, die Jahre glitten vorüber, schattenhaft und geräuschlos. Plötzlich war ich 59 und wußte nicht, wie mir geschah. Meine Freundin Li schenkte mir zum Geburtstag eine seidene Bettüberdecke, in die sie das Motiv des Liebesgottes hatte sticken lassen. Jedesmal, wenn ich zu Bett ging und die Decke abnahm, schaute ich auf den nackten Amor und dachte, das war's dann wohl.

Schiller hatte mir zwar einmal gesagt, ich bräuchte keine Angst vor dem Alter zu haben, denn Grazien altern nicht, doch das war eben nur ein schönes Dichterwort. Meine Kleider, die mir vor Jahren noch so gut gestanden hatten, paßten nicht mehr. Ich war ziemlich rund geworden, was nicht nur vom ständigen Sitzen am Schreibtisch, sondern von meiner lästigen Liebe zu den Törtchen und Pralinés kam. Der Blick in den Spiegel gehörte schon seit längerem nicht mehr zu den erfreulichen Momenten. Allerdings im Gespräch meine gewohnten Stärken und meinen rhetorischen Glanz zu entfalten – das traute ich mir noch immer zu und danach stand mir der Sinn. Natürlich war ich realistisch genug und erwartete nicht, daß mich der Blick eines Mannes noch einmal mitten ins Herz treffen könnte. The time was over, Punkt. Aber ein unterhaltsamer Kaminfreund hätte mir schon ganz gutgetan – irgendein Jemand, zu dem der Strom der Sympathie leise hinüberfloß und mit dem es eine geistige Übereinstimmung gab, wohl wissend, daß unter gleichgestimmten Menschen eine Art neuen Lebens entstand. Das wäre ideal gewesen. Leider gab es weit und breit keinen solchen Mann, der geistig mit mir mitging. Alles Vortreffliche war eben rar. Eine wahre Erkenntnis, nur nützte sie wenig. Nicht daß ich mich gelangweilt hätte. Ich arbeitete an meinen Erzählungen, die sich dem Ende näherten. Mein livre de plans war voller Notizen, und ich war den ganzen Tag mit Schreiben und Nachdenken beschäftigt. Doch es fehlte ein geistiger Austausch darüber. Das war für ein Animal disputax wie mich nicht gerade das, was ich mir so vorgestellt hatte.

Da nun mal derart Erfreuliches nicht in Aussicht stand, nahm ich mir vor, wenigstens einmal am Tag etwas Schönes zu tun. Man mußte sich eine würdige Gewohnheit schaffen, zu der man gern zurückkehrte. So las ich mal ein Stündchen im Kant, mal im Homer, betrachtete einen Kunstgegenstand oder setzte mich ans Klavier, improvisierte über Themen von Hummel, Gluck und Pergolesi – alles nichts für fremde Ohren, nur um mir selbst ein paar Inseln in den Alltag einzubauen. Es mochte kommen, was wollte, und das Wetter noch so trüb sein – einmal am Tag mußte es etwas geben, auf das ich mich freuen konnte.

Adolf, mein Rossebändiger, schrieb zwar häufiger als früher, aber er bat immer nur um Geld. Seit Schwager Ludwig zum Königlich Preußischen Generalleutnant befördert worden war und Adolf bei ihm in Berlin lebte, kam mir so manches über sein draufgängerisches Treiben zu Ohren. Jüngst soll er mit Fürst Pückler gewettet haben, auf einem Kommißpferd dreimal die Treppen vor der Oper hinaufzureiten, und unter dem Jubel der staunenden Menge sogar der Gewinner der Wette gewesen sein. Wo da der Spaß gelegen haben mag, konnte ich mir zwar nicht vorstellen, aber ich wollte ihn auch nicht mit Ermahnungen traktieren. Jedesmal, wenn ich meine letzten Taler zusammengekratzt und ihm den gewünschten Betrag übermittelt hatte, bekam ich einen zärtlichen

Dankesbrief, war seine teure herzallerliebste Mama, und er grüßte vieltausendmal als der ewigtreue gehorsame Sohn, was sich durchaus hoffnungsvoll las. Eines Tages, dessen war ich mir sicher, hatte er seine Tollheiten abgelegt und war ein kreuzbraver Familienvater. Für einen Spätentwickler wie ihn brauchte es eben Geduld. Sorgen machte ich mir um ihn eigentlich nicht.

Viel mehr beunruhigte mich der Gedanke an Schiller. Immer häufiger tauchten Anekdotensammlungen über ihn auf. An den Haaren herbeigezogene Geschichten wurden in Umlauf gebracht. Sogar von faulenden Äpfeln war die Rede, die der Schwager in der Schublade seines Schreibtisches verwahrt haben sollte, um sich von ihrem Duft inspirieren zu lassen. Moder-Ambrosia! Erfunden von irgendeinem wichtigtuerischen Bierbruder der Ästhetik, der sich das Leben eines Dichters so vorstellte, wie es seiner Kneipenhockerphantasie entsprach. Neuerdings kursierte das Machwerk eines Anonymus, der behauptete, Schiller persönlich gekannt zu haben, und nun Briefe von ihm veröffentlichte, die dieser dreiste Schmierfink sämtlichst erfunden hatte. Alle in unserem Kreis regten sich darüber auf und waren empört, doch was nützte das? Wenn die Buchhändler erst merkten, daß solche Elaborate Absatz fanden, gab es im Handumdrehen genügend Skribifaxe, die dieses Metier bedienten und sich an Schillers Namen hängten, um damit Geld zu verdienen. Tatenlos zuzusehen, wie sein Ansehen ruiniert und er zum poetischen Wunderhannes gemacht wurde – das kam für mich nicht in Frage. Vor vielen Jahren hatte mir der Geheimrat in einer ähnlichen Situation einmal geraten: »Am besten sich um das Verkehrte gar nicht kümmern, sondern immer nur das Gute tun«, und jetzt schien mir der Zeitpunkt dafür gekommen. Mein Plan duldete keinen Aufschub mehr: Ich war entschlossen, Schillers Biographie zu schreiben. Gleich, ob es Lotte guthieß oder nicht – es mußte gewagt werden.

Ich ließ den Kutscher anspannen, fuhr nach Weimar und begründete ihr meinen Entschluß. »Noch haben wir es in der Hand, daß sich kein falsches Bild von Schiller in der Öffentlichkeit festsetzt«, sagte ich. »Das sind wir nicht nur ihm, sondern auch seinen Kindern schuldig.« Ich staunte, daß ich gar nicht weiter in meiner Argumentation ausholen mußte, denn sie sah ein, was ich sagte. Nicht einmal an den Schiller-Goethe-Briefwechsel mußte ich sie erinnern. Sie kam ganz von selber darauf zu sprechen und war enttäuscht, daß die Geschichte sich schier endlos hinzog. Obwohl der Vertrag geschlossen und eine erste Teilrate von Goethe an sie gezahlt worden war, hatte er noch immer die Korrespondenz nicht veröffentlicht. Lotte zweifelte inzwischen schon, ob dies überhaupt jemals geschehen würde, zumal sich seit dem Einzug der Schwiegertochter Ottilie vieles im Hause Goethe verändert hatte. Und gerade auf den Briefwechsel hatte Lotte gesetzt, denn er sollte Schiller der Öffentlichkeit erneut in Erinnerung bringen. Und nun tauchten auch noch diese Machwerke auf! »Schreib die Biographie«, sagte sie. »Wir beide haben ihn wirklich gekannt, und du hast ja immer den richtigen Sinn für ihn gehabt. Aber du mußt Rücksicht auf unsere Freunde nehmen.« Sie brachte mir ihre Aufzeichnungen, die sie schon vor längerem niedergeschrieben hatte, holte aus einer großen Schmuckkassette statt Gold und Geschmeide ihren »Herzensschatz«, seine Briefe an sie, um die in seiner Lieblingsfarbe ein lila Band gebunden war, in dem seine Lieblingsblume, eine Lilie, steckte und gab mir den Schlüssel für sein Arbeitszimmer, damit ich jederzeit seine Papiere und Manuskripte sichten konnte. Das war mehr, als ich erwartet hatte.

Je länger ich bei Lotte blieb, desto deutlicher wurde mir, daß sie sich merklich verändert hatte. Nicht daß ihr die Dinge gleichgültig gewesen wären, aber sie hätte am liebsten alles weit von sich geschoben und mit nichts mehr Berührung genommen. Wenn sie aus dem Haus trat, fand sie nur Unerfreuliches und Kleinliches. Das Nichtswürdige stand auf der Tagesordnung und lohnte keiner Beachtung mehr. Der ganzen Welt schien sie überdrüssig zu sein, und ich fühlte, daß in allem, was sie sagte, eine krankhafte Sehnsucht nach Ruhe lag. Nur wenn sie von den Kindern sprach, war nichts davon zu spüren. Ich führte diese Gemütsverfassung auf ihr Augenleiden zurück, das sich zunehmend verschlechterte. Der Arzt hatte eine Schwächung des Augennervs festgestellt, die ihr das Lesen immer beschwerlicher machte. »Aber mein Gedächtnis ist desto besser«, sagte sie, »und kann dir jederzeit eine Stütze bei deiner Arbeit sein. Du weißt doch – Zuhören und Merken, das war immer mein Part.«

Ich nahm mir vor, das Winterhalbjahr bei ihr zu verbringen, damit sie nicht noch tiefer in diese resignative Stimmung fiel, die sie nur noch kränker machte. Es war ja kein Novum, Aufbauarbeit an Lottchens Seele leisten zu müssen. Doch erst mußte ich mich von einer eigenen Last befreien. Ich fuhr nach Hause, auf meinen einsam grünen Witwensitz, und beendete in einem kleinen Kraftakt meine Erzählungen. Ich verpackte das Manuskript in Wachstuch, sandte es zu Cotta und atmete auf, die Arbeit endlich vom Schreibtisch zu haben. Natürlich kündigte ich ihm bei dieser Gelegenheit gleich mein neues Vorhaben an. Verleger wußten gerne rechtzeitig, womit sie zu rechnen hatten, und so konnte er sich langfristig darauf einstellen, daß in seinem Verlag ein authentisches Lebensbild Schillers erscheinen würde. Das klang zwar hochtrabend, aber bis jetzt gab es eine solche Biographie noch nicht, und kein anderer als Cotta, der Freund der Familie, sollte sie bekommen.

Ich war in der rechten Stimmung, um ohne Pause mit der neuen Arbeit zu beginnen. Die Methode des Herangehens mußte gut überlegt, Aufbau und Art der Darstellung gut durchdacht werden, denn ich wollte so viel Originaldokumente wie nur möglich aufnehmen und sie mit eigenen Kommentaren verbinden. Ich schrieb Körner und besuchte Schillers Schwester Christophine, die Witwe des Bibliothekars Reinwald, die in meiner Nähe in Meiningen lebte und mir sogleich versprach, ihre Jugenderinnerungen an den Bruder aufzuschreiben.

Behutsam tastete ich mich in dem Sujet voran und begann mit einem ersten Sichten der Materialien, als plötzlich mit reitender Post von der Mama die Nachricht kam, daß sie schwer erkrankt sei, und ich bei der Pflege helfen müsse. Es schien ein Gesetz zu sein: Immer wenn ich mit Freude an einem Projekt saß, kam etwas dazwischen. Und es war wie gehabt: keine Bitte, keine Frage, kein Wunsch, nur der Anspruch, ihrer Aufforderung zu folgen. Die Cara mamma rief, und alle mußten kommen. So unterbrach ich meine Arbeit, fuhr nach Rudolstadt und stellte mich auf anstrengende Nachtwachen ein. Nicht, daß mir diese Tätigkeit fremd gewesen wäre. Als erprobter Krankenwärter hatte ich mich mehrfach ausgewiesen. Unbehagen bereitete mir allein der Gedanke, Herrn von Beulwitz begegnen zu müssen.

Die Patientin muß mir diese Sorge wohl angesehen haben, denn als ich an ihr Bett trat, empfing sie mich mit dem reizenden Hinweis: »Wenn Kanzler Beulwitz kommt, solltest du besser aus dem Zimmer gehen.« Eigentlich wäre dies schon ein Grund gewesen, das weite Blaue zu suchen, doch die brave Tochter wurde man eben niemals richtig los.

Seit langem herrschte wieder einmal Trubel auf Bösleben. Adolf feierte seinen dreißigsten Geburtstag. Für mich war es ein besonderer Tag, fast eine kleine Auferstehung, denn Adolf war vor Monaten krank aus Paris zurückgekommen. Selbstverständlich hatte ihn die Frau Mama mit Geduld, Zuspruch, Schlehenwein und Kraftgelee gesundgepflegt, und nun war er wieder draufgängerisch munter wie eh und je und trat in wenigen Tagen seinen Dienst in Berlin an. Ich ließ im Salon decken, denn er erwartete einige Freunde, und wie ich meinen Adolf kannte, war dies gleich der halbe Reiterklub. Als ich vor kurzem bei Goethe gewesen war, der eine gefährliche Herzbeutelentzündung überstanden hatte, fiel mir auf, daß die Schwiegertochter Ottilie aus Freude über seine Genesung rote Schleifen an die Henkel der Kaffeetassen gebunden hatte, gleichsam als häusliches Siegeszeichen. Diese Geste gefiel mir so gut, daß ich sie für die eigene Tafel übernahm, auch wenn ich vermutete, mein Rossebändiger würde dafür kaum Augen haben. Auch ein paar Musiker hatte ich bestellt, denn ein solcher Tag, ein Geburtstag mit Genesung, mußte einen doppelt fröhlichen Rahmen haben. Natürlich war in der Ecke des Salons unübersehbar der Geschenktisch aufgebaut, den der Blick eines jungen Menschen doch zuallererst anzog. Er hatte sich Hünersdorfs klassisches Werk der Reitkunst gewünscht, und um die Freude zu erhöhen, legte ich noch diskret ein Kuvert mit einer schönen Barschaft ein.

Der Postbote mußte schon das zweite Mal kommen. Diesmal war ein Brief von Ernst dabei. Er hatte mit dem Familienwappen, dem aufsteigenden Einhorn, gesiegelt. Der Anblick berührte mich seltsam. Auch Lotte hatte ein Schreiben eingelegt. Sie wohnte derzeit bei Ernst in Köln, bereitete sich auf eine Augenoperation bei Professor Walther in Bonn vor und entschuldigte sich, daß sie die Glückwünsche für Adolf nicht selber schreiben, sondern ihrer Schwiegertochter Lena diktieren mußte. Adolf las mir den Brief von Ernst vor und mokierte sich etwas über den steifen Ton. »Tut, als sei er sonstwer, der Herr Gerichtsassessor. Ernst Friedrich Wilhelm von Schiller – auch vom heiligen Geist geboren. Amen. Dabei hast du ihm doch erst den Posten verschafft! Ohne dich würde er noch immer in Weimar hocken und mit Tante Lotte warten, daß ihm der Herzog gnädigst ein Amt zuweist.«

Im Prinzip hatte Adolf nicht unrecht, aber er wußte nicht, wie übel den beiden Schillersöhnen mitgespielt worden war. Gewiß, hätte Lotte seinerzeit Kanzler von Müller zum Vormund ihrer Kinder gemacht, wie es ihr Wilhelm kurz vor seinem Tod geraten hatte, wäre alles gut gewesen. Aber sie entschied sich für Rat Voelkel, den Schatullier von Maria Paulowna, und das nahm der ehrgeizige Aufsteiger Müller so übel, daß er seine Machtposition am Hofe nutzte, um eine Anstellung von Karl und Ernst zu verhindern. Ich fand, die Familie eines Mannes, der Weimar so viel Ruhm gebracht hatte, brauchte sich eine solche Demütigung nicht gefallen zu lassen, und schaltete kurzerhand meinen Schwager Wolzogen ein. Der liebe

Louis brachte Karl beim Forstamt Altshausen im schönen Schwabenland unter, und für Ernst erreichte ich mit Fürsprache Humboldts, der Minister in Preußen war, eine Anstellung als Untersuchungsrichter in Köln. Seitdem war ich für Lotte wieder einmal die gute Fee und Retterin, denn einen Sohn am Neckar und den anderen am Rhein gut versorgt zu wissen – mehr konnte man sich in Deutschland nicht wünschen. Adolf mochte über meine Hilfe für seine Cousins anders denken, doch jedesmal, wenn die Rede auf Karl und Ernst kam, spürte ich ein Gefühl der Genugtuung, denn ich verband mit den beiden einen persönlichen Triumph über die Intriganten am Weimarer Hof. Diesen Herren mit ihrem sultanischen Gebaren einmal gezeigt zu haben, daß man auf sie nicht angewiesen war, hatte etwas Heilsames.

Mir schien, Adolf ärgerte sich ein wenig, daß seine Cousins diese Hilfe angenommen hatten, denn er hielt es in diesen Dingen ganz anders und bestand darauf, ohne Fürsprache von Onkel und Tanten und vor allem der Mama seinen Weg zu gehen. Unterstützung dieser Art sah für ihn wie Einmischung aus, und die verbat er sich. »Auch noch eine reiche, vierzehn Jahre ältere Witwe zu heiraten«, sagte Adolf und legte den Brief beiseite, »typisch Ernst. Der wollte schon immer schnell nach oben. Ich möchte nicht vom Geld einer Ehefrau abhängig sein. Das macht den stärksten Kämpfer pulverscheu, und es gibt doch wohl noch was Besseres, als den Pantoffel zu küssen. Wenn, dann muß es funken auf den ersten Blick.«

Im stillen hätte ich Adolf schon gern endlich auch verheiratet gesehen, und es wäre mir nicht unlieb gewesen, wenn er heute wie Apoll, der Musenführer, neun Damen zur Auswahl an die Tafel gebeten hätte. Gegen Ernsts

Wahl gab es nicht das mindeste einzuwenden, zumal er den Ehrgeiz hatte, die Familie aus eigener Kraft zu ernähren, und ich zweifelte nicht, daß ihm dies bei seinem Fleiß und seinem Pflichtbewußtsein gelingen würde. Andererseits rührte mich aber auch dieser schöne Idealismus des Sohnes, der offenbar auf die große Liebe wartete. Daß Adolf überhaupt dieses Thema anschnitt, war schon bemerkenswert, denn bislang wollte er nie darauf angesprochen werden, und ich hätte auch nie gewagt, danach zu fragen, denn ich kannte seine Empfindlichkeiten. Doch noch mehr überraschte mich, daß er mir bei dieser Gelegenheit verkündete, er wolle jetzt erst mal sein berufliches Heft in die Hand nehmen. Es gab eine Chance, in die diplomatische Laufbahn einzuschlagen. »Und zwar ohne die Hilfe von Onkel Louis«, fügte er hinzu, und ich spürte, wie wichtig es ihm war, alles, was er sein wollte, durch sich selbst zu werden. Ich dachte an Wilhelm, dessen diplomatische Karriere auch erst spät begonnen hatte und der sich gleichfalls von keinem protegieren lassen wollte. Wenn Adolf jetzt den Weg seines Vaters einschlagen wollte, konnte ich mehr als dankbar sein. Ich fragte nicht, wie die Chance für diese Laufbahn aussah, um gar nicht erst in den Verdacht zu geraten, ich wollte mich einmischen oder meine Beziehungen ins Spiel bringen oder gar an seine heilige Selbständigkeit rühren, und war in so guter Stimmung wie schon lange nicht mehr. Wunderbar, wenn man spürte, daß die Kinder selber vorankommen wollten und es mit ihnen aufwärtsging.

Die Musiker kamen, und ich führte sie in den Salon, wo sie ihre Vorbereitungen trafen. Adolf ging schnell noch ein paar Rebhühner schießen. Die Köchin sollte keine Tauben braten, denn um ihnen den Geschmack von Rebhühnern zu geben, goß sie ihnen jedesmal mit Pfeffer vermischten Weinessig in den Hals, band ihnen den Schnabel zu und ließ die Tiere sich totzappeln. Das hatte ihr Adolf strikt verboten. Gequälte Tiere kamen bei ihm nicht auf den Tisch. Ich ging in die Küche, um nach den Vorbereitungen für das Abendessen zu sehen, und bewirtete vorab die Musiker mit Wein und Apfelklößen, wohl wissend, daß sie nach einem guten Imbiß gleich doppelt beschwingt spielen würden.

Plötzlich hörte ich auf dem Hof lautes Stimmengewirr. Eigentlich war es noch zu früh für die ersten Gäste, aber ich legte rasch meinen Schmuck an, um für alle Fälle empfangsbereit zu sein. Dann trat ich ans Fenster und sah nach, was draußen los war. Der Stallknecht rief nach einem breiten Brett. Die Mägde brachten eine Bohle. Wilhelmine kam in mein Zimmer gerannt und rief aufgeregt, sie hätte gesehen, wie der junge Herr über den Graben gesprungen, am Gatter hängengeblieben und gestürzt sei, und dabei habe sich ein Schuß gelöst. Ich lief hinaus und rannte wie von Sinnen zum Graben hinunter. Adolf lag blutüberströmt auf der Wiese. Wir trugen ihn ins Haus, legten sofort einen Verband an, doch schon Augenblicke später war er tot. Ich stand wie aus der Welt geschleudert und dachte, das konnte mir der Herrgott doch nicht antun.

Monatelang verließ ich nicht das Haus, schrieb keinen Brief und sprach mit keinem Menschen, denn von außen konnte es nichts geben, was mich getröstet hätte. Adolfs Tod brachte mir zu Bewußtsein, daß die Chère mère nicht mehr lebte, daß Dalberg zu Gott gegangen war, daß die Vulpius ausgerungen hatte, daß es Wieland nicht mehr gab. Ich war so sehr mit dem Schattenreich befaßt, daß ich meinte, es könne nur noch Wochen dauern, bis auch ich mich aus dieser Zeitlichkeit empfahl. So ging es fast ein Jahr, bis ich begriff, daß ich handeln mußte, wenn ich wieder in diese Welt zurückfinden wollte.

Ich verließ Bösleben. Es war kein Ort mehr, an dem ich mich aufhalten konnte. Adolfs Fuchs und seinen Hund, die »Miss«, bekam Ernst. Er mußte mir versprechen, das Pferd im Falle eines Krieges nicht requirieren zu lassen, denn es sollte nicht elend auf einem Schlachtfeld enden. Das Erbe, die Güter Bauerbach und Oberharles, verblieb in der Wolzogenschen Linie und fiel an meinen Schwager Louis. Ich beschloß, Bösleben zu verkaufen und ein Gut in Schwaben, in Schillers Heimat zu erwerben, um dort mit Lotte zu leben. Am liebsten wäre ich vorübergehend in ihr Haus gezogen, doch sie hatte es während ihres Bonner Aufenthalts vermietet. Die Großfürstin Maria Paulowna bot der Witwe ihres einstigen Oberhofmeisters bis zur Regelung aller Angelegenheiten eine Unterkunft in Schillers Gartenhaus an, das inzwischen in ihrem Besitz war. Ich nahm das hochherzige Angebot an, ließ meine Bücher, ein paar Möbel und Gerätschaften auf einen Packwagen laden und zog nach Jena.

Daß mein Umzugsgut immer weniger wurde, schien mir ein Gewinn, denn ich wollte mich nicht mehr mit überflüssigen Dingen belasten. Ob ein Schränkchen mehr oder weniger im Zimmer stand, war bedeutungslos. Ich brauchte weder etwas zum Repräsentieren noch zum Imponieren, sondern nur noch zum Wohlfühlen. Wichtig war bloß eins: ein eigener Wagen und eigene Pferde. Den eigenen Wagen im Hof stehen zu haben, fand ich überaus beruhigend. Er hatte mir zwar immer ein Bewußtsein von

Beweglichkeit und Unabhängigkeit gegeben, doch jetzt kam etwas hinzu, das ich bislang so noch nicht empfunden hatte: Es war das beruhigende Gefühl, auf Gefälligkeiten anderer nicht angewiesen zu sein. Ich brauchte niemanden bitten, mir seine Kutsche zu schicken, mich abzuholen und nach Hause zu bringen. Ich konnte anspannen lassen, wann mir danach zumute war, konnte vorfahren und abfahren, wann es mir paßte, und fiel keinem zur Last. Auch wenn es immer kostspieliger wurde, einen eigenen Wagen zu halten, so nahm ich das gern auf mich, denn auf die Freundlichkeiten anderer nicht angewiesen zu sein, war für eine Frau über sechzig mehr als nur eine angenehme Gewißheit: Es war eine Wohltat. Wer wußte schon, ob diese Freundlichkeiten nicht bloß als eine lästige Pflicht angesehen wurden oder gar einem stillen Mitleid entsprangen? Beides wollte ich von mir fernhalten. Ich war nicht das hilflose alte Tantchen, das es zu betutteln und zu betreuen galt. Noch hielt ich die Zügel fest in der Hand, und es schadete nicht, dies auch nach außen zu zeigen.

Meinen Kutscher Heinrich stellte ich gleichzeitig als meinen Bedienten an. Das war zwar nicht standesgemäß, aber bei ihm konnte ich sicher sein, daß er keinen schlechten Geruch verbreitete, denn er wusch sich täglich am Zuber und nahm einmal im Monat ein Bad. Außerdem schlief er nicht, wie es üblich war, bei den Pferden, sondern hatte eine eigene Kammer. Er nahm meiner Wilhelmine, die immer schwächer wurde, die schweren Arbeiten ab, und ich war froh, auf diese Weise zwei Dienste preiswert verbinden zu können. Vor allem ließ sich die entfernte Nähe zum Weltweimarwinkel mit einem eigenen Wagen ganz anders genießen. Man schaute mal kurz vorbei, verursachte weder Aufwand noch Umstände, sondern war der Anlieger von außerhalb, der einen flüchtigen Blick auf die melierte Gesellschaft warf und sich im stillen darüber amüsierte, daß die Weimarer immer ambitionierter wurden: jeder ein Musenpriester und jeder so großartig, daß er nicht anders als bedeutungsschwer am Gewicht seiner Persönlichkeit trug – von Ausnahmen abgesehen.

Seit langem besuchte ich wieder einmal Frau von Stein, auch in der Hoffnung, daß sie einen Käufer für Bösleben wußte. Sie hatte gerade eine Patience gelegt und schien mit der Deutung des Schlußtableaus befaßt zu sein, denn sie sah mich gedankenversunken an und meinte: »Die Jugendjahre und das Alter enden einerlei. Wenn man anfängt zu denken, weiß man sich nicht recht in den Zusammenhang der Dinge zu finden. Da kommen Lehrer und weisen einen zurecht. Das glaubt man alles treuherzig, bis man dann zuletzt alles ganz anders findet – und wieder nicht weiß, woran man ist. Geht es Ihnen nicht auch so?« Sie bat mich, Platz zu nehmen, ließ Tee und Gebäck bringen, und wir waren wie früher ohne Umstände im Gespräch. Sie imponierte mir noch immer. Inzwischen trug sie ein breites seidenes Band um den Hals, was nicht nur elegant aussah, sondern nach neusten medizinischen Erkenntnissen vor allem gegen Kopf- und Rückenschmerzen schützte, und mich wieder einmal in der Meinung bestätigte, daß man von ihr stets gescheiter wegging, als man kam. Nichts in der Unterhaltung wies auf die geistige Erschöpfung hin, die so gerne der Vierundachtzigjährigen angedichtet wurde. Sie war noch immer über alles im Bilde, hatte das Bethlehem der Literatur voll im Blick und warnte mich schon nach wenigen Worten, zu Goethe zu gehen. Der Umgang mit ihm wurde immer schwieriger. Sie konnte das zwar verstehen, denn er mußte Gegensätze aushalten, die sie keinem Dichter wünschte, aber es war trotz allem höchst unerfreulich. Die einen rühmten seine Götterworte, die anderen fanden seinen Stil platt und bierbrudergemein. Für viele war er der poetische Abgott, für andere nur eine arme ausgepreßte Zitrone. Und inmitten dieser Gegensätze der täglich wachsende Ruhm! Wie man hörte, war Serenissimus nur leidlich entzückt davon und fast ein wenig eifersüchtig auf seinen berühmten Staatsminister. Ein Besuch im Großherzogtum Sachsen-Weimar-Eisenach hieß neuerdings »Wallfahrt nach Goethe«. Das konnte doch kein Regent aushalten! Und nun auch noch diese Diskussion in der Öffentlichkeit, ob man Goethe ein Monument errichten sollte, ob er nicht schon jetzt ein kleines Kolosseum verdient hatte. Kein Wunder, wenn ihm das alles zu Kopfe stieg und er immer eigener wurde.

Ihre Warnung ließ mich unberührt. Sein Ruhm konnte noch so groß sein – für mich änderte sich am Umgang mit ihm nichts. Mag sein, daß in seiner Gegenwart so mancher sich klein, unterlegen, ja sogar vernichtet fühlte und zu zittern begann, sobald er das Wort an ihn richtete, weil er nichts zu sagen wußte, was ihm seiner Größe angemessen erschien. Wer aber wie ich ein Genie in der Familie gehabt hatte, der sah gelassen auf den Ruhm und lebte eher in der Sorge, daß das Mitleid nicht größer als die Bewunderung wurde.

Selbstverständlich besuchte ich Goethe. Er hätte es mir übelgenommen, wenn ich in Weimar gewesen wäre, ohne bei ihm hereinzuschauen. Ich nahm ihm meine *Erzählungen* mit, die gerade bei Cotta in schöner Auf-

machung erschienen waren, und freute mich, ihm nach so
langer Zeit wieder ein Bändchen eigener Prosa überreichen zu können. Obwohl ich mich auf eine kurze Visite
eingestellt hatte, bat er mich gleich, mit ihm zu soupieren.
Überhaupt schien er in einer glücklichen Sprechstim-
mung zu sein. Er war gerade dabei, eine Pascalsche
Schnecke zu zeichnen, erläuterte mir eine Kurve vierten
Grades, und es hörte sich so an, als ob aus ihm nun noch
ein Mathematiker werden sollte. Doch zu allererst erkundigte ich mich nach seinem Befinden. »So ist nun mal das
Alter«, sagte er, »stufenweise tritt man aus der Erscheinung zurück. Allerdings weiß ich jetzt, daß gegen ge-
schwollene Füße Taftsocken helfen.«

Als wir bei Tisch saßen, merkte ich, daß er neuerdings
dunkelbraunes Köstritzer trank und in allem sehr auf
seine Gesundheit achtete, was aber an der geschätzten
Gläserabfolge nichts änderte. Er entschuldigte seine
Schwiegertochter. Ottilie hatte vor kurzem einen Reitun-
fall gehabt und wollte sich noch nicht sehen lassen. »Bis
jetzt habe ich mich gescheut, ihr entstelltes Gesicht zu sehen, denn ich werde solche häßlichen Eindrücke nicht
wieder los. Sie verderben mir für immer die Erinnerung.
Mißgestalten und Mängel machen mir jeden Eindruck
sofort unleidlich.« Daß er sein kompliziertes Sensorium
mir so freimütig offenbarte, war eher ein Beweis des Ver-
trauens, den ich nicht anders als mit artigem Schweigen
zur Kenntnis nahm. Zurückhaltung im Urteil gerade bei
diesen ganz persönlichen Dingen konnte nicht schaden,
denn sie offenbarte ihm, daß ich selbstverständlich auch
den beiläufigsten Besuch als eine Genieaudienz betrachtete. Für Respekt und Bewunderung war er immer und in
jeder Stimmung zugänglich.

Ganz unerwartet kam er auf Adolf zu sprechen. Dies überraschte mich um so mehr, weil der Geheimrat doch stets jede Berührung mit dem Tod vermied. Alles, was er zu Adolf sagte, tröstete und tat unendlich gut, aber es fiel mir schwer, mich bei diesem Verlust aufzuhalten, ohne nicht auf der Stelle niedergedrückt zu werden. Doch ich mußte nach vorn schauen. Behutsam lenkte ich das Gespräch auf die Herausgabe des Schiller-Goethe-Brief-wechsels. Ich glaubte zwar nicht mehr daran, daß nach all der Zeit noch etwas daraus werden könnte, wollte aber wenigstens wissen, woran das Projekt gescheitert war. Innerlich stellte ich mich darauf ein, daß ihm dies eine höchst unangenehme Frage war, der er gereizt auswei-chen würde. Statt dessen verkündete er, daß das Manu-skript kurz vor dem Abschluß stand und Cotta den Brief-wechsel in sechs Bänden demnächst edieren werde. Das allerdings war mehr als eine Überraschung. Es war eine frohe Botschaft. Eine good news vom Geheimrat. Daß er sich nun doch einen Ruck gegeben hatte, zeigte mir aber auch, was für ein Schatz die Schillerschen Briefe sein mußten – ein Schatz, an dem auch die poetische Exzel-lenz noch wachsen konnte. Nun war ich beruhigt, denn diese Veröffentlichung brachte den Namen des Schwa-gers erneut ins Gespräch. Das mußte ich sofort Lotte mitteilen, denn jede gute Nachricht diente ihrer Gene-sung. »Es hat lange gedauert«, sagte Goethe, »sehr lange. Aber es gab gerade bei diesem Gegenstand vieles zu be-denken, was die Arbeit immer wieder verzögerte. Sie werden es selbst erfahren, wenn Sie an Ihrer Schiller-Bio-graphie arbeiten. Das Schwierigste beim Schreiben wird die Rücksicht auf die Lebenden sein. Darüber habe ich mich gerade erst mit Humboldt verständigt.«

Die Tatsache, daß im Freundeskreis schon über mein Vorhaben gesprochen wurde, obwohl ich noch keine einzige Zeile zu Papier gebracht hatte, gab mir eine Ahnung von dem, was auf mich zukommen würde. Interessiert erkundigte sich der Geheimrat nach den Details – wie ich heranging und ob ich auch Schillers Werke behandelte, welche Quellen ich benutzte und wie überhaupt meine Konzeption aussah. »Ich will nur eins«, sagte ich, »die Bilder, die von Schiller in mir leben, auch den anderen mitteilen, damit er in seiner ganzen Größe vor dem Publikum erstehen kann.«

»Ich bin gespannt«, entgegnete er, und es klang fast so, als wollte er mir damit sein heiliges Placet geben.

Nie hätte ich mir träumen lassen, daß ich einmal in diese Situation kommen würde: Ich saß in Schillers ehemaligem Gartenhaus in der Turmstube direkt unter dem Dach, auf dem einst Wilhelm in Cottas Auftrag einen Blitzableiter anbringen ließ, der den sterblich Unsterblichen beschützen sollte. Daß die Franklinsche Erfindung nun auch mir noch eine Weile zugute kam, war dem Verleger sicherlich sehr recht. Freute er sich doch immer, wenn sich eine Investition gleich für zwei Autoren bezahlt machte. Ich nahm mir vor, daß die Biographie zum 25. Todestag des Schwagers erscheinen sollte. Ich brauchte so ein Datum, auf das ich hinarbeiten konnte und das mich unter einen Druck setzte, der alle Kräfte konzentrierte. Cotta schrieb mir, daß es ein günstiges Zusammenspiel sei: erst die Edition des Schiller-Goethe-Briefwechsels und anschließend meine Biographie – das konnte das Interesse an Schiller neu beleben und dem Absatz seines Gesamtwerkes nur dienen.

Humboldt hatte sich schon mehrfach bei mir nach dem Stand der Dinge erkundigt und scherzhaft darum gebeten, ich möge ihn wohlwollend in *Schillers Leben* behandeln, und Li schrieb mir, daß sie mich nicht um die Verantwortung beneiden würde, die ich als Biographin auf mich geladen hätte. Deutlich war sie ja immer. Eigentlich hätte ich vor lauter Rücksicht gar nicht mit der Arbeit beginnen dürfen: Rücksicht auf Schiller, Rücksicht auf die Freunde, Rücksicht auf Lotte, Rücksicht auf seine Kinder, Rücksicht auf mich, Rücksicht nichts als Rücksicht. Nur was hätte *er* davon gehabt? Was hätte es ihm genutzt? Wenn auch die Wahrheit in der Sonne wohnen mochte, so wollte ich doch nicht ganz ausschließen, daß auch auf Erden noch ein Plätzchen für sie vorhanden war. Aber dorthin zu gelangen, war ein Balanceakt. Nur war es immer noch besser, den Balanceakt zu wagen, als gar nichts zu tun. Er hatte in seiner Kunst alles ins Reine und Hohe hinaufgehoben, und daran mußte ich mich in Stil und Darstellung halten. Selbstverständlich hatte der Schwager nur Lotte geliebt, denn sie war die Mutter seiner Kinder. Ich war die Schwester seiner Frau, und er ein anhänglicher Familienmensch, der stets gern seine Lieben um sich hatte. Mehr brauchte nicht gesagt zu werden. Es hätte auch Goethe verletzt, wenn ich beschrieben hätte, wie lange Schiller um seine Freundschaft buhlen mußte. Überhaupt wollte ich alles Private zurückdrängen. Eine Biographie war kein Blick in den Suppentopf. Es ging darum, einen Mann darzustellen, der ganz seiner Kunst und ganz seinem Ideal gelebt hatte, denn das konnten sich wohl nur die wenigsten vorstellen.

Körner hatte mir inzwischen seine Aufzeichnungen geschickt und Christophine ihre Jugenderinnerungen an den Bruder. Plötzlich war ich mit einer Fülle von Fakten konfrontiert, die mich zuzuschütten drohten und mir die freie, unbefangene Sicht auf Schiller nahmen. Angesichts der Stapel von Briefen und Dokumenten, die sich auf meinem Schreibtisch türmten, hatte ich Sorge, ich könnte den Fakten erliegen, ehrfürchtig vor ihnen knien und der geringsten Geringfügigkeit Bedeutung zumessen; ich könnte alles so getreu abschildern, gemäß der Erwartung, daß bei einem Genie auch die läppischste Handlung noch einen Rang besaß, so daß am Ende nur ein trockener Lebensbericht herauskam. Doch ich wollte das andere – es sollte ein Bild entstehen, ein Bild von Schiller, wie es in mir war – bewegt, widersprüchlich, sinnlich und die Sehnsucht nach Größe in jedem Atemzug. Ein so anschauliches Bild, daß andere eine Vorstellung von ihm bekamen, mit ihm denken und fühlen konnten und er in ihnen lebendig wurde. Schließlich ging es um *meine* Art, ihm ein Denkmal zu setzen.

Tag und Nacht dachte ich darüber nach und merkte doch sehr bald, daß der Entwurf eines solchen Bildes nicht einfach war. Einerseits mußte ich mich an das Erlebte erinnern und andererseits das Erlebte vergessen, um irgendwo dazwischen dieses Plätzchen für die Wahrheit zu finden, das mir den objektiven Blick auf meinen Helden bescheinigte. Die Arbeit am Nachruhm des Schwagers füllte mich ganz aus. Ich nahm mir nichts mehr vor, empfing keine Besuche und verließ kaum noch das Haus. Nur einmal besuchte ich den guten alten Knebel, der in seinem gastlichen Domizil am Saaleufer eine kleine Abendgesellschaft gab.

Hier hörte ich etwas so Ungeheuerliches, daß es mir die Sprache verschlug und ich zu keiner Unterhaltung mehr

fähig war. Man hatte in Weimar Schillers Knochen und seinen Schädel aus der Gruft geholt. Alles geschah in bester Absicht: Bürgermeister Schwabe wollte der Witwe des Dichters auf einem neuangelegten Friedhof einen Platz schenken, einen kleinen Hain anlegen lassen, und dorthin sollten die entseelten Reste des Schwagers überführt werden. Des Nachts war eine kleine Abordnung in das Landschaftskassengewölbe hinabgestiegen, um nach den Gebeinen Schillers zu suchen. An der Spitze Bürgermeister Schwabe, ihm zur Seite der Totengräber, ein Arzt, Schillers Diener Gottfried Rudolf und Tischler Engelmann, der einst den Tannensarg für ihn gefertigt hatte. Schnell mußten sie erkennen, daß es unmöglich war, ihr Vorhaben wie beabsichtigt auszuführen. Die Särge waren sämtlichst zerfallen, die Knochen lagen durcheinander, und so sammelten sie im Moder die Schädel ein, unter denen sich der von Schiller befinden mußte. Schwabe hatte dreiundzwanzig Schädel in einen Sack gesteckt und zu sich nach Hause getragen. Dort hatte er mit Hilfe der gipsernen Totenmaske Schillers und verschiedener Messungen den Schädel des Dichters ausfindig gemacht. Das Oberkonsistorium hatte sich zwar über die Störung der Totenruhe aufgeregt, doch der Großherzog und Goethe zeigten die größte Teilnahme an dem schauerlichen Vorgang. Anstatt die Sache sofort einzustellen, wurde ein Platz für die Aufbewahrung des Schillerschen Schädels gesucht. Es hieß, daß der Geheimrat ihn bei sich zu Hause aufbewahrte. Auch die Gebeine hatte man inzwischen als solche erkannt, in einen Kasten gepackt und auf Wunsch Goethes der Bibliothek zur Verwahrung übergeben.
Es war nicht zu fassen. Ich hatte Sorge, daß Lotte etwas davon erfahren könnte. Sie brauchte jetzt Ruhe und Scho-

nung, und jede Aufregung schadete ihrer Genesung. Da ich mit jeder Form von Gerede oder gar Gerüchten äußerst vorsichtig umging, fuhr ich gleich am nächsten Morgen nach Weimar, um zu erkunden, was an der Sache dran war. Ich erschien par billet bei Goethe und stellte ihn behutsam, aber bestimmt zur Rede. Es war ihm sichtlich unangenehm, mir einzugestehen, daß Schillers Schädel tatsächlich in seinem Hause war. Er lag auf einem blausamtenen Kissen, darüber war ein Glasgefäß gestülpt, das man abnehmen konnte. Ich glaubte meinen Augen nicht zu trauen und fragte mich, wie der empfindsame alte Herr einen solchen Anblick überhaupt ertragen konnte. Doch Goethe meinte, er hätte sich auf dem neuen Kirchhof neben der Familiengruft des Großherzogs selber eine Gruft zurichten lassen, in der er mit Schiller begraben sein wollte. Er versprach mir, den Schädel bis dahin auf das sorgfältigste zu verwahren und keinem zu zeigen.

Ich hatte dafür keine Worte und fand das alles nur gespenstisch und makaber. Das zeitweilig entstellte Gesicht seiner Schwiegertochter konnte er nicht ertragen, aber vor dem beinernen Gehäuse des toten Freundes stundenlang sitzen! Ich zweifelte daran, ob er den Schädel wirklich nur vor dem weiteren Verfall im Landschaftskassengewölbe bewahren wollte, oder ihn nicht doch zum Gegenstand wissenschaftlicher Betrachtungen machte, um gar noch vom Knochenbau auf die Intelligenz und den Charakter zu schließen. Er stand ja mit dem Jenaer Anatomischen Kabinett in Verbindung, interessierte sich für die Gallsche Schädellehre, und Couviers Resümee der fossilen Knochenkunde hatte ihn auch schon beschäftigt. Er schien zwar leicht betreten über meine Demarche, aber ich merkte auch, daß das ganze Unternehmen im Einvernehmen mit dem Herzog geschah, weshalb dem auch keiner in Weimar zu widersprechen wagte. Doch ob es nun um ein wissenschaftliches Interesse oder nur um eine vorsorgliche Aufbewahrung ging – bis zur Errichtung der neuen Schillerschen Grabstätte gehörten die Gebeine in einen Interimssarg und nicht in eine Studierstube. Dies sprach ich ganz kühn im Namen meiner Schwester aus, und der Geheimrat sagte es mir zu.

Ich regte mich über all das so sehr auf, daß ich im gestreckten Galopp nach Jena zurückfuhr. Erst einmal mußte das Ungeheuerliche überschlafen und verarbeitet werden, um dann mit Lotte in Ruhe die weiteren Schritte zu überlegen.

Als ich das Haus betrat, kam mir Wilhelmine mit einem Brief aus Köln entgegen, den ein Courier vor einer Stunde gebracht hatte. Es mußte Gedankenübertragung gewesen sein, daß gerade jetzt von der Schwester eine Nachricht kam, doch Ernst teilte mir mit, daß seine Mutter nach der Augenoperation ganz unerwartet an einem Nervenschlag verstorben sei und er sie in Bonn begraben habe.

Meine Pläne zerschlugen sich. Da der allgemeine Gang der Dinge anscheinend immer den Erwartungen entgegenlief, blieb mir gar nichts anderes übrig, als mich in die Arbeit zu stürzen, um die Welt noch einigermaßen erträglich zu finden. Ab und an jedoch schlich sich das Nachdenken über das Unabänderliche wie eine Krankheit an, versetzte mich in eine Stimmung, die mir meine gefürchteten Leiden, das trübe Wetter und die Kleinstadt, zu Bewußtsein brachten und das Gefühl gaben, es würde sich weder in mir noch außer mir etwas bewegen wollen. Ich glaubte auf der Stelle zu treten und in eine große Stokkung geraten zu sein. Das Unabänderliche türmte sich wie eine unverrückbare dunkle Schicksalsmauer vor mir auf, gab mir nichts als meine Ohnmacht zu erkennen und führte mir das Vergebliche aller Bemühungen vor Augen. Da aber glücklicherweise die Welt so beschaffen war, daß alles auch eine andere Seite hatte, wollte ich dem Unabänderlichen keinen Raum geben. Für das große Ganze mochte es vielleicht gelten, für mich galt das andere: Alles war Übergang. Alles vorläufig, offen, unbestimmt ohne Anfang, ohne Ende, ein ewiger Strom und ich mittendrin; mitten in der Bewegung, die mich forttrug und die ich mitgestaltete durch das, was ich konnte. Durch meine paar zufälligen Talente. Ich an meinem Ort und mit meinen Fähigkeiten. Nicht mehr und nicht weniger, und das war doch auch etwas. Schließlich mußte es irgendwo einen Sinn geben, und wenn er nur darin bestand, daß ich mir eine Arbeit vorgenommen hatte, die mir notwendig und wichtig erschien. Nein, ich wollte mich nicht betrüben lassen. Ich mußte meinen Blick auf das Helle und Freundliche richten. Nichts stand fest. Alles konnte noch werden, denn alles war Übergang. Der selige Kant, mein Apollo Immanuel, hätte mir diese Erkenntnis vermutlich schon als eine beachtliche Tat bescheinigt. Und da ich mit einem neuen Opus befaßt war, gab es erst recht keinen Grund, sich von selbstzerstörerischen Betrachtungen heimsuchen zu lassen. Denn wer, wenn nicht ich, sollte mir noch Mut machen.

Ich verließ das Schillersche Gartenhaus und nahm mir eine Wohnung unweit vom »Gasthof zum Schwarzen Bären«. Maria Paulowna bot mir zwar eine schöne Altersresidenz im Weimarer Schloß an, aber ich wollte unabhängig von aller Etikette leben. Meine neue Wohnung war zwar klein und bescheiden, und ein water closet konnte ich keinem bieten. Aber die Räume genügten mir, und wem der Luxus fehlte, der brauchte nicht zu kommen. Andere mochten das anders sehen und ihre noblen Nasen rümpfen, doch ich sah das so und verglich mich schon lange nicht mehr. Angesichts der veränderten Umstände behielt ich vorläufig noch das Gut Bösleben, denn als Autorin so lange wie möglich eine kleine regelmäßige Einnahmequelle zu haben, schien mir mehr als geraten.

Ohne es zu wollen, rückte ich zur grauen Eminenz der Schillerschen Familie auf und nahm Lottes Stelle ein. Jetzt sah ich deutlich, daß sie der eigentliche Mittelpunkt gewesen war, gegen den alles gravitierte, und damit hatte mir meine Lolo eine stattliche Verpflichtung auferlegt. Allerdings brauchte ich mir um keines ihrer Kinder Sorgen zu machen, denn ich hatte es mit einer selten erfreulichen Schar zu tun. Meiner Nichte Caroline konnte ich mit Hilfe meines Schwagers Louis eine Stelle als Erzieherin im schlesischen Karlsruhe verschaffen. Die schöne Emilie war vor kurzem zur Baronin von Gleichen-Rußwurm avanciert, Förster Karl saß gut versorgt in den stillen Tälern Schwabens, und Ernst stand in Köln vor der Beförderung zum Appellationsgerichtsrat. Alle vier waren in die Hufe gebracht, und Wilhelm, ihr einstiger Vormund, hätte mehr als zufrieden mit ihnen sein können. Es war nun mal so: Wenn die Kinder gut gerieten, schien das eigene Leben schon zur Hälfte gewonnen zu sein.

Inzwischen ließ sich auch Ernst auf seinen Vater ansprechen. Mag sein, daß Dichtersöhne besonders komplizierte Naturen waren, aber ich konnte verstehen, daß Ernst erst durch eigene Verdienste auf sich aufmerksam machen wollte, bevor alle Welt in ihm nichts anderes als den Sohn von Schiller sah. Ernst war gewarnt durch das Schicksal seines Jugendfreundes August von Goethe, der keine Chance hatte, er selber zu werden, und nur dazu bestimmt schien, der verlängerte Arm des Vaters zu sein. Wo er auch hinkam – immer wurde er auf den Vater angesprochen, immer wurde er nach dem Vater gefragt, immer galt dem Vater das erste Wort, der erste Gruß. Überall war der Vater und immer nur der Vater, so als existiere er nur durch ihn und sei keine eigene Person, die auch einen Anspruch hatte, wahrgenommen zu werden. Wie August nur das Medium des Papas zu sein – soweit wollte es Ernst gar nicht erst kommen lassen. Darum beantwortete er keine Frage nach dem Vater, brach jedes Gespräch über ihn ab, und wer in ihm nicht den Gerichtsassessor sah, sondern nur Schillers Sohn, der hatte wenig Aussichten, mit ihm ins Gespräch zu kommen.

Doch nun als Rechtsvertreter und Vorstand der Schillerschen Erbengemeinschaft, hatte sich die Situation geändert. Nun sah er sich in der Pflicht, das väterliche Erbe so zu verwalten, daß es dem Wohl der Geschwister diente. Zwar war Ernst Doktor beider Rechte, aber mit der Verlagsmaterie so wenig vertraut, daß ich ihm selbstverständlich zur Seite stand und er auch keinen Schritt in den Verhandlungen mit Cotta unternahm, ohne nicht vorher seine Tante Wolzogen konsultiert zu haben.

Da über die Rechte von Schillers Gesamtwerk verhandelt werden mußte und ich inzwischen in Erfahrung gebracht hatte, was Goethe für sein Gesamtwerk geboten wurde, instruierte ich Ernst, in den Verhandlungen mit Cotta darauf zu bestehen, daß auch für Schiller nur ein Höchstgebot in Frage kam. Nicht daß er einen besonderen Gewinn aus dem Werk seines Vaters schlagen sollte, aber der Name Schillers war schließlich nicht weniger wohlklingend wie der Name Goethes. Das sollte schon in einem gleichwertigen Honorar zum Ausdruck kommen. Es war erfreulich, wie geschickt und entschlossen der einst kleine Herr Er dabei vorging.

Ich hatte ja seit jeher meine eigene Meinung über Anwälte, Rechtskundige und all diese Gesetzesmenschen, doch jetzt merkte ich auf einmal, wie beruhigend es war, einen Juristen in der Familie zu haben. Er ging die Dinge kühl und gelassen an und schuf eine Atmosphäre, die jenseits aller Aufgeregtheiten und Emotionen lag, so daß man sich in seiner Nähe unnützes Kopfzerbrechen ersparen konnte. Schon daß einer da war, der alles sofort auf die richtigen Begriffe brachte, sich in den Kompetenzen der Behörden auskannte und auch die Sprache für sie hatte – allein das gab eine gewisse Sicherheit und war von nicht zu unterschätzendem Wert.

Doch so sehr mich die Kronberatung für die Schillerschen Granden in Anspruch nahm – ich mußte sehen, daß ich mit meiner eigenen Arbeit einigermaßen vorankam. Nicht nur, weil die Zeit drängte, sondern weil sich auch der Rhythmus des Schreibens geändert hatte und nunmehr einem Wechsel von Bewegung und Stillstand glich. Die guten Phasen schienen bloß noch in Schüben zu kommen, und wenn sie denn kamen, reichte die Zeit nicht aus für das, was es zu notieren gab. Solche Stunden muteten wie versprengte Boten an und zeigten sich immer seltener. Viel häufiger war das andere – Stunden und Tage, in denen gar nichts ging. Da schleppte sich alles endlos hin. Der kleinste Brief geriet zur Mühsal, jeder Satz kostete Überwindung, und alles tendierte zu null.

Ich kam mir leer und ausgebrannt vor, taub, verschlossen und für nichts mehr empfänglich. Eine Frau, die auf einem dürren Feld stand und einer tonlosen Musik lauschte. Keine gerade erfreuliche Erscheinung. Darum mußten die wenigen Hochs, die wie ferne Lichtpunkte in mir flackerten, bis zum letzten Augenblick genutzt werden, um überhaupt noch das Gefühl zu haben, daß sich etwas bewegte. Denn daß von außen noch irgend etwas kommen konnte, was Auftrieb gab, damit rechnete ich schon lange nicht mehr.

Einmal allerdings wurde ich angenehm überrascht: Goethe sandte mir zu Weihnachten ein Buchgeschenk. Es war das erste Exemplar des Schiller-Goethe-Briefwechsels in einer Oktavausgabe auf feinem Velinpapier. Er hatte ein Briefchen beigelegt. Ich las es mehrere Male, um mich zu vergewissern, daß alles Wirklichkeit geworden war: »Hier, nun noch eilig zum heiligen Christ, der längst erwartete Abdruck, den Sie, verehrte Freundin, so wohlwollend eingeleitet haben. Erst ein Exemplar, die übrigen folgen baldmöglichst. Mich angelegentlich empfehlend, unwandelbar Goethe.« Das klang nicht schlecht. Seinen letzten Brief hatte er mit »Verehrend, vertrauend, treulichst« unterzeichnet, und nun diese bemerkenswerte Steigerung. Den Brief des Herausgebers legte ich wie ein anmutiges billet doux in das schöne, fast unberührte Exemplar und genoß die stille Gewißheit, etwas auf den Weg gebracht zu haben, was mir mit »Unwandelbar Goethe« gedankt wurde. Eine erfreulichere Art, einen Hausorden verliehen zu bekommen, hätte es für mich nicht geben können.

Doch als ich dann die Korrespondenz las, wurde ich plötzlich wieder an die Worte Cottas vom »günstigen Zusammenspiel« erinnert: Wenn auf Goethes Herausgabe Caroline von Wolzogens Biographie erscheinen würde, wäre viel für Schillers Nachruhm und den Abgang seiner Werke getan. An mir sollte es nicht scheitern, seine Größe ins rechte Licht zu setzen. Ich stellte den Briefband auf meinen Schreibtisch als täglich sinnlich-sichtbare Ermahnung, daß jetzt mein Part erwartet wurde und ich die Arbeit für den posthumen Glanz des Schwagers nicht länger hinauszögern durfte.

Es schien wie ein Wunder: Je weiter ich in *Schillers Leben* vorankam, desto leichter fiel mir das Schreiben. Mir war, als hätte es den inneren Stillstand nie gegeben. Ich saß wie angeschmiedet am Schreibtisch und vermißte nicht einmal mehr die würdige Gewohnheit, die ich mir seit kurzem geschaffen hatte, um das Gefühl zu haben, wenigstens einmal am Tag etwas Erfreuliches zu tun. Ich brauchte es nicht, denn ich war von morgens bis abends mit meinem literarischen Helden befaßt, der immer lebendiger wurde. Ich sah ihn, hörte ihn, seine Gedanken ergriffen von mir Besitz, und plötzlich war ich wieder mit ihm im Gespräch und konnte meiner rhetorischen Poesie freien Lauf lassen.
Ich fühlte mich wohl wie nie. Nichts tat mir weh. Ich spürte kein Reißen, kein Ziehen, kein Zucken, nur Unrast brannte im Nacken. Es hätte keine schönere Beschäftigung geben können, denn das, was ich für ihn empfunden hatte, brach noch einmal hervor: die Lust, die ein geistiges Gewand trug, im ewigen Versteck geblieben war und nur sichtbar wurde in den Spiegelungen der Seele. Jetzt versetzte sie mich in diese sinnliche Stimmung des Kopfes, die mich im Schreiben leichthin von Abschnitt zu

Abschnitt trug und mich mit meinem transzendenten Titan eins werden ließ. Ich in ihm und er in mir – das konnte nur ein gutes Stück Prosa werden.

Von außen drang kaum noch etwas an mein Ohr. Nachrichten und Neuigkeiten glitten an mir ab. Sie waren ohnehin nicht wichtig und störten nur meine Atmosphäre. Selbst daß Humboldt jetzt gleichfalls seinen Briefwechsel mit Schiller herausgeben wollte, auch daß dem unsäglichen Spuk mit dem Schädel ein Ende bereitet worden war – das alles nahm ich nur am Rande wahr. Doch als mir Ernst in einem Triumphbrief mitteilte, daß er für die Rechte am Werk seines Vaters 70 000 Taler herausgehandelt hatte, hielt ich dann doch einen Augenblick inne. Von dieser Summe hätte Schiller nicht einmal zu träumen gewagt. Schon mit dem zehnten Teil davon wäre er ein reicher Mann gewesen, befreit von allen Schulden und erlöst von den ewigen Brotarbeiten. Es stimmte mich fast wehmütig, wenn ich an den Vater der glücklichen Erben dachte, der sich schon über die kleinsten Vorschüsse gefreut hatte und für jede Zuwendung dankbar war. Und nun ein solcher Goldregen, der nachträglich nur noch einmal bestätigte, daß es wohl das Los des Genies war, Quelle zu sein, die für andere sprudelte – und dies als edelschöne Bestimmung bis zum letzten Tag.

Ernst bot mir mit generöser Geste ein Honorar für meine Arbeit an Schillers Biographie an, denn schließlich hatte die Tante Aufwendungen und Auslagen, wie er meinte, und jede Arbeit war ihres Lohnes wert. Selbstverständlich lehnte ich dieses freundliche Angebot ab. Nie hätte ich von Neffen und Nichten auch nur einen einzigen Heller genommen. Selbst dann nicht, wenn ich für den Nachruhm des Vaters arbeitete, der sie vermutlich noch wohlhabender machte. Eltern und Verwandte wurden nur geschätzt, solange sie gaben – reichlich und regelmäßig den lieben Kindern gaben. Bloß nicht etwas von ihnen nehmen müssen. Das brachte nur in den Ruf, eine Belastung zu sein, und so etwas mochten Kinder nun mal nicht so gut leiden. Außerdem war mein Gewinn an der Arbeit ganz anderer Natur. Doch davon ahnten sie nichts, und das war auch gut so, denn es hätte mich nur in die Lage gebracht, etwas erklären zu müssen, was sich nicht erklären ließ. Ich wollte aber nicht der Grund für Mißverständnisse oder gar endlose Deuteleien sein. Es gab nur einen einzigen Gefallen, den mir der große Erbneffe erweisen konnte: dafür zu sorgen, daß Adolfs Pferd und sein Hund, die »Miss«, immer bestes Futter bekamen und so betreut wurden, daß sie nichts vermißten. Dann wandte ich mich wieder meiner Arbeit zu, die nun in einem Kraftakt beendet werden mußte.

Ich brauchte weder starken Kaffee noch Wein, um mich hochzustimmen. Leise, wie auf Diebessohlen schlichen sich meine Gedanken immer häufiger zu den Briefen hin, die mir der Schwager einst geschrieben und die ich damals alle verbrannt hatte. Wie aus einer großen Ferne tauchten die Worte auf, fügten sich aneinander, und plötzlich waren sie alle wieder da, die schönen Sätze, die mir gegolten hatten und die ich jetzt dreifachdoppelt genoß und bis zur letzten Silbe auskostete: Du bist der Widerhall meiner Seele ... Ich sehne mich nach einem Laut deines Wesens ... Meine unsterbliche Lina, ich bin nichts ohne dich ... Du teilst meine Einsamkeit in dieser geselligen Schöpfung ... Laß mich von mir sprechen, dem vergänglichen Ich. In der Liebe zu dir liegt eine Zeitlosigkeit, die ich als einen Akt des Denkens begreife, als eine schöpferische Vision … Ma seule unique amie, meine einzige, unvergleichliche Freundin. Durch dich taste ich mich näher an meine eigene Seele heran, denn meine ganze Lust ist das Wort und du bist das Wort …

Jetzt tat es gut, daß mir so etwas einmal geschrieben worden war. Schließlich war dies auch kein schlechtes Erbe und ein durchaus stattlicher Besitz. Zwar verbrannt, aber nicht verloren. Jedes Wort klang und schwang in meine Arbeit hinein, war meine Morgenkantate und meine Nachtmusik und gab mir das Gefühl, auch auf engstem Raum noch Flügel zu finden, um mich aufzuschwingen. Ich saß in fortgesetzter Anspannung am Schreibtisch, war keinen Augenblick einsam, keinen Augenblick allein, ließ mich treiben, hin zu mir, hin zu ihm; nichts machte mehr Mühe, alles floß mir zu, formte sich zu einem lebendigen Bild von ihm, das in mir war, und trug mich in einer poetischen Stimmung davon.

Fast war ich traurig, als nach drei Jahren die Arbeit an der Biographie beendet war und ich meinen literarischen ami verlassen mußte. Ich fertigte eine Abschrift des Manuskripts und sandte sie Humboldt, denn für die Rücksicht auf Mitlebende besaß er ein feines Gespür. Schon nach kurzem kam seine Antwort. Er schrieb, daß eine Frau in keinem Lande etwas so Schönes hervorgebracht hatte. Zwar war ich mit jeglichen Superlativen im Laufe der Zeit höchst vorsichtig geworden, aber Bill schien wirklich begeistert zu sein. So etwas fühlte sich. »Es gibt nichts so rein und tief Empfundenes, so wahr und groß Gedachtes, so unnachahmlich schön Geschriebenes, als die Stellen, mit welchen Sie die Schillerschen Briefe unterbrechen. Außer der beständigen zarten Verschmelzung der Gedanken mit dem Gefühl ist über diese Schilderungen die nicht zu erklärende Grazie ausgegossen, die kein Mann erreicht und die allein der schönen Weiblichkeit angehört.«

Besser hätte er mir meine Rücksicht auf noch Lebende nicht bescheinigen können. Nun war ich beruhigt. Ich verpackte das Manuskript in Wachstuch, sandte es zu Cotta, und alles übrige konnte ich mit großer Gelassenheit sehen.

* * *

So war das also mit der Schwägerin und dem Genie. Jetzt, da ich das ganze noch einmal durchlas, atmete ich erleichtert auf. Nun hatte ich eine Klarheit gewonnen, die mir den nötigen Abstand zu allem gab. Jetzt konnte ich mir getrost sagen: Ja, ich war seine Schwägerin, nur anders, als man sich das gemeinhin so vorstellte. Für diese berauschend schlichte Feststellung hatte ich zwar ein ganzes Jahr gebraucht, doch es schien mir keine verlorene Zeit, denn alles, was der Selbsterkenntnis diente, war ein Gewinn. Ich packte das Scriptum zu meinen übrigen Unterlagen. Ob es einmal gedruckt werden würde oder nicht, darüber machte ich mir keine Gedanken. Geschrieben war geschrieben, und man wußte nie, was daraus noch einmal werden konnte.

Es wurde höchste Zeit, mich wieder meiner eigentlichen Arbeit zuzuwenden. Ich mußte meine *Cordelia* beenden und an all die Fäden anknüpfen, an denen ich schon gesponnen und gehaspelt hatte. Brockhaus, mein neuer Verleger, hatte mir einen recht ordentlichen Vertrag geschickt und sogar ein paar Repräsentationsexemplare auf blau Velin zugesagt. Ein Zeichen, daß ich wohl nun in die höhere Klasse der Autoren aufgerückt war. Dabei kannte er noch keine einzige Zeile von dem neuen Roman, sondern wußte nur, daß die Handlung in den Freiheitskriegen spielte und meine Hauptheldin Cordelia zu der Erkenntnis kommt, daß dort, wo die Männer die Begebenheiten leiten, die Frauen in ruhigem klaren Anschauen über ihnen schweben müssen, um ihnen den richtigen Blick für die Welt zu geben. Und mehr noch: Cordelia begreift, daß der Mann nicht das einzige Glück für sie sein kann. Das hatte den Verleger sofort das Autobiographische wittern lassen, und er verbreitete in Buchhändlerkreisen, ich würde den Roman meines Lebens schreiben. Ich sah ihm seinen Übereifer nach, denn er rechnete fest damit, daß die *Cordelia* so erfolgreich wie einst *Agnes von Lilien* und *Schillers Leben* sein werde. Um diese Hoffnung wollte ich ihn nicht ärmer machen und setzte mich ans Werk.

Nun war ich 73 Jahre und lebte in einer Umgebung, von der ich wußte, daß Freunde sie mit einer Geßnerschen Idylle verglichen. Aber es fehlte mir an nichts, denn ich hatte mir den größten Luxus erarbeitet, den es überhaupt geben konnte: Ich besaß meine Freiheit und meine Bequemlichkeit. Jetzt trug auch ich ein breites seidenes Band um den Hals, das Kopf- und Rückenschmerzen abwehren sollte, und selbst Taftsocken verfehlten nicht ihre wohltuende Wirkung. Zu meinen würdigen Gewohnheiten zählte ich inzwischen das allabendliche Glas Burgunder, der überaus bekömmlich war, denn er hielt das Blut in Bewegung, und jeder Schluck davon glich einem kleinen Sonnenstrom, der das Gemüt erwärmte.

Im Umgang mit Menschen wurde ich immer wählerischer. Langweiler, die mir mit banalem Geschwätz die Zeit stehlen wollten, und solche, die an trübes Wetter und Kleinstadt erinnerten, kamen mir nicht ins Haus. Auch neugierige Durchreisende, die die betagte Dame der Feder einmal sehen wollten, um sie wie ein Rhinozeros anzustaunen und hinterher sagen zu können, sie seien befreundet mit ihr oder würden sie gut kennen, wies ich von vornherein ab. Schließlich war ich kein Schaustück, das anderen zur Unterhaltung diente. Ich hatte wieder einen kleinen angenehmen Freundeskreis, zwar keine Mittwochsgesellschaft, aber doch geistig gleichgestimmte Menschen, mit denen man zu neuem Leben kam. Ob ich mit Hofrat Kieser, Geheimrat von Ziegesar, dem Philosoph Scheidler oder Professor Hand, dem Erzieher der Töchter Maria Paulownas, zusammensaß – immer gab es anregende Gespräche, die meiner Disputierlust guttaten und mich wieder in die ersehnte Stimmung trugen. Denn ohne sie brachte ich nichts zustande.

Hin und wieder gingen meine Gedanken zum Goldschatz, und ich überlegte, ob ich nicht das Leben Dalbergs beschreiben sollte. Damals nach seinem Sturz hatte er mir ja gesagt, nur ich könnte eines Tages zu seiner Ehrenrettung beitragen und dafür sorgen, daß man seine Handlungsweise verstehen würde. Humboldt hatte mir kurz vor seinem Tod geschrieben, ich sollte dies unbedingt tun – Dalberg nicht als Politiker zeigen, nicht worin er gescheitert, sondern worin er einzig war: im Adel des Gefühls und der Gesinnung, denn gerade diese Seiten wurden doch meist von der Geschichte vergessen. Eigentlich ganz reizvoll – ein Landesverräter als Archipatriot. Warum nicht? Das würde für Aufregung sorgen. Aber alles mußte gut bedacht werden, und ich konnte nur eins nach dem andern tun. Mein livre de plans füllte sich wieder, und es gab nicht den geringsten Mangel an Betätigung.

Geradezu fieberhaft arbeitete ich an meiner *Cordelia*, denn ich wollte nach Beendigung des Romans auf Reisen gehen. Schließlich konnte ich ja keine Schreibtischimmobilie werden. Anspannen und fort – das mußte mal wieder sein, um neue Eindrücke zu gewinnen und neue Bilder in mich hineinzuholen. Ich brauchte eine Erholung fürs Gemüt. Auf die rauschende Sozietätswoge mochte ich liebend gern verzichten. Ich wollte vor allem schöne Landschaften sehen. Raus aus Wald und Wiese, Tal und Hügel, und das Weite und Unbegrenzte in mich aufnehmen. Es zog mich ans Meer. An der Scheidelinie zwischen zwei Elementen spazierenzugehen, stellte ich mir belebend vor. Den Blick zum Horizont schweifen zu lassen, sich hinausschauen und fortdenken – das konnte ich kaum erwarten und wollte es um keinen weiteren Sommer hinausschieben müssen. Darum legte ich zeitig mit meinem Kutscher die Reiseroute nach Holland fest und besorgte die nötigen Papiere.

Während ich in den Reisevorbereitungen steckte, kam ein Brief von Ernst. Er kündigte seiner lieben Tante mit patriotischen Grüßen an, daß in Stuttgart in Kürze das Schillerdenkmal von Thorwaldsen eingeweiht wird und ich für diesen Tag eine hochoffizielle Einladung erhalten werde. Das Zeremoniell stand bereits fest. Auf der eigens dafür errichteten Ehrentribüne auf dem Alten Schloßplatz sollten neben den Vertretern der Regierungen, den Abgesandten der Theater, den ausländischen Gästen und namhaften Persönlichkeiten des öffentlichen Lebens Schillers Kinder und Enkel stehen und selbstverständlich auch seine Schwägerin, die sich um den Dichter verdient gemacht hatte. Ernst bat, meine Reise so zu legen, daß ich am Festakt teilnehmen konnte. Schließlich gehörte ich nicht nur dazu, sondern galt als die Exzellenz der Familie, die an einem solchen Tag nicht fehlen durfte.

Das mochte schon so sein, doch der ganze Rummel mit all den regierungsamtlichen Reden und wohleinstudierten Bekenntnissen war mir nichts. Hinterher, wenn das große Gedöns vorbei war, wollte ich mir das Monument gern ansehen, aber auf der Ehrentribüne stehen und mich gar noch als Schillers Schwägerin bewundern zu lassen, das kam überhaupt nicht in Frage. Wer mich kannte, wußte warum. Alles, was dazu gesagt werden mußte, war gesagt, und ich wollte damit nicht noch einmal von vorn beginnen.